La llave de oro

La llave de oro

Núria Masot

Rocaeditorial

© Núria Masot, 2006

Primera edición: abril de 2006

© de esta edición: Roca Editorial de Libros, S.L.
Marquès de l'Argentera, 17. Pral. 1.ª
08003 Barcelona.
correo@rocaeditorial.com
www.rocaeditorial.com

Impreso por Brosmac, S.L.
Carretera Villaviciosa - Móstoles, km 1
Villaviciosa de Odón (Madrid)

ISBN 10: 84-96544-21-4
ISBN 13: 978-84-96544-21-5
Depósito legal: M. 8.564-2006

Índice

A la Vane i l'Amanda. I al poble
i gent de Gerri que, estiu a estiu, les
ha vist créixer.

Ésta no es una historia sobre los cátaros y su fe, aunque hable de ellos. Tampoco se detiene en los detalles de la Cruzada que arrasó el sur de Francia, a pesar de que se nombra. Mi intención ha sido reflexionar sobre la guerra, o más bien de lo que queda tras su paso, de las heridas que nunca cicatrizan. Si hay algo que consigue sorprenderme, es la incapacidad de los seres humanos para analizar y utilizar su experiencia de las múltiples carnicerías que han tenido lugar a lo largo de los siglos. «Carnicerías» es la única palabra que logro extraer del vocabulario, ante el continuo panorama que se extiende desde que el hombre se adueñó de su entorno. Día a día, en todas las épocas que nombran los libros de historia, la guerra es el nexo de unión que marca y delimita nuestro viaje. Y las estudiamos de pequeños, desde las guerras púnicas a las mundiales, como si con ello no pudiéramos aprender más que a señalar el final de un imperio para dejar paso a otro... Quizás sólo sea la impotencia ante nuestra propia naturaleza, la que teje esta historia de personajes condenados por el horror e incapaces de desprenderse de él. Quizás la simple reflexión acerca de que lo somos, de lo que hacemos y callamos, pudiera detener esta furia depredadora del hombre contra el hombre. Quizás lo único que esté a nuestro alcance sea romper el silencio.

N. Masot

Capítulo I

Primavera de 1272

«Sabéis, mi buen Señor, que sólo miento por necesidad,
sin mala intención. Y siendo así, que la mentira es parte esencial de mi voluntad de sobrevivir, no creo que sea ofensa digna
de molestaros. Y también es cierto, Dios misericordioso, que
si tal talento me habéis regalado, peor pecado fuera rechazarlo.
Y ello me lleva a pensar que no sería exacto tenerme por mentiroso, sino más bien por virtuoso del engaño. Y decidme, entonces, mi buen Dios, ¿acaso la virtud es pecado?»

MARTÍ DE BIOSCA

*E*l camino ascendía en una abrupta cuesta de difícil acceso, elevándose en una marcada pendiente sobre las aguas del río Segre.
Los resoplidos de Martí de Biosca se acentuaron, irregulares, el
aire que intentaba atrapar se negaba a entrar en sus pulmones.
Se detuvo un instante para recuperar el resuello en tanto miraba en todas direcciones, sin lograr advertir el más mínimo indi-
cio de sombra. El sendero se empinaba en grandes curvas cerradas, trepando por la piedra, arañando cada palmo de terreno que
la montaña era reacia a facilitar. Era la única vía que, deslizándose al compás del río, comunicaba las tierras de la Cerdaña con la
ciudad de la Seu d'Urgell, aprisionada por las imponentes masas
montañosas de los Pirineos y la sierra del Cadí.

Martí de Biosca levantó los ojos, las fuerzas le abandonaban y
el paisaje en el que estaba inmerso no mejoraba sus ánimos. Exhausto, se sentó en una piedra baja, casi a ras del suelo, observando con inquietud el pequeño derrumbe que la había situado allí,

temiendo que en cualquier momento la escarpada muralla pétrea cayera sobre él y lo aplastara. Sin embargo, no se movió, el cansancio superaba cualquier sensación de temor. Aquel mes de mayo era extrañamente insoportable, el calor del mediodía abrasaba y el ambiente era seco y estéril, como si a cada inspiración un torrente de ceniza ardiendo le atravesara la garganta. Aunque no era menos cierto que la noche anterior había traspasado todos los límites de la prudencia, la cena había sido excesiva y su medida de vino sobrepasó los niveles razonables. Y después…, bien, no podía negar que la moza había valido la pena. Notó una ligera vibración entre sus muslos, su miembro viril parecía despertar con precisión ante el recuerdo, mucho más sensible que su embotada mente. Cerró los ojos, la intensidad de la luz del mediodía quemaba sus párpados hinchados e impedía que recordara con claridad aquellos grandes pechos, la calidez del bajo vientre de la mujer que cabalgaba sobre él con el conocimiento de largos años de experiencia. A pesar del esfuerzo de concentración, su mente se obstinaba en tomar un atajo independiente a su memoria: «No, no era una joven de grandes pechos —le susurraba una voz encerrada en su cerebro—, era una vieja reseca igual que el aire que respiras, marchita y ajada, el vino la convirtió en tu deseo, una infeliz vieja hambrienta que intentó robarte la bolsa».

Martí de Biosca se levantó de un salto, con una agilidad impropia de su exceso de peso, su redonda cara expresaba un manifiesto gesto de repugnancia. Era un hombre bajo, cosa que acentuaba aún más su obesidad, y, a unos metros de distancia, su imagen recordaba la forma de un tonel en movimiento. Parado en medio del camino, con expresión desorientada, era la patética representación de un ser extraviado incapaz de encontrar su destino. De repente, unas desagradables arcadas interrumpieron su instante de vacilación, obligándole a inclinarse aferrado al muro rocoso, con el cuerpo estremecido por violentos espasmos que le sacudían de lado a lado. Abstraído en su malestar, no percibió el ligero movimiento de una oscura silueta que retrocedía con rapidez, ocultándose hasta volver a la invisibilidad.

Un tanto recuperado, rescató su bastón del suelo y se apoyó en él respirando con fuerza. Nunca hubiera tenido que aceptar aquel encargo, pensó, ni por todo el oro del mundo, pero estaba demasiado borracho para rechazar la oferta, la considerable bolsa que bailaba ante sus embotados ojos. Y no podía olvidar que aquella semana había gastado mucho más de lo que poseía de forma estúpida e irresponsable: una semana instalado en aquella posada de Pont de Bar, harto de andar y de huir, dispuesto a pasar unos días que se fueron alargando gracias a la buena comida y al excelente vino. Fue entonces, en aquel preciso momento, cuando se le acercó el forastero, cojeando, con una beatífica sonrisa en el rostro. Y le había creído, desde luego, estaba tan borracho que hubiera confiado en el mismísimo Lucifer. ¿Y por qué no hacerlo ante el brillo de las monedas? Era un encargo sencillo, sin complicaciones, simplemente tenía que hacer llegar un paquete a su destino. El forastero le había explicado que había sufrido un accidente, una aparatosa caída del caballo, con tan mala fortuna que se había roto el pie y se veía obligado a volver a casa. Llevaba un paquete que debía ser entregado con urgencia, y aquel estúpido percance alteraba todos sus planes..., pero ¿acaso sería posible que, a cambio de una generosa recompensa, le pudiera hacer aquel favor?

Martí de Biosca respiró hondo, todavía apoyado en su bastón, llegado a aquel punto de la historia, su memoria flaqueaba: ¿a quién debía entregar el paquete? ¿Era a un hermano del forastero o a un sobrino? Era una boda, de eso estaba seguro, el paquete contenía un obsequio para los novios y debía llegar a tiempo a la ceremonia..., pero los vapores del vino habían construido un espeso muro, una impenetrable niebla que le impedía recordar los detalles con claridad. ¡Al menos no había olvidado el lugar donde debía hacerse la entrega! Pero ¿a quién? Aquella misma mañana había pagado al posadero una considerable cuenta para saldar sus deudas y, sin pensárselo dos veces, emprendió la marcha con un optimismo poco realista que iba disolviéndose a medida que avanzaba el día. A sus espaldas, el pequeño pueblo escalonado en la falda de la montaña desaparecía entre la bruma matinal, y sólo el perfil de la iglesia y del castillo, en lo alto de la población, parecían despedirle con un bostezo de aburrimiento. El pueblo en donde había muerto san Ermengol, según le contó el posadero, aquel obispo de Urgell que murió ahogado mientras supervisaba las obras del puente que daba nombre a la población: Pont de Bar. «¡Malos presagios!», pensó Martí de Biosca, como si el espectro del santo dig-

15

natario eclesiástico, fallecido hacía ya más de ciento cuarenta años, pudiera alzarse de las aguas y arrastrarlo a su tumba líquida.

Volvió a iniciar el ascenso con un brusco movimiento, rechazando el mensaje de dolor que le enviaban sus hinchadas piernas. Lo mejor sería no preocuparse, olvidar los espectros fantasmales y concentrarse en el viaje, ya recordaría el nombre del destinatario del paquete en cuanto dejara de dolerle la cabeza. No quería pensar en nada. Aunque sí había algo importante sobre lo que era imprescindible reflexionar sin perder un minuto. Era necesario encontrar un refugio seguro, a salvo de alimañas y salteadores, no era prudente acampar al aire libre, y mucho menos en aquel estrecho camino que se precipitaba hacia el río y... «¡Comida!», pensó con espanto. Sólo llevaba una pequeña provisión a fin de no cargar con un peso excesivo, un envoltorio que le había facilitado el posadero para que se alimentara durante aquella jornada. Martí de Biosca siempre confiaba en que el buen Señor pusiera en su camino comodidad y facilidades, en la absoluta creencia de que ésa era la única obligación de la Divinidad hacia él, no pedía mucho más. Era un plan que casi nunca le había fallado, un sólido pilar de su fe, aunque era bien cierto que se ocupaba con esmero de que así ocurriera. Por esta razón, llevaba un tiempo disfrazado de fraile franciscano, siempre en busca de compañeros inexistentes. Dios auxiliaba al que era capaz de imaginar la ayuda exacta que necesitaban de él, y era innegable que Martí de Biosca sabía interpretar la voluntad divina en la medida de sus necesidades. ¿Quién iba a sospechar de un pobre franciscano? Era una representación sencilla que sólo necesitaba de un hábito andrajoso y polvoriento, poco más. La gente estaba encantada de recibirle, de alimentarle, felices de cooperar en la salvación de sus almas a través de la virtud de la caridad, nadie le hacía preguntas incómodas ni ponía en duda sus intenciones. Era una idea digna de un artista como él, una representación a la medida de su talento, aunque los problemas se habían acumulado en los últimos meses. Y no podía culpar al Señor de sus desgracias, él era el único y exclusivo responsable de sus males, de su precipitada huida de la Cerdaña, en donde vivía a cuerpo de rey desde hacía meses. Aquello le había complicado la vida de mala manera y él odiaba las complicaciones; a lo único que aspiraba era a llevar una existencia pacífica siempre que los demás acarrearan con los gastos, nada más… ¡Era su maldita e irrefrenable inclinación a las hembras lo que siempre lo estropeaba todo! Y desde su nueva identidad de fraile franciscano se hacía imposible de excusar, no había explicación que convenciera a nadie. Evidentemente, ya no podía enmendar sus errores y era inútil recriminarse aquella absoluta falta de prudencia. No había gozado de otra opción que la huida, aquella gente le hubiera colgado del primer árbol, y era bien cierto que no existía explicación teológica posible al hecho de que le pillaran desnudo y encima de la hija del carpintero, en el centro exacto de un pajar.

Volvió a detenerse, sus pulmones eran incapaces de atrapar un solo soplo de aire. El sendero, lejos de ofrecerle facilidades, tenía un aspecto cada vez más abrupto y empinado, estrechándose en una delgada cornisa que caía en picado sobre las tumultuosas aguas. Por un momento, la desesperación hizo mella en él. Desconocía por completo aquella zona, el hostil paisaje en el que no se apreciaban señales de vida, y el tiempo pasaba, pronto caería la noche sin un techo bajo el que guarecerse. Un repentino ruido entre unos matorrales altos encendió todas las alarmas en su mente, girándose con el espanto reflejado en su redondo rostro y resbalando a causa del brusco movimiento. Se aferró a una reseca mata de tomillo al tiempo que su bastón caía, rebotando en la piedra hasta precipitarse por el despeñadero. Martí de Biosca se paralizó, con la mirada fija en los saltos enloquecidos de su bastón que giraba sobre sí mismo en una extraña danza hasta hundirse en un remolino espumoso. A los pocos segundos, contempló cómo el cayado reaparecía, flotando, empujado por la corriente en un apresurado viaje de destino incierto. Despertó de la pesadilla con los ojos muy abiertos, las oscuras bolsas de sus ojeras todavía temblando y, casi sin moverse, levantó la mirada hacia lo alto, al lugar en donde el matorral había dado señales de vida. El silencio dominaba el entorno, sin respuestas ni murmullos. Se enderezó con dificultad, recuperando el equilibrio y arrastrándose con precaución hacia un recodo que se abría a su izquierda, alejándose de la proximidad del abismo. Con un suspiro de alivio, observó cómo el camino se ensanchaba y, a pesar de seguir en línea ascendente, la cuesta era más suave y estaba protegida a ambos lados por espesos matorrales que formaban un túnel vegetal. Se dejó caer en medio del sendero, el redondo cuerpo pegado a la tierra

17

húmeda, al cobijo de la inesperada sombra. Se quedaría allí, pensó, no se movería hasta exhalar el último suspiro, todo su cuerpo se negaba a continuar, además..., ¿qué prisa tenía? ¿Qué demonios podía ocurrir si no entregaba jamás aquel maldito paquete? ¿Quién iba a enterarse?...

Martí de Biosca nunca había tenido problemas con su conciencia, sus necesidades se imponían siempre, sin escrúpulos ni culpabilidades. Quizás por ello, experimentó una agradable e inesperada sensación de tranquilidad, un sentimiento de sosiego que se extendía por todo su cuerpo. Por fin la luz penetraba lentamente en su mente, la niebla del vino levantaba su espeso velo y le permitía adivinar lo que la voluntad divina señalaba. Ante todo, descansar. Si Dios hubiera deseado de él un excelente andarín, le hubiera proporcionado otro cuerpo, otras piernas, otros pulmones... Pero no era así, meditó. Descansaría un buen rato y después desandaría el camino aprovechando la bajada, volvería a la posada de Pont de Bar, acaso a la mujer de grandes pechos... ¿Y el maldito paquete? ¡Lo tiraría al río! Sería la mejor manera de desembarazarse de tan molesta carga. Una corta y tímida carcajada asomó entre sus carnosos labios, volvía a escuchar los consejos divinos con diáfana claridad, una suave voz interior que no cesaba de susurrarle la mejor manera de solucionar sus problemas. Y si se encontraba con aquel forastero, ¿qué iba a decirle?... En realidad, aquel hombre era un incauto imprudente, no estaban los tiempos para confiar en desconocidos, y mucho menos en desconocidos con varias copas de más. Posiblemente, había sido el disfraz de franciscano el que le había permitido confiar en él, pero ¿tenía alguna culpa de que el forastero confiara más en las apariencias que en su intuición? Rotundamente no, susurró la voz que habitaba en las profundidades de su cabeza. ¿Y si seguía en la posada?... Inconscientemente, Martí de Biosca ya tenía el esbozo de una posible respuesta, una increíble historia que sólo necesitaba redondear con algún detalle: «¡Oh, Dios misericordioso, qué terrible tragedia, casi pierdo la vida! Resbalé en un peligroso paso de montaña y quedé sostenido en el abismo, convencido de que había llegado mi última hora, señor... Mi bolsa cayó en las negras aguas y ni siquiera recuerdo cómo logré salvarme». Su voz expresaba una honda desesperación, un gemido controlado y medido que consiguió convencerle. Sí, era una buena representación, aunque era harto improbable que volviera a encontrarse con aquel hombre. Según le había dicho, partía aquella misma mañana, en dirección contraria, aprovechando la salida de unos comerciantes que transportaban sal y que se habían ofrecido a facilitarle el retorno a casa. No había razón por la que preocuparse.

Se tranquilizó al instante, incorporándose, era un buen momento para reponer fuerzas y descansar de sus penalidades, comería y dormiría un buen rato antes de emprender el regreso. Investigó en su bolsa, tirando el paquete del forastero a un lado del camino, hasta extraer una generosa hogaza de pan y un pringoso trozo de asado de la noche anterior. La boca se le hacía agua ante aquella visión memorable, y cuando estaba a punto de dar un buen mordisco a la carne, una repentina inquietud se adueñó de su estómago: ¿y el ruido en el matorral? ¿Habría alguien vigilando sus movimientos, posibles ladrones esperando un momento de descuido?... ¿Acaso un jabalí?... ¿Y si sólo era una estúpida perdiz hurgando en su nido? Una suave fragancia se desprendía del asado llenando sus fosas nasales, la saliva inundaba su boca reseca y áspera hasta llegar a la comisura de los labios. Escuchó durante unos segundos, con la cabeza ladeada, sólo el fragor de las aguas girando en sus concéntricos torbellinos rompía la aparente calma. Se encogió de hombros, todo era producto de su fértil imaginación, de su cansancio y, sobre todo, de la resaca de la noche anterior que le impedía pensar con claridad. ¿Qué demonios importaba, perdices o gorriones, o lo que fuera? Abrió la boca y arrancó un considerable pedazo de carne, masticando con deleite en tanto su rostro expresaba una satisfacción absoluta y las inquietantes preguntas se alejaban de su mente, dejando un mínimo espacio en blanco. Después de registrar de nuevo su bolsa, inútilmente, y de maldecir al posadero por lo escaso de la provisión, decidió que había llegado el momento de echar una cabezadita, una hora, quizás dos. Tenía tiempo de llegar a la posada, todo el penoso esfuerzo del ascenso se convertiría ahora en un alegre y cómodo paseo cuesta abajo y... Sus pensamientos se detuvieron bruscamente, sustituidos por sonoros ronquidos que se alzaron compitiendo con el estrépito de las aguas del río.

Despertó sobresaltado, cubierto de sudor, una excitación extraña recorría sus pulmones y una violenta presión parecía empujar sus ojos desde dentro, como si alguien se hubiera quedado

19

encerrado tras sus órbitas oculares y clamara por escapar. Se incorporó de golpe, sentado en medio del camino, con el cuerpo rígido y envarado. Una neblina lechosa fluía de las pequeñas piedras que tapizaban el sendero, formando espirales transparentes que ascendían hacia él envolviéndole en anillos brumosos. Parpadeó varias veces, asombrado ante el prodigio, alzando sus manos en un intento por capturar una de las volutas blanquecinas que se acercaba sinuosamente hacia su nariz. La fina espiral retrocedió, desconfiada, alejándose de su mano y danzando en curvas imposibles, transformándose. Martí de Biosca, atónito, contempló cómo un contorneado y níveo brazo salía de la neblina, una piel translúcida y suave, como una serpiente que deseara hechizarlo con su danza. Y tras el brazo, un rostro de increíble belleza que le sonreía. Las facciones del falso franciscano tenían una expresión perpleja, sus dilatadas pupilas brillaban encendidas, era la mujer más hermosa que había visto en su vida y, lejos de rechazarle, le rogaba que se acercara a ella. Se levantó ágilmente, comprobando que su cuerpo carecía de peso y que sus cortas piernas desaparecían envueltas en la bruma que lo abrazaba. Nunca se había sentido tan feliz, tan ligero, con la sensación de flotar en medio del paraíso prometido. Y eso era exactamente lo que estaba ocurriendo, volaba, sus pies no tocaban el suelo y la felicidad embargaba su alma, cada poro de su piel gritaba de alegría incontenible. Vestida de niebla azulada, la mujer murmuraba palabras dulces, suplicándole que se acercara, que la besara, que permaneciera con ella hasta el final de los tiempos. Y Martí de Biosca flotaba hacia la hermosa aparición, sin el menor asomo de duda o incertidumbre.

Sólo notó una imperceptible chispa de iluminación, un destello de luz que intentaba abrirse paso entre el vaho azul, aquella lejana voz interior que parecía gritar algo ininteligible. Sin embargo, la leve percepción de peligro desapareció en el mismo momento en que Martí de Biosca, arrebatado en su delirio, se precipitó por el escarpado barranco, sin deseo alguno de despertar de su sueño, volando tras la niebla que abría sus brazos para recibirle, aquel rostro de infinita belleza que le rogaba que se hundiera en las aguas, que olvidara.

Después del estruendo que su voluminoso cuerpo produjo al caer en la corriente, el silencio volvió al lugar que le correspondía.

Una silueta contemplaba el río desde un recodo del camino, observando el inesperado viaje que el falso franciscano emprendía, aquel rostro redondo y sonriente abrazado a un grueso tronco que la corriente arrastraba golpeando las rocas a su paso. Cuando hombre y madero desaparecieron de su vista, la silueta volvió lentamente al sendero y recogió el paquete tirado en el suelo, en medio de los restos de asado, lo guardó en su bolsa y reemprendió el viaje canturreando en voz baja.

Guillem de Montclar dio un rápido salto, retrocediendo, hasta que su espalda encontró la fría textura de la pared. El veloz recorrido de la daga, dibujando un semicírculo perfecto, trazó una fina línea roja en su camisa a la altura del pecho. El inesperado movimiento provocó la alarma entre los clientes del mesón que, entre gritos y maldiciones, se alejaron de los combatientes en medio de una lluvia de fragmentos de loza. El estrépito de jarras y platos estrellándose contra el suelo resonaba en toda la amplia estancia, junto al ruido inconfundible de los bancos y sillas que se desplazaban de lugar. Un rumor creciente de juramentos estalló en la cabeza de Guillem, en tanto todo su cuerpo se ponía en tensión y los músculos de sus brazos marcaban líneas entrecruzadas que destacaban en su camisa. Había sido un error bajar la guardia, confiarse en exceso, desatendiendo la insistente señal de peligro que su intuición le aconsejaba. El hambre y el cansancio habían impuesto sus propias reglas, anulando los principios básicos de la profesión a la que pertenecía y olvidando, por unos pocos minutos, que un espía goza de muy poco tiempo de paz. Un error imperdonable, pensó un tanto irritado. Ni tan sólo cuando uno cree haber finalizado con éxito un trabajo es capaz de predecir que realmente ha terminado, no finaliza nunca…, y él estaba obligado a tenerlo muy presente.

Se quedó unos segundos apoyado en la pared, estudiando la situación y sin perder de vista la afilada hoja ni el gesto hostil de su agresor. El hombre esperaba su reacción, con las piernas separadas, el brazo extendido marcando el territorio del cuchillo, equilibrando el peso de su cuerpo en un balanceo constante. Guillem envolvió lentamente su brazo derecho en la oscura capa que colgaba de su hombro, mirando con ironía al desconocido, al

21

tiempo que intentaba situar aquel rostro en la geografía de su memoria sin conseguirlo. Podía jurar que no lo había visto en su vida, aunque fuera un tipo vulgar, muy parecido a muchos otros que se habían cruzado en su camino. Era pequeño y nervudo, de tez pálida, casi transparente, señal inequívoca de que había pasado un tiempo alejado de la luz del sol, posiblemente dentro de una mazmorra. Toda la energía de aquel sujeto emanaba de unos ojos rasgados, mínimos, encerrados en unas cuencas reducidas, aunque el acerado brillo de su mirada de reflejos ocres no dejaba lugar a dudas sobre sus intenciones. Y era inútil negar su capacidad de disimulo e improvisación, había logrado sorprenderlo hasta el punto que ni tan sólo se había apercibido de su llegada. Guillem sintió una profunda irritación, aquel imbécil le había desconcertado con su inesperado ataque, y no le gustaban las sorpresas. Sabía que la herida que le había causado era superficial, se había apartado a tiempo, pero el intenso escozor en su pecho no hacía más que aumentar su enfado.

—No me parece la mejor manera de iniciar una conversación, «amigo». —Las palabras del joven eran un murmullo ronco y amenazante.

—No tengo ninguna intención de conversar con vos, «hermano», las palabras me aburren. —Era una voz aguda, un tanto nerviosa ante la pasividad de su contrincante.

Una torva sonrisa se extendió en el rostro de Guillem, sin que sus ojos perdieran de vista la reluciente hoja que lo amenazaba. De improviso, casi sin moverse, de una brutal patada lanzó la mesa que los separaba contra el sicario de ojos rasgados. Por unos momentos, la sorpresa paralizó a su atacante que intentó zafarse sin conseguirlo, la sólida mesa de pino se estrelló contra su estómago lanzándole al suelo, mientras la daga se escurría de sus dedos y se perdía entre la confusión de bancos revueltos. Rápido como un reptil, el hombre trató de escabullirse del peso de la vieja madera, mirando en todas direcciones en busca de su arma. Fue un gesto poco prudente, olvidó una regla de principiantes que consistía en no perder jamás de vista al contrincante. La urgencia por recuperar su arma, movilizó todos sus miembros, arrastrándose hacia la izquierda, allí donde la daga parecía esperarle.

Los parroquianos observaban la escena a una prudencial

distancia, sin intervenir, cuchicheando las incidencias de la pelea al tiempo que las apuestas cambiaban de dirección. Los ojos rasgados del hombre brillaron de excitación, su espalda encorvada en un esfuerzo final, con los engarfiados dedos de su mano a pocos centímetros de la empuñadura del arma, arañando el pavimento de tierra pisada. Incluso logró acariciar el tosco mango de la daga, cuando un terrible alarido torció sus facciones en una mueca de dolor, todo su cuerpo retorcido en una contorsión imposible. La bota negra de Guillem de Montclar estaba destrozando su mano, sin parecer preocupado por ello.

Hubo un murmullo general de desencanto, no era lugar que ofreciera demasiadas distracciones y las peleas cortas apenas conseguían romper la monotonía del aburrimiento. Sin mediar palabra, los clientes volvieron a sus mesas, levantado bancos y sillas, reanudando su interrumpida conversación con gesto de hastío. Ni tan sólo alzaron la mirada ante la aparición de un nuevo forastero que, con la sorpresa en la cara, entraba en aquel momento.

—¡Por todos los santos, Guillem, estás herido! —Ebre, el joven escudero, estaba lívido ante la visión de la sangre que manchaba la camisa de Guillem—. ¿Qué está sucediendo?

Guillem de Montclar no se dignó contestar, simplemente lanzó una mirada cargada de advertencias al joven. Apartó la bota de la mano del infeliz, agarrándolo por el cuello de la camisa, indiferente a sus continuos aullidos de dolor y lo arrastró hacia la puerta de salida, deteniéndose un breve segundo ante el sorprendido posadero.

—Y bien, maestro..., ¿tenéis algún lugar tranquilo en vuestro palacio, en donde este amigo y yo podamos continuar nuestra alegre conversación? —En su mirada había un destello de ironía.

—El establo, creo que el establo os servirá, caballero... —balbució el posadero con los ojos abiertos como platos—. Es un lugar tranquilo a estas horas, dudo mucho que alguien se atreva a molestaros.

Guillem agradeció la información con un ligero movimiento de cabeza, continuando su marcha hacia la salida, sin soltar a su presa, aparentemente ajeno a los dos escalones que hicieron rebotar el cuerpo de su atacante que volvió a retorcerse de dolor. Había sido una jornada agotadora, pensó, cabalgando de sol a sol sin detenerse, con la única idea de llegar a la ciudad de Lleida lo antes posible. Guillem y Ebre estaban exhaustos y, lo que era peor, hartos del cansancio y del hambre, el único motivo por el que habían decidido pararse en aquel lugar. Sabían que era una parada necesaria, el sueño nunca fue un buen compañero en su trabajo, impedía pensar con claridad. Guillem suspiró mientras seguía arrastrando a aquel imbécil ante la indiferencia general, sin soltarlo, pensando en los posibles motivos de aquel ataque. ¿Un ladrón? Ésa era una idea harto improbable, ni al ladrón más estúpido se le habría ocurrido atacarle ante una concurrencia tan nutrida. ¿Un loco? Bien, el mundo empezaba a llenarse de ellos, y cada día era más difícil captar la diferencia entre los que se creían cuerdos y los que negaban estar trastornados. ¿Quién demonios era aquel sujeto impresentable? La mente de Guillem trabajaba a toda velocidad buscando una razón creíble. Hacía sólo quince días había dado por terminada su última misión, no había dejado ningún cabo suelto, pero... esa seguridad jamás existía. Ser espía de la poderosa Orden del Temple no era garantía de una existencia tranquila y ordenada, era algo que sabía desde su más tierna infancia, para ello había sido instruido y educado desde los catorce años por el mejor maestro, Bernard Guils. Era algo difícil de olvidar. De golpe, en tanto se aproximaba al establo arrastrando a su estridente carga, recordó las únicas palabras que éste había pronunciado después de la primera agresión. Se había dirigido a él llamándole «hermano» y recalcando la palabra con sarcasmo. Y no eran buenas noticias. Sin duda alguna, significaba que conocía su verdadera identidad, su condición de caballero templario. Pero ésa era una información restringida, difícil de obtener, del anonimato dependía tanto su vida como su trabajo, nadie podía reconocerle como a un miembro de la milicia. Los parroquianos de la posada hubieran jurado que aquel joven, vestido con sencillez pero con ropas de calidad, no podía ser otra cosa que un comerciante de alguna ciudad en busca de mercancía interesante. El disfraz era parte importante de su trabajo, de sus falsas identidades, y no representaba un buen augurio que aquel malnacido supiera lo que no debía. Era una señal de peligro que había que solucionar con la máxima urgencia si deseaba mantener su cabeza unida al resto del cuerpo.

—Bien, maldito asno, a pesar de que la charla no te interese, no tendrás otro remedio que empezar a hablar conmigo. —Guillem arrojó sin contemplaciones al desconocido sobre un montón de paja—. Y para empezar, podrías decirme quién diablos eres.

—Ya te gustaría, «hermano», pero no teng... —El hombre se interrumpió bruscamente cuando un grueso leño fue a estrellarse contra su frente.

Guillem se giró con lentitud, moviendo los labios en un monólogo silencioso. Ebre, que había entrado tras él, aguantó la feroz mirada de su superior sin pestañear, balanceando otro grueso tronco en su mano.

—¿Crees que es la mejor manera de empezar, Ebre, arreándole un leñazo como presentación? —Guillem masticaba las palabras, controlando su enfado.

—Es que estoy cansado, tengo hambre. —Los ojos del joven escudero parecían hacer esfuerzos para mantenerse abiertos—. Ese hombre no hablará fácilmente, Guillem, nos hará perder el tiempo..., además, te ha herido.

—¿Y aliviará tu hambre una lluvia de leños sobre su cabeza? ¿Eso es lo que te he enseñado en un largo año, con sus doce meses completos, lo que ha logrado incrustarse en tu cerebro de mosquito, Ebre? ¿Crees que atravesarle el cráneo es la solución? —Guillem hablaba lentamente, haciendo largas pausas entre las preguntas—. Francamente, si el alumno indica la calidad del maestro, este desgraciado va a pensar que, como instructor, no valgo ni el peso de la paja sobre la que está.

Un fragor de aguas torrenciales, procedente del estómago del joven escudero, hizo innecesaria la respuesta. Guillem fijó la vista en el techo del establo en actitud resignada, girándose hacia el hombre que gemía con la cabeza entre las manos.

—¿Puedes entenderlo tú?... Esta juventud no da para más, sólo piensa en comer, comer, comer. No les importa lo mucho que te esfuerces en su educación. —Guillem se había acercado lo suficiente para provocar un movimiento de defensa en el desconocido, que intentó retroceder cubriéndose con las manos—. ¡Por los clavos de Cristo, no seas exagerado! Deberías hacerme caso y responder a mis preguntas. Ahí donde lo ves, este crío es peligroso con el estómago vacío y yo estoy cansado y harto. Si quieres seguir callado, ése será tu problema, yo sólo tengo que apartarme y dejar que el lanzador de leños siga con

25

su distracción… Veamos, lo intentaré una vez más y luego me largaré a dormir, ¿a qué viene eso de «hermano» y qué demonios significa?

—Me dijeron que vos sois un miembro de la milicia del Temple —susurró el hombre con la voz entrecortada, mirando de reojo a Ebre.

—Te dije que sólo hablaría a las malas, Guillem, ¿lo ves? —Ebre se sentó sobre un taburete de ordeñar, arrastrando otro leño de tamaño considerable.

—O cierras la boca, Ebre, o te tragarás el tronco. —La fría mirada de Guillem dejó mudo a su escudero—. Bien, veamos si puedo continuar sin interrupciones. ¿Tengo yo aspecto de templario, quién demonios te ha dicho tamaña tontería?

—Un hombre… —respondió escuetamente el ladrón, sin atreverse a levantar la vista.

—¡Dios misericordioso, los cielos se han abierto, un hombre! Y yo que me temía que tenías largas charlas con una mula. Pero la respuesta es tan inútil como un plato vacío, amigo mío, tendrás que esforzarte un poco más. Aunque es posible que este maldito crío tenga razón y sólo seas capaz de reaccionar a base de jarabe de palo. —Una sombra de hastío cruzó por las facciones de Guillem.

—No lo sé a ciencia cierta, quiero decir que no lo conozco, es un hombre peligroso, ¿sabéis? Me ofreció una buena bolsa y me pagó por adelantado. Eso es todo, y… —La voz temblaba en una cadencia irregular, con pequeños gemidos realzando las pausas.

Guillem hizo el gesto de marcharse, extendiendo un brazo hacia Ebre que saltó como impulsado por un resorte, blandiendo el grueso leño.

—¡No, por favor, no podéis hacer eso, es una barbaridad! ¡Os juro que os digo la verdad, no conocía de nada a ese hombre! —La mirada de terror inundó las estrechas rendijas donde se escondían sus ojos.

—¿Barbaridad, has dicho barbaridad, hijo de mala madre? ¡Intentas matarme y me hablas de barbaridad por un simple leñazo! —Guillem estaba realmente enfadado—. ¡Pero de qué maldito agujero sales tú, perro sarnoso! Verás, la cosa es muy simple, o me dices lo que deseo saber, o me importa un rábano lo que esta criatura hambrienta haga contigo.

—Es un maldito mercenario, Guillem, escoria pagada, nos está engañando. —Ebre no estaba dispuesto a que pasara su momento de gloria.

—¡Magnífico, eso sí es realmente bueno! No sé lo que me enfurece más, Ebre, si este idiota con aires de matasiete o tus ínfulas de ciencia infusa... ¡Es que alguien te ha preguntado, por todos los infiernos! ¿Acaso sabes algo que yo desconozca? Eres una especie de colegio teológico al completo, chico... —El ronco vozarrón de Guillem resonó en las paredes del establo. Ebre retrocedió ante el estallido de mal humor de su superior, refugiándose de nuevo en el taburete en absoluto silencio—. ¿Qué? ¿Puedo continuar o crees que un plato del grasiento estofado maloliente es más interesante que averiguar lo que pretende este hijo de Satanás?

Los gritos de Guillem quedaron flotando entre los dos, uno frente al otro, como un muro de cansancio y enojo en una particular guerra de voluntades, que se saldó con el rostro enfurruñado de Ebre, con los brazos cruzados sobre el pecho y la boca apretada en una fina línea.

—Os lo juro por lo más sagrado, caballero, no sé quién era el que me pagó para atacaros. —La débil voz se dejó oír, recordando con ello su presencia—. Sólo que...

—¡Qué! —El grito de Guillem resonó como una coz.

—Era un hombre de religión, un hombre de Iglesia. Bien, al menos vestía como tal, creo que era un hábito de dominico... Le encontré en el pueblo de Ponts, señor, yo sólo estaba allí de paso, ¿sabéis? —El hombre parecía haber captado la creciente irritación en el ambiente, cosa que facilitaba la conversación—. Bueno, en realidad, intenté robarle la bolsa, ésa es mi profesión.

—¡Profesión! ¿Y desde cuándo robar se ha convertido en profesión? —ladró Guillem.

—No quiero discutir, señor, sólo intento explicaros cómo sucedió. Veréis, yo intenté robarle y él me pilló, se dio cuenta de lo que estaba haciendo y me amenazó con las peores penas del Infierno. Me asusté mucho, la verdad..., y cuando intentaba entregarme al alguacil, me propuso un negocio. Me aseguró que sería muy sencillo, dijo que no tenía que matar a nadie, desde luego, sólo asustaros... Bien, en realidad, heriros lo suficiente para dejaros inútil durante un tiempo. ¡Os lo juro por la Santa

27

Madre! Me contó que vos erais un renegado de vuestra orden, que merecíais un escarmiento. ¡Era una buena bolsa, mucho mejor que volver a la mazmorra!

—¿Cómo te llamas? —Guillem se había acercado a Ebre con cara de malas pulgas, haciéndole retroceder instintivamente hasta que cayó del taburete con expresión perpleja.

—Gombau, señor...

—¡Gombau, el ladrón de Ponts, bonito nombre! Bien, amigo Gombau, ahora me explicarás con detalle todo lo que recuerdes de ese hombre de Iglesia, tal como tú dices. Cómo era, cómo hablaba, cómo vestía, incluso el olor que desprendía. En fin, un sencillo ejercicio de memoria. Y tú, Ebre, lárgate a comer.

El joven escudero se levantó del suelo de un salto. Su figura alta y desgarbada de adolescente vacilaba, el hambre y el leño en su mano entablaron un desigual combate, en que inevitablemente venció la necesidad. Abandonando el madero con gesto de enfado, dio media vuelta corriendo hacia la salida.

Durante media hora, Guillem escuchó sin interrumpir el desordenado relato del ladrón. Sentado en el taburete que había ocupado Ebre, prestó atención a cada palabra, a cada vacilación, luchando por mantener los ojos abiertos y la mente despejada. No había nada en el relato que clarificara los hechos, ni tampoco que permitiera perfilar los rasgos del misterioso dominico y le proporcionara una identificación posible. No tenía ni la más remota idea de quién era aquel personaje que pagaba tan generosamente por mantenerlo apartado de la acción.

—Bien, Gombau, estoy realmente cansado y dudo que puedas añadir algo interesante. Que tengas dulces sueños... —El seco crujido retumbó entre las cuatro paredes del establo, turbando a los pocos caballos que había. Guillem, con el leño de Ebre en la mano, se quedó mirando el cuerpo inerte del ladronzuelo—. Espero que duermas un par de días y que el dolor de cabeza te mantenga alejado de mí una buena temporada. Y si no es así, amigo mío, acaso la próxima vez no tengas tanta suerte, en el fondo creo que soy bastante rencoroso, detesto las sorpresas...

Capítulo II

Ciudad de Lleida

«¿Mentir?… ¿Me estáis preguntando por la naturaleza de la mentira, señor? Os responderé desde mi baja condición de hombre simple y sencillo, sin grandes palabras ni teologías, lejos de las aulas en que los hombres sabios buscan el fondo exacto de cada letra. La mentira, señor, es la excusa del que teme perder algo. Y su gravedad aumenta en tanto aumentan los bienes en peligro, confundiéndose el derecho a la posesión con el poder que ésta otorga. De ahí, señor, que el mentiroso sea siempre un ladrón de todo aquello que, por ley, no le pertenece.»

ORSET

—¿A qué vienen tantas preguntas? Ignoraba que fuerais tan entrometido, de lo contrario no hubiera aceptado vuestra compañía en tan largo viaje.

Acard de Montcortés, fraile de la Orden de los Predicadores, utilizó un tono agrio y descortés al tiempo que lanzaba una despreciativa mirada a su interlocutor.

—Sólo me he limitado a hacer una simple pregunta, no era mi intención molestaros. Ignoraba que interesarme por el lugar de vuestra procedencia fuera una ofensa. Os ruego que me disculpéis… Tal y como muy bien habéis dicho, éste es un largo viaje, y si os he ofrecido mi compañía no se debe a ninguna intención de fisgonear en vuestra vida, fray Acard. Supongo que sabéis que éste es un trayecto peligroso y no es prudente viajar en solitario. De todas maneras, aún estáis a tiempo de prescindir de mi insoportable curiosidad, ni yo ni mis mulas os lo tendremos en cuenta. —Orset calló con esfuerzo, eran tiempos en que toda cautela era poca y el hábito de su compañero no invitaba a dejar la lengua suelta.

El camino de los dos hombres se había cruzado a la salida del pueblo de Ponts, reuniendo en un misterioso designio a dos seres totalmente opuestos. El visible desprecio de fray Acard se debía en gran parte al aspecto físico de Orset, un enano de cuerpo deforme y piernas arqueadas. Sin embargo, Acard se equivocaba en su apreciación superficial, ya que tras la apariencia del enano se escondía una mente brillante e intuitiva que le había proporcionado una envidiable situación económica y social. A diferencia del dominico, Orset jamás hacía ostentación de sus logros, ya que la vida le había enseñado que lo más prudente era protegerse de la envidia ajena, y sabía que sus semejantes preferían siempre mostrar una manifiesta compasión por sus defectos físicos. La piedad representaba para él una especie de salvoconducto que le permitía seguir vivo. Hacía ya muchos años que se dedicaba al comercio de hierbas medicinales, negocio que había ampliado pacientemente con los preparados especiales de los mejores curanderos, con los que mantenía un trato excelente. Preciosos aceites vegetales para las enfermedades de la piel, jarabes para los males del pecho, pócimas y ungüentos que sus mulas acarreaban con delicadeza. No era menos cierto que su probada y conocida honradez le había proporcionado clientes fieles, ansiosos por verle llegar a sus pueblos y que formaban largas colas para adquirir sus remedios. No podía quejarse, las cosas le iban bien, y el último mercado en el pueblo de Ponts confirmaba una vez más los beneficios de su trabajo. Beneficios cuidadosamente protegidos y ocultos en uno de sus frascos de hierbas. Orset era consciente de su fragilidad física, cosa que compensaba con una absoluta confianza en sus animales de carga, sus mulas eran animales fuertes e inteligentes, adiestrados para huir a toda velocidad en respuesta a uno de sus gritos, «sobre todo, *Isabella*», pensó, un animal terco y obstinado que sólo parecía sensible a las indicaciones de su amo. Sí, aquélla era la ventaja de criar uno mismo a los animales, de ser el primer ser vivo que podían contemplar al nacer, el rostro ancho y aplastado de sapo sonriente que los miraba con satisfacción. Sus tres mulas, *Isabella*, *Boira* y *Lluna*, eran sus mejores compañeras, las más fieles, convencidas de su responsabilidad hacia él, como si interiormente supieran que debían compensar las carencias de su amo y formar a su lado un universo especial y privado.

—He visto que gozáis del respeto de la gente, Orset, es evidente que confían en vos y en vuestros remedios. ¿Siempre viajáis de un lado a otro con vuestra mercancía? —A pesar del visible esfuerzo, la arrogancia no había desaparecido del tono de fray Acard.

—En realidad no es así. Mis viajes empiezan en la primavera y terminan al final del verano, fray Acard, siempre en compañía del buen tiempo. Éstas son tierras hostiles en pleno invierno, y sólo los desesperados se lanzan a ellas en mitad de la nieve y el frío. Gracias a Dios misericordioso, éste no es mi caso... —Orset respondió con naturalidad, inmune al tono altanero del dominico.

—¡Malas tierras, un norte repleto de herejes y rebeldes, deberían quemar todos en el Infierno! —La súbita exclamación del fraile sobresaltó a Orset.

—Si os referís a las revueltas que de vez en cuando azotan estas tierras de Urgell, dudo que el fuego del infierno fuera la solución más sensata, fray Acard. Además, es poco probable que hallarais leña suficiente para tan monumental hoguera. Supongo que ya sabéis que el pobre conde de Foix ha sido hecho prisionero de los franceses...

Orset dejó la frase en el aire, su instinto de supervivencia se impuso. Al fin y al cabo, sólo hacía tres años que Roger Bernat, conde de Foix y vizconde de Castellbó, había firmado la paz con el rey Jaime en una tregua inquietante. Y no sólo eso, el obstinado conde se había rebelado contra el rey de Francia, cuando éste avanzaba hacia el condado de Tolosa para tomar posesión de él, las hermosas tierras del Languedoc habían perdido la batalla.

—¡Ralea de herejes esos Foix, se lo tiene bien merecido, ojalá se pudra en una mazmorra para siempre! —Fray Acard no pudo evitar una cierta satisfacción ante las penalidades del noble.

—Me temo que seáis injusto, fray Acard. Y os ruego me excuséis, pero culpar al pobre Roger Bernat de Foix de todos los males de esta tierra… —Orset pensaba, no deseaba pasar varias jornadas oyendo los exabruptos del dominico y, después de lanzar un profundo suspiro, siguió hablando—: Estoy seguro de que sabéis que el malestar que perturba el ánimo de estas gentes comenzó hace cuatro años con la muerte de Alvar, el conde de Urgell, y con el intento de apartar a sus hijos de la sucesión en favor de su hermano, Guerau de Cabrera. Eso fue lo que encendió los ánimos, fray Acard.

—¿Acaso estáis defendiendo a un maldito rebelde a nuestro buen rey Jaime? —La voz del dominico era helada.

—Como muy bien podéis comprobar vos mismo, tengo poca altura para defender a nadie, fray Acard. Sólo me limito a exponer las habladurías que corren de boca en boca…, y el conde de Foix, que también está ligado a esta tierra desde hace muchos años como vizconde de Castellbó, es una figura importante en la región, muy respetada. Al mismo tiempo, es tutor de los hijos de Alvar de Urgell, que en paz descanse. Como es natural, no tuvo más remedio que defender los derechos de los muchachos a la muerte de su padre. Espero que no olvidéis que nuestro buen rey Jaime apoya las pretensiones contrarias.

—¡O sea, que estáis insinuando que esos rebeldes del demonio tienen razones de peso para enfrentarse al rey! —Los ojos de Acard despedían chispas.

—No, fray Acard, no insinúo nada, me limito a exponer las pequeñas turbulencias que azotan esta tierra y causan miseria y pesar en las pobres gentes como yo. Podéis hacer con dicha información lo que os plazca, sois hombre más educado que yo para estos menesteres de poderosos. Y permitidme que os diga, que aunque detestéis las preguntas, tal parece que estéis acostumbrado a hacerlas de manera descortés y amenazadora… Es posible que ni yo ni mis mulas estemos acostumbrados a este trato.

—Bien, bien, disculpadme si os he ofendido, Orset, pero os aseguro que no necesito de vuestras simples clases de historia. —Acard reprimió su hostilidad, intentando suavizar sus modales. No podía olvidar la importancia de su misión, y aquel enano deforme le estaba sacando de sus casillas—. Pero ya que admitís mi educación superior, no estaría de más que os recuerde que los hijos del difunto conde Alvar, que habéis mencionado, son fruto de un matrimonio ilegítimo... ¡Con una hermana del de Foix!

—¿Ilegítimo? Pues no lo entiendo, fray Acard, a mí me contaron una historia muy diferente a la vuestra. Según dicen, cuando el pobre conde Alvar no era más que un niño, lo casaron con una sobrina del rey Jaime, una Montcada. Y después, sus consejeros, ¡y ya me diréis qué consejeros!, intentaron casarlo con una Anglesola, cosa que no consiguieron. Finalmente, cuando pudo escoger por sí mismo, se quedó con Cecília de Foix, provocando la cólera del rey Jaime y de los Montcada... ¡Hasta el mismísimo Papa metió baza en el asunto! Pero, aunque os pese, los hijos de Cecília algún derecho tendrán, ¿no os parece? Eso es lo que la gente sencilla sabe, fray Acard, aunque desconozcamos el nombre de las fuerzas oscuras que mueven el mundo. Y comprendo que no os guste, pero esos chicos tienen sus derechos, y por esta simple razón andamos inmersos en guerras interminables que no nos dejan vivir en paz. —Orset respiró hondo después de tan largo discurso.

—Estáis muy informado a pesar de la ignorancia de la que hacéis gala, Orset. —Acard fijó la mirada en el pequeño comerciante, como si quisiera atravesar su mente, disgustado ante tanta erudición.

—Me educaron bien, puede decirse que tuve mucha suerte. —Orset ladeó la cabeza, aguantando la mirada de Acard sin pestañear—. Veréis, mis pobres padres quedaron horrorizados ante mi aspecto, ¿sabéis? No era lo que ellos esperaban, desde luego...: un joven fuerte que les ayudara en las duras tareas del campo. Incapaces de aceptar mi pobre persona, acudieron a un convento de franciscanos que accedieron a hacerse cargo de mí. Y no sólo me acogieron con gran ternura, fray Acard, sino que se preocuparon seriamente por mi futuro. Fueron ellos quienes me facilitaron el estudio de las hierbas medicinales. —Orset sonrió, sabía que lo más prudente era ceñirse a la verdad siempre que fuera posible, la mentira debía tener causas importantes y precisas, sin abusar nunca de ella, bordeando la frágil frontera de las medias verdades.

El dominico guardó silencio, había escuchado con suma atención. Orset aprovechó aquella pausa para reflexionar. Tal

33

como había planeado, su encuentro con Acard tuvo lugar a la salida del pueblo de Ponts, después de una espera de dos días. La larga sombra del fraile, montado en un caballo pardo, salió del antiguo monasterio de Gualter, y ésa era la señal que esperaba Orset para emprender la marcha. Después, hacerse el encontradizo en el camino no había sido difícil, era el tiempo adecuado en que mucha gente emprendía viaje. Y aunque fray Acard no había dado grandes muestras de entusiasmo por su compañía, Orset adivinó un silencioso gesto de alivio, un respiro contenido ante la posibilidad de compartir los riesgos del camino.

—Decidme, Orset, ¿sois hijo de estas tierras? —La repentina amabilidad de la pregunta no engañó al comerciante.

—Cada año hago esta ruta, fray Acard, ya os lo he dicho. Recorro todo el norte. Es por ello por lo que conozco bien esta tierra, pero mi lugar de origen está lejos de aquí, cerca de la ciudad de Tarragona, en un pequeño pueblo. —Mintió con toda naturalidad—. Y vos, ¿puedo preguntaros si sois originario de estas tierras?

—No, no, no…, tampoco. —Se apresuró a contestar el dominico con una sonrisa forzada—. Es a causa de mi trabajo por lo que me hallo aquí. Soy un humilde servidor del obispo de Urgell.

—Entiendo. —Orset reprimió una sonrisa al oír la palabra «humilde» en boca de Acard—. Y decidme, ¿tiene algo que ver vuestro trabajo con la Inquisición, fray Acard?

—¡Pero qué estáis diciendo! —El rostro de Acard expresaba algo cercano al temor.

—Bueno, yo creía que vuestra orden se ocupaba de esos asuntos. Todo el mundo sabe que lleváis las riendas del tribunal de la Inquisición, es de sobra conocido. —Orset le miraba con aire inocente—. Como habéis dicho que trabajabais para el obispo de Urgell…

—¡El obispo nada tiene que ver con el Tribunal, ni todos mis hermanos son inquisidores, qué tontería! Además, no creo que sean asuntos de vuestra incumbencia, Orset. Mis pobres hermanos que combaten la herejía, cumplen una difícil tarea, mucho más difícil de lo que nunca os podáis imaginar. ¡No pasa un día sin que dé gracias al Altísimo por esa labor tan dura y peligrosa, y vos deberíais hacer lo mismo! Esos herejes son gente violenta y perversa, no sólo expanden sus monstruosos errores como la lepra, sino que osan alzar su mano contra mis pobres hermanos. ¡No sabéis nada del enemigo con el que se enfrentan, Orset, nada! —Acard estaba lívido, el esfuerzo por contenerse provocaba un extraño rictus en sus labios.

—Tenéis razón, poca cosa sé, la verdad. Acaso por ello me sea precisa vuestra iluminación, porque hay cosas que no entiendo, fray Acard... No comprendo los motivos de vuestros hermanos para desenterrar cadáveres y quemarlos, ¡por muy herejes que hayan sido! ¿Acaso creéis que sus espíritus siguen vivos y clamando sus pecados? —Orset estaba disfrutando en su papel de comerciante iletrado e ignorante, le producía una satisfacción difícil de explicar. Sabía que el dominico no podía hacer nada contra él, no en aquellos momentos, y eso representaba un auténtico alivio, porque de lo contrario..., bien, de lo contrario, se habría guardado sus palabras en el lugar más oculto. Pero era una tentación demasiado grande y no podía resistirse—. Es que mucha gente se hace las mismas preguntas que yo, fray Acard, es algo que nos impresiona y asusta. Veréis, creo que hará unos siete años no se hablaba de ninguna otra cosa, desenterraron los huesos del pobre señor de Castellbó y los de su hija, la abuela del de Foix que tanto detestáis, y los quemaron, fray Acard, los quemaron allí mismo. Y Dios me libre de discutir sus equivocadas creencias, jamás ocultaron sus simpatías por los cátaros, pero... ¿creéis que los huesos contagian la herejía?

—¿Os habéis vuelto loco, Orset? No os deberíais expresar de forma tan imprudente, alguien podría pensar que os halláis en la frontera herética. Tenéis suerte de que mi labor se limite a la de ser un simple mensajero del obispo, pero cualquiera de mis hermanos podría sospechar que vuestras palabras encierran un velo de crítica o, lo que es peor, una estúpida simpatía por esos herejes. Os aconsejo que seáis prudente.

—¡Dios de misericordia, fray Acard, vos veis herejes hasta en el aire que respiráis! —Orset parecía escandalizado—. Mis palabras sólo son simples preguntas que pretenden entender mejor los designios de nuestra Santa Madre Iglesia. ¿Cómo podéis sospechar de la oveja que busca la protección de su pas-

35

tor? Sé muy bien que cuidáis de nuestras almas para que nada las confunda, pero también es cierto que os ocupáis de educar nuestros débiles espíritus... ¿No creéis? Mi pregunta se debe a mi temor, fray Acard, hay habladurías de espectros errantes, de almas pecadoras de los condenados que vagan en la noche al acecho de los inocentes y...

—¡Eso es una simple barbaridad, Orset! ¿Cómo podéis prestar atención a tales estupideces? La Iglesia no está obligada a dar explicaciones, ni a vos, ni a gente como vos. La teología es una ciencia difícil que requiere años de estudio y de meditación, demasiado compleja para mentes simples. ¡La fe es suficiente! Fe en nuestro Señor y en sus mandamientos, que son los de la Santa Madre Iglesia, ¡no necesitáis nada más! Y si tenéis fe, ninguna pregunta turbará vuestra alma inmortal, no existirán las preguntas. Y os suplico de nuevo que seáis más prudente, estas tierras del norte alimentan la ponzoña en su vientre, y cualquier precaución para arrancar de cuajo el veneno de la herejía es poca. ¡Y estad atento! Vuestro trabajo os permite la cercanía con la gente, y es posible que apreciéis algún detalle que pase desapercibido a mis hermanos. Las habladurías pueden ser un engaño, Orset, insidias para perder vuestra alma, vigilad a aquel que las propaga. Y sabed que cualquier información, por pequeña que os parezca, os engrandecerá a los ojos de Dios y de mis hermanos.

Acard dio por terminada la molesta conversación, espoleando su montura hasta situarla ante la reata de mulas de Orset. Necesitaba alejarse y recuperar la compostura. ¿Cómo era posible?... Estaba perdiendo el control y ponía su misión en peligro. Desde el inicio, había permitido que aquel deforme enano marcara el ritmo de la conversación, atrayéndole hacia temas sumamente delicados en su actual situación y, lo que era peor, no había sido capaz de detenerlo. Había picado el anzuelo como un estúpido barbo ignorante, sin pensar en las consecuencias. Acard de Montcortés estaba de mal humor, llevaba días con la furia palpitando en sus sienes, contrariado por la actitud del superior del monasterio de Gualter, que pretendía mantenerse al margen con una retahíla de ambigüedades, como si aquellos perversos tiempos se solucionaran con un compendio de tratados filosóficos. ¡Hasta una parte del propio clero se atrevía a poner en duda sus métodos! Hastiado y lleno de cólera, reprimiendo oscuras amenazas contra el abad de Gualter, Acard había partido precipitadamente sin despedirse. Era la única razón lógica de su conducta ante Orset, aquella rabia incontenible que no había encontrado otro curso de salida y que, sin previo aviso, se había desbordado sin contención, haciendo peligrar de forma imprudente la tarea que llevaba entre manos. ¡Y no podía repetirse! Sin embargo, Acard sabía que existía algo más que provocaba su reacción, una repugnancia extrema ante la visión de aquel ser deformado hasta la pesadilla, de aquel hombre, ¿hombre?… El dominico se permitió una risa contenida, breve, era difícil comprender la voluntad del Todopoderoso al alumbrar a aquella monstruosidad. Aunque lo más probable fuera que el Señor se hubiera limitado a castigar los pecados de sus padres, no podía existir otra respuesta. ¿Y aquellos obscenos y sacrílegos comentarios acerca de la quema de los cadáveres de herejes consumados? ¿Cómo se atrevía a poner en duda la actuación de sus hermanos? Aquello había sido lo peor, su esfuerzo por disimular la indignación y el apretado nudo que se había formado en su estómago, le habían dejado exhausto, con la mandíbula dolorida y los dientes todavía rechinando en su boca. ¿Acaso aquel individuo era idiota? Desde luego no era una idea imposible, las deformaciones del cuerpo siempre escondían las de la mente, de lo contrario, ¿quién, en su sano juicio, se hubiera expresado en tales términos ante un miembro de la Orden de los Predicadores?

Acard de Montcortés intentó relajarse en su silla de montar, sus miembros estaban agarrotados y doloridos, la única manera en que su cuerpo respondía a la presión contenida, convirtiéndole en una rígida vara de roble. Sacudió la cabeza de lado a lado, moviendo el cuello, alejando pensamientos perturbadores… ¿Orset, un hereje? Soltó una carcajada seca, todo aquello rayaba en la locura, ni siquiera un cátaro convencido sería capaz de tanta estupidez. Debía tranquilizarse, serenar el ánimo, ya eran muchos años al servicio del inquisidor, sospechando de todos los que se cruzaban en su camino, calibrando palabras y gestos. Aunque no podía negar que poseía un olfato especial para la herejía y pocas veces se equivocaba, la olía al igual que un campesino percibe el estiércol. Hubo algunos errores, deslices sin importancia, pero la búsqueda de la verdad tenía un precio y era inevitable pagarlo. Acard no creía en la inocencia, no existían los inocentes, hasta la más tierna criatura venía al mundo marcada con la culpa ancestral y perversa del pecado. De repente, la imagen de una cabellera roja atravesó su mente, unos ojos abiertos en una muda pregunta, llamas danzando sobre unos pies desnudos... Sacudió la cabeza de nuevo, con fuerza, no era el momento indicado para perder el tiempo en divagaciones, era preciso concentrarse en el papel que representaba. «Soy un simple servidor del obispo, nada más, nada más, nada más...», repitió con insistencia. Debía olvidar la arrogancia de su auténtico cargo, desaparecer en el anonimato de un simple criado y dejar de cometer errores, había demasiado en juego. Además, la presencia del enano podía servir a sus intereses, ¿quién iba a sospechar de su auténtica personalidad al lado de aquel sapo retorcido? Era un factor que debía convertir en ventaja, siempre que fuera capaz de controlar su carácter, sin permitir que los absurdos comentarios de aquella mente perturbada le enfurecieran. Se removió inquieto, la perspectiva no era halagüeña, era difícil aceptar que un ser insignificante y sin entendimiento lograra arrancarle su disfraz con tanta facilidad. No podía volver a ocurrir.

Orset contempló la envarada espalda del dominico con la risa bailando en sus labios. Había conseguido ponerle nervioso, hasta el punto de verse obligado a alejarse para mantener el control. No era un mal comienzo, conocía perfectamente el carácter colérico de Acard, siempre dispuesto a lanzar órdenes y muy estricto en que fueran cumplidas de manera tajante. Era posible que fuese la primera vez que se enfrentaba a la representación de un personaje tan diferente de sí mismo, un papel para el que no estaba preparado. ¿Un servidor del obispo aquel hombre arrogante y autoritario? Era algo difícil de creer. Pero nadie le había obligado a pasar por tal trance, su propia ambición le arrastraba en la creencia de que aquella delicada misión le encumbraría a las más altas cimas del poder. Y Acard no compartiría esta posibilidad con nadie, y precisamente en ello radicaba su punto débil... Orset conocía los detalles y, a pesar de ello, se maravillaba de la extraña casualidad que habían esperado durante tanto tiempo, mucho tiempo. Quizás Dios, su

Dios, en su bondad infinita, alteraba el complicado tablero de juego en donde los humanos no cesaban de probar suerte. Y aunque así estaba planeado cuidadosamente, no existía la absoluta seguridad de que Acard tomara el mando personalmente, pero allí estaba. La intervención divina movía los peones a su favor, con lentitud, y después de muchos años volvía su rostro hacia ellos.

Acunado por el agradable y familiar ritmo de *Isabella*, Orset contemplaba la figura alta y enjuta del dominico, su rostro alargado en donde los visibles huesos del cráneo daban forma a la carne, la piel tirante en unos pómulos que sobresalían como montañas hostiles.

—Presta atención, *Isabella* —susurró Orset, acariciando el cuello del animal—, fíjate en cómo su cuerpo expresa sus sentimientos, esa rigidez severa que lo domina y que su pobre animal carga con esfuerzo, el peso de tanta arrogancia y pecado. Dios es generoso con nosotros, mi buena compañera, por fin ha recibido con misericordia nuestras plegarias y nos ha enviado este inesperado regalo. Nos toca ahora recibirlo con cautela y prudencia, con sus pautas marcadas hace ya mucho tiempo, como en una compleja y misteriosa pieza musical, mi querida amiga. Va llegando la hora de que los músicos tomen asiento y afinen sus instrumentos, todo debe estar a punto para la armonía final.

Guillem de Montclar soltó las riendas de su montura extendiendo los brazos por encima de su cabeza y bostezando. Estaba realmente cansado, y un molesto calambre le recorría la espalda hasta detenerse, con insistencia, en la base de la nuca. La hermosa yegua árabe que montaba, indiferente a su aburrimiento, siguió su cansino paso a través de la puerta de la Suda, encaminándose hacia el camino de Gardeny. Guillem dio un brusco tirón a las riendas, deteniéndose y desmontando, e iniciando una serie de movimientos de flexión que provocaron la repentina hilaridad de Ebre. La brusca parada, pilló al muchacho medio dormido, despertándose con la sorpresa reflejada en el rostro y nervioso ante el eminente topetazo de su caballo con el trasero blanquecino de la yegua que le precedía. Durante la última hora, Ebre dormitaba al compás de su montura, incapaz de mantener el peso de sus párpados. Llevaban unos días a un ritmo inhumano, casi sin descansar, viajando día y noche, hasta el punto de que el muchacho se había acostumbrado a dar largas cabezadas sobre su caballo.

—Baja, Ebre, llevas días soñando sobre ese pobre animal, y toda fortuna tiene un límite. Lo último que necesito es a un escudero con las piernas partidas o con el cráneo hecho pedazos. ¡Despierta, chico, contempla esta maravilla!

En la vertiente sudeste de la colina que contemplaban, la impresionante mole de la Suda se alzaba dominando toda la ciudad de Lleida. Después de cuatro siglos de dominación musulmana, la gran ciudadela de la Suda continuaba transformándose, remodelación a remodelación, adaptándose a los gustos cristianos. El 24 de octubre de 1149, las tropas del conde Ramon Berenguer IV, junto a las del conde de Urgell, habían conquistado la ciudad a sus antiguos habitantes y, a pesar del tiempo transcurrido, las obras seguían incesantes. La ciudad parecía cautiva de una actividad febril. Los mercaderes del otro lado de los Pirineos habían potenciado la fabricación de tejidos, aprovechando las miles de cabezas de ganado procedentes de la Vall d'Aran, del Pallars y de los extensos prados de Andorra, donde pasaban los inviernos en las verdes tierras del Urgell y la Llitera. Lleida se había convertido en una de las más importantes ciudades textiles, y sus productos viajaban a toda Catalunya, a Aragón y Valencia.

—¿Sabes por qué la llaman la Suda, Ebre, qué significa? Porque deberías saberlo, tu padre se removería en su tumba ante tu ignorancia. —Guillem tenía una sonrisa irónica, contemplando el rostro somnoliento del muchacho.

—Recinto fortificado, fortaleza, lugar protegido por murallas… —recitó Ebre, molesto ante el sarcasmo—. Y mi padre seguirá en su tumba en paz.

—¡Por todos los demonios, chico, qué susceptibilidad! Deberías encontrar un poco de sentido del humor en este cuerpo desgarbado. Se te está poniendo cara de mulo empecinado, y si no le pones remedio, se te va a quedar esa mueca agria para el resto de tu existencia.

—Igual me quedo como tú —respondió Ebre con el ceño fruncido y los labios apretados en una fina línea—. ¡Por qué tanta prisa, parece que nos esté persiguiendo el mismísimo diablo, desde que nos encontramos al tal Gombau no tenemos tiempo ni para respirar!

Guillem no contestó, miraba al muchacho con curiosidad. Conocía perfectamente su historia, tan parecida a la suya propia. Ebre era el hijo del mejor patrón de las barcazas templarias de la Encomienda de Miravet, un musulmán que había muerto ahogado en un desafortunado accidente. Su hijo, de tres años, que iba con él en la barcaza, no murió de milagro gracias a los esfuerzos de una tropa de templarios que patrullaban el río. Fue acogido en la Encomienda de Miravet y se le otorgó el nombre del río que a punto estuvo de abrazarlo entre sus aguas. Hacía un año que Guillem de Montclar había sido llamado a la fortaleza de Miravet para hacerse cargo de un extraño caso, la desaparición de un enigmático constructor templario en circunstancias desconocidas.* Allí había conocido al joven que fue puesto a su servicio a pesar de sus reticencias, y más tarde, cuando finalizó su misión, sus superiores le ordenaron hacerse cargo de la instrucción del muchacho. Fue una imposición que Guillem aceptó a regañadientes, no se sentía preparado para instruir a nadie. Sin embargo, no podía rehusar una orden, y tampoco olvidar que él había empezado de la misma manera y casi en parecidas circunstancias. También su padre había muerto cuando contaba pocos años, también el Temple de Barberà le había acogido hasta convertirse en su propia familia, también le había otorgado un maestro…, el mejor maestro, Bernard Guils. Una punzada de dolor inconsciente le atravesó el pensamiento, la muerte de Guils le había dejado huérfano de nuevo, y todavía sentía una pena profunda ante su ausencia. Sabía que allí se escondía el motivo, en la sensación de pérdida que aún le atrapaba, por lo que había sido hostil a hacerse cargo de Ebre. Todavía se sentía un alumno como para ser un buen maestro. Sin embargo, Dalmau, su superior, había sido inflexible, había llegado el momento de responsabilizarse de la formación de un nuevo espía, era parte de sus obligaciones, tal como Bernard Guils había hecho con él. Guillem no deseaba discutir, sabía que era inútil, pero en su fuero interno dudaba;

41

---

* *El laberinto de la serpiente*, publicado en esta editorial.

él no era Guils, no estaba preparado. Pero comprendía las razones de su superior y en cierto sentido le daba la razón, no podía pasarse la vida llorando la ausencia de su maestro.

Tenía muchas cosas en común con aquel hosco muchacho que le miraba con desafío y se rebelaba ante cada orden, como si cada uno de sus quince años le retara día a día y sin cesar. Sin embargo, poco a poco, durante aquel año, un delgado e incipiente hilo de comprensión se estableció entre ellos, casi sin esfuerzo. Las constantes rebeliones de Ebre contra su autoridad, contra todo tipo de imposición, empezaron a hacerle sonreír…, le recordaban a alguien. Y no pudo dejar de admirarse por la paciencia ejercida por su maestro. Él, por su parte, no gozaba de aquel caudal de aguante y sus broncas con Ebre eran interminables.

—Fíjate, Ebre, el mismísimo Julio César arrasó a los ejércitos de Pompeyo muy cerca de aquí, chico, en las proximidades del río Segre. Fue atacado desde allá arriba, ¿lo ves? Observa los muros cortados en la roca viva, a golpes de pico. ¡Y mira hacia allí, el portal de Sas! Un túnel perforado en la piedra por nuestros antepasados, fueran quienes fueran. —Guillem sonreía, estaba repitiendo las mismas palabras que una vez oyó a Bernard Guils ante el mismo panorama.

—Supongo que encuentras muy gracioso reírte de mí y de mi padre, ¿no es cierto?… Que fuera musulmán es motivo de broma. —Ebre miraba en dirección contraria, de espaldas, con sus oscuros ojos medio entornados.

—Vaya, vaya, o sea, que buscas una excusa para pelearte con alguien y descargar ese malhumor. —Guillem se acercó a él lentamente, sin dejar de flexionar los brazos—. Verás, tu padre fue el mejor patrón que tuvo el Temple de Miravet, conocía el río como quien conoce su propia casa. Todavía ahora, en la Encomienda, explican sus proezas como si fueran parte de una leyenda, porque no sólo se le apreciaba, fue un fiel amigo del Temple al que se amaba por su valía y su forma de ser. Aún lloran su ausencia, Ebre…, y que yo recuerde, el hecho de ser musulmán jamás disminuyó su prestigio. Personalmente, no tuve el placer de conocerle, pero no quiero que olvides su lengua, ése es un patrimonio que te legó y que algún día puede serte necesario. En cuanto a mí, dejé muy buenos amigos en

Palestina, y algunos de ellos eran musulmanes… Lo sabrías si alguna vez tuvieras el detalle de escuchar lo que te cuento. Simplificando, Ebre, yo no tengo esa clase de problemas, aunque es posible que tú sí te los hayas planteado. Y si es así, chico, no me compliques en tus absurdos desvaríos.

Ebre dio un largo suspiro, en silencio, decidiéndose por fin a descabalgar, imitando inconscientemente a Guillem en sus flexiones y aspavientos de brazos y piernas. Estaba cansado y de mal humor, sólo deseaba dormir y que le dejaran en paz una semana entera. De pronto, se vio sacudido por una fuerte palmada en la espalda que le hizo perder el equilibrio.

—¡Despierta de una vez, señor susceptible, pareces más muerto que vivo, por los clavos de Cristo! Deberías aprender de tu pobre caballo, también está reventado de cansancio y no por ello anda relinchando barbaridades.

—¿Y por qué tanta prisa, qué demonios sucede? —Ebre se apartó del joven con prudencia, no quería volver a recibir una palmada refrescante—. Llevamos días corriendo como locos, como si se hubiera prendido fuego en todo el mundo, y no entiendo la urgencia. ¿Te dijo algo ese ladronzuelo mercenario que no me hayas contado?

—No, chico, ya te lo he explicado unas cien veces, el tal Gombau no aportó la menor luz a las tinieblas. Y el motivo de la urgencia es muy simple, tenemos órdenes de llegar a la Encomienda de Gardeny a toda velocidad, y como también te he enseñado otras cien veces, las órdenes no se discuten en la Orden del Temple, se cumplen y basta. ¿Queda claro?

—Clarísimo, tan claro que estoy igual que al comienzo. ¿Mataste a ese hombre, Guillem, por eso me enviaste a comer? —insinuó Ebre, clavando sus ojos en Guillem para captar cualquier atisbo de disimulo.

—No, no lo hice, chico…, no valía la pena cansarse. En realidad, me limité a seguir tus sabias instrucciones y le arreé un considerable leñazo en tu honor. Yo también tenía hambre. —Guillem le dio la espalda, contemplando de nuevo la vista que se ofrecía a sus ojos.

Largos cinturones de muralla abrazaban la ciudad, defendiéndola y aprisionándola a la vez, destacando en un cielo de media tarde donde anchas bandas de nubes rosadas se alar-

43

gaban perezosas. Frente a la colina de la Suda, se alzaba la de Gardeny, y en la extensa planicie de su cima eran visibles los edificios de la Encomienda del Temple, las orgullosas torres desafiando el paso del tiempo. Guillem montó de nuevo con suavidad, palmeando el poderoso cuello de la yegua al tiempo que hacía una seña a Ebre.

—¿Sabes lo que decía mi maestro, Bernard, cuando era yo quien ponía esa cara de burro muerto como la tuya? —Sin esperar respuesta, Guillem inició una canción a voz en grito, con una ronca y fuerte voz—: «La cara de asno te pesará, tu espalda se doblará y, con la nariz enterrada en la tierra, tu alma se perderá».

La mano resbaló lentamente, aflojando la presión, las intensas venas azuladas que la recorrían palidecieron, como caminos que olvidaran su trayecto a ninguna parte. Una sonrisa se extendió en sus labios en un gesto de profundo alivio, el dolor menguaba, viajaba lejos en un vano intento por atrapar uno de los senderos que marcaban las líneas azules de su mano. Entre sus parpados todavía podía contemplar la imagen que quedaría grabada para siempre en su memoria, acompañándole en aquel viaje sin retorno. En su piel, el suave roce de los cabellos cobrizos, como olas de un mar de fuego que le protegían del intenso frío que empezaba a ascender por sus piernas. Un recuerdo atravesó su mente como una espada afilada, los cabellos dispersos sobre una blanca almohada dibujando hermosas geometrías imposibles…, cabellos que ardían, enmarcando un rostro sin facciones, envuelto en un espeso humo gris.

Adalbert de Gaussac sintió cómo un grito se abría paso a través de su garganta reseca, un alarido de terror escondido en algún lugar de su cuerpo, encerrado en una celda estrecha y olvidada. En un último esfuerzo, el señor de Gaussac atrapó la voz que pugnaba por escapar, con la frente perlada de sudor y angustia, incapaz de detener la marea de recuerdos que se agolpaban en su mente y que pasaban velozmente: «¡Adalais, Adalais!». Cuánta memoria desvaneciéndose en un tiempo que expiraba, cuánta carga dejaba en sus frágiles hombros. Sus brazos perdieron fuerza y, por un breve instante, el miedo desapareció. ¡El miedo! El fiel camarada que le había acompañado durante toda su vida, una silueta opaca pegada a su piel que lentamente se había apoderado de su alma. «¡Perdóname, Adalais, perdona mi cobardía, este horror profundo adherido a mis pobres huesos, ese espanto que es mi único patrimonio!» Ignoraba si sus palabras, como una brisa callada, habían logrado salir de sus labios. Acaso fueran sólo pensamientos, murmullos demasiado tiempo encarcelados que su voluntad ya no podía controlar. Una serena melancolía le invadía, subía por su cuerpo sin prisa y borraba cualquier sensación de que alguna vez hubiera poseído carne y sangre, no era capaz de recordar ni el aspecto de su propio rostro. Quizás ni siquiera fuera su voz la que oía, alguien hablaba en el interior de su cabeza, un desconocido que susurraba palabras suaves.

La encanecida barba de Adalbert de Gaussac se inclinó hacia la izquierda, la luz le rodeaba, un fulgor azulado y cálido que le envolvía y le protegía del frío helado. Olvidó su nombre y el nombre de todos aquellos a los que había amado, la historia que dejaba atrás sin rencor ni amargura, y entró en la luz sin una vacilación. En su primer paso, notó una sensación extraña, la pesada culpa que le había encadenado durante años desapareció sin dejar rastro. Un paisaje familiar le rodeaba, caminaba junto a otros que le miraban con ternura, acercándose a un ordenado montón de leña. Una mano apretó la suya y el reflejo brillante de un cabello en llamas le envolvió, el color del cobre pulido por el mejor artesano fue lo último que sus párpados cerrados le permitieron ver.

45

Capítulo III

Encomienda de Gardeny

«Los hombres que se consagran a Dios son los únicos que pueden establecer la diferencia entre la verdad y la mentira. Y ya que conocen la fina línea que separa lo que ha de ser, de todo aquello que no debe existir, son los jueces indiscutibles de la Verdad que ha de perdurar. Y si para ello necesitan atravesar dicha línea, nunca serán responsables de engaño ni falacia, pues no es mentir recurrir a las fuertes vigas que soportan el peso ineludible de la única Verdad. Y de su fe nadie puede dudar ni vacilar, y aquel que lo hiciera, a buen seguro se convertiría en la esencia misma de la mentira.»

VERAT, canónigo

—No he podido convencerle, lo he intentado, os lo juro…, pero todo ha sido inútil. —El tono de voz se debatía entre la excusa y la indignación—. Veréis, no quería perder el tiempo. Además, tenía la intención de detenerse en el monasterio de Gualter, en Ponts, creo que su abad no estaba muy dispuesto a cooperar con nosotros.

—Ya es suficiente, fray Ermengol, no os esforcéis en encontrar excusas sin sentido. Esto no es lo que planeamos, ni tampoco lo que se me ofreció. —Bertran de Térmens contemplaba al dominico con aire hosco—. Os diré lo que pienso, seré sincero con vos. Creo, simplemente, que fray Acard ha preferido llevar este asunto en solitario y, por descontado, exigir toda la gloria para él. No esperaba un trato cortés ni justo de la Inquisición, os lo aseguro, vuestra fama os precede.

—¡Por todos los santos, caballero, eso es una blasfemia!
—Una tercera voz intervino, nerviosa, su poseedor miraba a
los dos contendientes con un perceptible temblor de manos.
—¿Blasfemia, canónigo Verat? —La pregunta resonó como
un viento helado. Bertran de Térmens se volvió bruscamente,
encarando de frente al canónigo—. ¿Acaso creéis que vuestro
obispo aprobaría vuestra presencia en esta reunión?

—¡No podéis amenazarme, mis asuntos nunca han sido incumbencia del obispo!

El enflaquecido canónigo retrocedió con la alarma en los
ojos. Era un hombre de pequeña estatura, delgado en exceso,
con una amplia sotana que bailaba a su alrededor, buscando algún fragmento de cuerpo al que pegarse.

—Deberíamos conservar la calma, señores, este enfrenta-
miento no nos lleva a ninguna parte. Bertran, no me habéis entendido, nadie piensa en prescindir de vuestros valiosos servicios. —Fray Ermengol de Prades levantó los brazos en un gesto
de conciliación—. Debéis comprender a fray Acard, amigo mío,
estaba ansioso por solucionar el problema, sólo se os ha adelantado unas jornadas, nada que vos no podáis solucionar.

Por un momento, los tres hombres se quedaron en silencio,
suspendidos en el ambiente húmedo del claustro del convento de
los Predicadores. En el aire flotaba una tensión que los mantenía
unidos, atados por un cordel invisible de textura resbaladiza. El
canónigo Verat se pasó un pañuelo por la frente, en tanto observaba a sus interlocutores con desconfianza, sobre todo a Bertran
de Térmens, ¿qué se podía esperar de un hombre semejante? Ni
tan sólo conocía las especiales leyes que regían en la ciudad de la
Seu d'Urgell, en las que los canónigos se repartían el poder con el
obispo, eran un poder por sí mismos. «¡Maldito entrometido!»,
pensó con rencor; era lo único que faltaba en aquel turbio asunto, un advenedizo convencido de su propia importancia.

—Entiendo lo que veo, fray Ermengol, nada más. Pero tenéis
razón en algo, no debo preocuparme lo más mínimo. Nuestro
querido fray Acard se llevará una sorpresa, debería saber que no
es prudente precipitarse en lo referente a temas serios. —La carcajada de Bertran sorprendió a los eclesiásticos.

—No os entiendo, ¿qué estáis insinuando? —Fray Ermengol intentaba disimular su asombro.

Bertran se apoyó en el muro, con los brazos cruzados sobre el pecho. Era un hombre alto y corpulento, y se podía permitir el beneficio de contemplar a sus compañeros desde una altura considerable. El pelo lacio y negro estaba veteado por finas líneas grises en sus sienes, y su poderoso mentón cuadrado sobresalía con determinación. Los ojos, de un extraño tono verde, cambiaban de color como si poseyeran una desconocida virtud de adaptación a la luz.

—Nada de insinuaciones, fray Ermengol. Simplemente os recuerdo que vuestro superior, fray Acard, ha emprendido un camino sin poseer los datos precisos, con la única carga de su desmesurada ambición, dando palos de ciego y confiando en su buena estrella.

—Eso no es posible, Bertran, fuisteis muy claro en vuestra información, y... —El fraile se calló de golpe.

—¡Estáis confesando que mentisteis! —chilló el pequeño canónigo, interviniendo en el duelo verbal.

—¡Oh no, no exactamente, canónigo Verat, Dios nos guarde de la mentira! —Bertran no se movió, sus ojos cambiaron de tonalidad al clavarse en Verat, y una sonrisa irónica se extendió por sus facciones—. En realidad, lo único que he hecho es procurar guardarme las espaldas. Ya os he dicho que la fama de los hombres de la Inquisición no es demasiado buena, y no me gustaría que con cualquier excusa me convirtierais en ceniza para alegrar una de vuestras piras.

—Exijo una explicación, Bertran, inmediatamente. A fray Acard no le gustan las chanzas, y mucho menos cuando hay algo tan importante en juego. Os aseguro que carece por completo de sentido del humor.

La aparente calma de fray Ermengol disminuía, su mente corría veloz en busca de una explicación satisfactoria. No le gustaba Bertran de Térmens, desde el principio había sospechado de sus intenciones y de la información que pretendía vender, pero Acard había atajado sus dudas sin un momento de vacilación. Necesitaba que aquellos datos fueran parte de la realidad, era la ocasión que había esperado tanto tiempo para subir en el escalafón y se imponía su deseo de convertirse en el indiscutible sucesor del inquisidor general. Pero éste, Pere de Cadireta, no parecía muy entusiasmado con su trabajo y exigía a Acard un esfuerzo mayor, siempre insatisfecho en su obsesión por acabar con la última brizna de la herejía cátara. Fray Acard, a su vez, intentaba impresionarle por todos los medios posibles, algunos de ellos bastante discutibles. Un escalofrío de inquietud secó la boca de fray Ermengol, temía el carácter irascible y vengativo de su superior.

—¡Hablad de una vez, Bertran, en esta casa no estamos para soportar vuestros absurdos juegos! —Sus palabras restallaron como un eco que rebotó en los muros de la galería, sin impresionar al hombre al que iban dirigidas.

—¡Por todos los santos, fray Ermengol, habéis logrado asustarme! —La burla impregnaba cada sílaba—. Veréis, creo que os habéis equivocado conmigo, no soy uno de los pobres desgraciados que mandáis a la mazmorra para que se pudra en pago a sus chivatazos, no os hagáis ilusiones. Sólo necesité medio segundo para contemplar la ambición de Acard, el brillo de la codicia del poder bailando en sus ojos. Leí su mente con una claridad aterradora, ¿y sabéis lo que vi?... Que ya antes de proporcionarle la información, maquinaba las cien formas diferentes y posibles de hacerme desaparecer. ¿Creéis que es una forma elegante de hacer negocios?

Ermengol de Prades no contestó, no se le ocurría ninguna respuesta. Estaba claro que Bertran era un hombre inteligente, no se dejaría engañar con facilidad, y negar aquella obviedad era perder un tiempo precioso. Intentó concentrarse, las manos juntas sobre los labios delgados, debía encontrar una solución, la manera más hábil de reconducir la situación. Un espeso silencio los envolvió de nuevo, sólo roto por los pasos perdidos de alguien que se dirigía hacia la iglesia. Pronto el lugar se vería ocupado por las largas hileras de los frailes que se encaminaban a los rezos, no tenía mucho tiempo para reflexiones.

—Es posible que no hayamos actuado correctamente con vos, Bertran —murmuró en voz baja—. Acaso no os hemos tratado con la cortesía suficiente. Sin embargo, vuestra desconfianza es exagerada, nadie desea perjudicaros y vuestras sospechas ofenden. Nosotros creímos de buena fe que...

—¿Buena fe? Sobre todo, querido amigo, creísteis en los beneficios que mi información os reportaría —atajó Bertran con hastío—. Nada más ni nada menos que el nombre y la lo-

49

calización de un importante grupo de herejes cátaros y su jerarquía, ocultos por estas tierras, ¿acaso os parece poco? El beneficio político de su captura y, no lo olvidemos, el beneficio económico de la confiscación de sus bienes. Dudo que la buena fe tenga algo que ver en todo esto, fray Ermengol, ¿no os parece que el pobre Acard ya se imagina encaramado en lo más alto del tribunal?

—¡Sois un maldito blasfemo, deberíais estar cargado de cadenas y grilletes! —Un perentorio gesto del dominico acalló los chillidos del canónigo Verat.

—Callad de una vez, os lo suplico, no necesitamos de vuestra escasa dialéctica. Pronto será la hora de los rezos y el momento de terminar con esta conversación, os ruego que reprimáis vuestra excitación. Bien, Bertran, ¿adónde habéis mandado a fray Acard? ¿Qué os proponéis? —Fray Ermengol cambió el tono de su discurso, una repentina amabilidad dulzona se extendió sobre cada una de sus palabras.

Era un hombre de complexión robusta, cuadrada, unas mejillas redondas y tirantes alzaban sus facciones hacia una frente despejada donde escasos cabellos grises convivían desparramados tras sus orejas.

—No me propongo otra cosa que la expuesta al principio. En cuanto al paradero de Acard, os puedo decir que está en el camino, en el buen camino, aunque no en la dirección correcta. ¿Comprendéis? —Bertran se incorporó, plantándose ante fray Ermengol, con las manos en el cinturón—. No tendrá más remedio que esperar una mano que le guíe, tal como se le explicó pacientemente sin mucho éxito. Y tened algo en cuenta, amigo mío, no soy yo quien anda jugando con fuego, ése es un patrimonio exclusivo en el que Acard cree ser un maestro.

—¿Y cuál es el siguiente paso? —El dominico lanzó una furibunda mirada al canónigo Verat, anulando de golpe su estridente réplica.

—Ya os lo he dicho, Acard tendrá que esperar. Avisadle, si es que podéis, de lo contrario se verá obligado a ejercitar su escasa paciencia. Y bien, señores, mi tiempo ha concluido, no creo que tengamos nada más que discutir. —Bertran de Térmens inició un breve saludo, una ligerísima inclinación de cabeza, y, dando media vuelta, desapareció en la penumbra.

—¡No os podéis fiar de él, fray Ermengol, lleva la traición impresa en su rostro! —Verat reemprendió su agudo falsete.

—Deberíais calmaros de una vez, querido hermano, ¿no comprendéis que las amenazas son inútiles en un hombre como él? Dejadlo en mis manos y no intentéis interferir. Y ni se os ocurra hablar con nadie de esta conversación.

El tono duro e inflexible había vuelto a la voz del fraile, y la mirada de Verat se encogió junto con resto del cuerpo. Se inclinó torpemente ante fray Ermengol, murmurando una frase de excusa, y cuando éste le dio la espalda se escabulló hacia la salida.

El convento dominico de la ciudad de la Seu d'Urgell estaba situado fuera de las murallas que la protegían, junto a un extenso huerto, un patrimonio que crecía paulatinamente gracias a la generosidad de los fieles en sus limosnas y testamentos. La ciudad de la Seu, *Civitas Sedis Urgellensis*, se extendía sobre una amplia planicie triangular en la confluencia de los ríos Segre y Valira, rodeada de impresionantes masas montañosas que mantenían sus picos nevados hasta el principio del verano. Era un importante centro de comunicaciones, donde los caminos de los Pirineos se entrecruzaban para extenderse hasta la ciudad de Lleida. Caminos de comercio y tráfico de ganado y, a la vez, vías por donde la simiente cátara penetraba desde Occitania, una brisa discreta e incesante que soplaba a través de mercaderes y trovadores, de pastores y peregrinos.

El canónigo Verat atravesó el portal de la muralla, pasando por la iglesia y el cementerio de Sant Nicolau. Su paso era rápido, en lucha con la amplia sotana que se enredaba en sus pies, haciéndole tropezar y marcando un ritmo irregular y bamboleante en que la urgencia se mezclaba con el aturdimiento. Bertran de Térmens lo observaba con atención, sin perderlo de vista, oculto tras el muro de la iglesia. Una línea de sombra atravesaba su rostro como una cicatriz, sus ojos veteados en un verde claro brillaban a la espera de la silueta opaca que seguía al canónigo a pocos pasos. Un imperceptible movimiento del mentón en señal de reconocimiento detuvo unos segundos a la sigilosa silueta que miraba en su dirección. Bertran volvió al seguro refugio del muro con un suspiro de satisfacción, todo se desarrollaba perfectamente, como una carreta recién engrasa-

51

da. Fray Ermengol no tardaría en buscar la manera de comunicarse con su superior, y Acard…, bien, Acard herviría en el caldero de la impaciencia y de la ira durante unos días, los suficientes para nublar su entendimiento.

La Encomienda templaria de Gardeny, junto a la ciudad de Lleida, era una de las más importantes de la orden en tierras catalanas, junto a la de Miravet. Estaba situada sobre una colina del mismo nombre, alzándose casi a la misma altura frente a la Suda, en una loma alargada con una extensa planicie en su cumbre. La impresionante fortaleza estaba construida en dos anillos defensivos. El primer recinto, soberano, era el corazón de la Encomienda y presidía la cima de la colina; la iglesia y la torre estaban dispuestas en un ángulo recto y unidas ambas construcciones por un edificio corredor que, junto a otras edificaciones anexas, encerraban el patio de armas. Un segundo recinto, exterior, rodeaba de murallas al primero, con torres vigías en sus ángulos más desprotegidos.

Guillem de Montclar desmontó con un suspiro de alivio, observando la mirada de Ebre que se dejaba caer de su montura como si las fuerzas le fallasen. El muchacho no parecía impresionado por el lugar, familiarizado desde su infancia con las imponentes murallas de la Encomienda de Miravet. Sin embargo, Guillem recordó con ternura la primera vez que había visitado Gardeny con su maestro, Guils, a la misma edad que Ebre tenía en aquel momento, quince años… Él sí había quedado impresionado ante la magnificencia de aquella Encomienda. Pero Guillem, al contrario que Ebre, no había sido criado entre inexpugnables murallas, la casa templaria de Barberà donde creció era muy diferente. Y, a pesar de que en su infancia contemplaba los altos muros de su Encomienda con admiración, aquella visita a Gardeny le convenció de todo lo contrario. Se dejó llevar por el recuerdo de su primera impresión, casi palpando la compañía de su maestro que, aquel preciso día, estaba realmente harto de su presencia. Su aspecto entonces no podía ser muy diferente del que ofrecía Ebre, un adolescente cansado y hambriento, enfurruñado por alguna alteración imposible de definir. Bernard Guils, su maestro, harto de sus continuas rebeliones, le había mandado directamente a la iglesia, sin pausa para llenar su estómago. «Desaparece de mi vista, Guillem, seguramente el Señor podrá entender los misteriosos motivos de tu actitud y, con un poco de suerte, después me los explique a mí», le había dicho sin ocultar su malhumor.

Guillem sonrió ante la precisión de su memoria, divertido ante la incapacidad de recordar los misteriosos motivos del enfado de su adolescencia. Miraba fijamente a Ebre, sin verlo, como si le atravesara con un haz de nostalgia.

—¿Qué ocurre, he hecho algo malo? —El muchacho le devolvía la mirada con el ceño fruncido.

—¡Dios nos libre de pensar que tú hayas podido hacer algo incorrecto, chico! —exclamó despertando del sueño—. ¡Lárgate a la cocina y suplica piedad para tus tripas! Y si el hermano cocinero es todavía frey Robert, puedo asegurarte que no tendrás ni una queja, y es posible que mañana ni te puedas levantar por el peso de su excelente asado.

El ceño de Ebre desapareció milagrosamente, reaccionando a la oferta. Miró a todos lados, con el rostro levantado y la nariz husmeando el aire. Sin una palabra, dio media vuelta a paso rápido, siguiendo algún efluvio invisible, aromas imperceptibles que sólo él parecía captar. Guillem lo contempló con la cabeza ladeada, sin perderlo de vista, comprobando la capacidad del muchacho, que se dirigía sin una vacilación hacia unas cocinas en las que nunca había estado.

—¿Guillem de Montclar?... Os estábamos esperando desde hace unos días, señor. —Un sargento de mediana edad cogió las riendas de su caballo y llamó a un joven que se hizo cargo de las monturas—. Tenéis aspecto cansado, hermano Guillem, quizás queráis descansar y comer algo antes de ver al hermano Dalmau.

—Gracias por la oferta, pero creo que antes veré a Dalmau, ya tendré tiempo de descansar. ¿Cómo está el viejo león? —Preguntar por la salud de su superior se había convertido en una costumbre desde hacía un año, la edad empezaba a exigirle un alto impuesto.

—Su salud no es buena, como es seguro que sabéis —respondió el sargento con una triste sonrisa—. Es posible que le encontréis desmejorado. Está en la iglesia, últimamente pasa mucho tiempo allí.

Guillem asintió con un movimiento de cabeza, dirigiendo su mirada a la galería cubierta que daba paso a la iglesia. Marchó hacia allí con paso cansino, como si algo le obligara a arrastrar los pies, algo que no tenía nada que ver con el agotamiento de los últimos días, sino ante el esfuerzo de enfrentar una nueva ausencia. «Dalmau, el viejo y obstinado Dalmau», pensó con una tristeza repentina, su amigo y superior, el hombre que se había convertido en su guía desde la muerte de su maestro, el mismo hombre que no había tenido reparo alguno en viajar hasta Tierra Santa para buscarle, para sacarle de las dunas doradas en donde se había refugiado, incapaz de asumir la muerte de Bernard Guils, arrastrando el peso de la culpa y del miedo… De eso ya hacía casi dos años. Dalmau, que no había callado al recordarle la auténtica función para la que había sido instruido con especial cuidado, ocupar la silla vacía del maestro, convertirse en él, un espía al servicio de otros espías, siempre atento a que el blanco manto de su orden no se viera salpicado por el barro terrenal. «Dalmau», volvió a susurrar en voz queda, como si el sonido de su nombre pudiera rescatar al anciano de su vejez. Él era el único eslabón que le unía a sus recuerdos más queridos, a los amigos del maestro, a su herencia, lo único que quedaba de un tiempo que se perdía en la bruma de la memoria.

—¡Muchacho, mi querido muchacho! —La voz de Dalmau le arrancó de su ensimismamiento. Ni tan sólo había oído la puerta de la iglesia al abrirse, perdido en divagaciones del pasado.

—¡Vaya, el viejo león todavía se hace oír! Dalmau, viejo amigo, ¿cómo estás? —Guillem se sintió sobrecogido ante el aspecto de su superior, enflaquecido y macilento, con unas oscuras bolsas violáceas colgando de sus ojos.

—¿Estar?… Muchacho, empiezo a tener la molesta sensación de no estar en ningún sitio. Demasiados años, ésa es mi única enfermedad, soy una vieja ruina que se va desmoronando poco a poco. —Dalmau le sonreía, divertido ante su expresión de alarma—. ¡Vamos, chico, no dramatices! Hace tiempo que ya sabes andar solo, y muy bien por cierto, el viejo Guils estaría orgulloso de su trabajo, ¿no te parece? Incluso te has convertido en un buen maestro.

Guillem le observaba, incapaz de responder, con una expresión triste en sus facciones. Intentó devolverle la sonrisa sin conseguirlo, una mueca forzada y poco convincente.

—Es ley de vida, Guillem, una ley que por lo que veo sigue provocando tu enfado. ¡Vamos, muchacho, alegra esa cara! Te aseguro que oigo a mis huesos refunfuñar en una conversación estúpida, en la que ni me dejan intervenir. No me hagas lo mismo, olvídate de mi salud y alegra a este viejo con las últimas noticias.

—Dalmau, no tengo más noticias de las que ya sabes, llevamos corriendo una semana para acudir a tu urgente llamada. ¿Qué demonios ocurre para tanta prisa? —Guillem no pudo evitar un cierto tono de reproche.

—¡Por fin salió el muchacho malhumorado que conozco! —Rió Dalmau—. Empezaba a preocuparme ante tanto abatimiento, Guillem. Me alegra comprobar que todo sigue en el mismo lugar y que el hambre y la urgencia consiguen arrancar de ti los peores instintos. Por cierto, ¿te has enterado de la última desgracia del de Foix?

Guillem contempló al sonriente Dalmau con el ceño fruncido, lo último que necesitaba era una larga crónica de las desventuras del conde de Foix, pero conocía demasiado bien a su superior. Era un experto en todos los aspectos que atañían a la política y a los conflictos de la corte, desde los asuntos más graves hasta los chismorreos que sacudían los tálamos de la nobleza. Era parte de su trabajo, desde luego. Se encogió de hombros en un gesto de resignación.

—Supongo que te has enterado de su rebelión contra el rey de Francia, ¡demonios de hombre! —insistió Dalmau—. Desde la muerte de Juana de Tolosa el pasado año, la última descendiente directa de los auténticos condes, todo ha sido un desastre, muchacho. Desde luego, el de Foix no pudo resistir la cólera al ver al francés, con un considerable ejército, bajar a Tolosa para hacerse cargo del condado. Sin embargo, nuestro rey se limitó a prohibir a todos los nobles de estas tierras que le ayudaran, incluso se habla de una violenta discusión con su hijo, el infante Pere. Ya sabes que al heredero no le gusta esa política de su padre...

—Vamos, Dalmau, todo eso me suena a antiguo, sabíamos

55

que eso ocurriría tarde o temprano. El viejo conde Raimond de Tolosa, no tuvo más remedio que casar a su hija con uno de los vástagos del rey de Francia, ¡perdieron la guerra, amigo mío! Que Joana y su marido Carlos murieran el año pasado no cambia nada, Tolosa ya pertenecía a la Corona francesa. Y tu buen rey Jaime ya había firmado su famoso Tratado de Corbeil, ¿qué demonios esperabas? —Guillem estaba irritado, no tenía ganas de hablar de política—. Y puedes sumar a todo este desastre, la conclusión, que Roger Bernat de Foix se está pudriendo en alguna maldita mazmorra, posiblemente en Carcassonne.

—Exacto, muchacho. El de Foix está encarcelado, pero eso no es todo. Parece que el rey Jaime ha ido a ver a su yerno, el rey francés. Supongo que sabes que su hija Isabel está casada con él, y le acompaña Gastón de Bearn, que es suegro del de Foix, y…

—¡Por los clavos de Cristo, Dalmau! Llevo una semana sin tiempo para comer, para dormir, han intentado asesinarme…, ¿qué representa todo esto? ¿Me has llamado para ponerme al corriente de los lazos familiares de toda esta gente? —Guillem estalló, estaba fuera de sí.

—¿Qué quieres decir con lo de que han intentado asesinarte? —Dalmau atajó su crónica política y lo miró con expectación—. Dijiste que tu última misión había acabado con éxito, cosa comprobada, por eso te llamé.

—Dalmau, hay cientos, acaso miles de sicarios que andan tras de mi sombra. Muchos de ellos estarían encantados de acabar con mi vida. Ése es el trabajo que hago, para el que fui instruido como siempre te encargas de recordarme. Trabajo por el que te obstinaste en viajar por medio mundo y arrancarme de Palestina donde, por cierto, a pesar de la guerra, estaba mucho más tranquilo. Y ahora, ¿cómo demonios puedes sorprenderte de que haya gente encantada de rebanarme el cuello? —Guillem le lanzó una mirada feroz.

—Ya veo, creo que lo que necesitas es una copiosa comida y diez horas de sueño. Se te pasará el enfado y podré hablar contigo. —Dalmau no parecía impresionado por el malhumor del joven.

—¿No pretenderás que organice una operación de rescate del de Foix? —Se alarmó Guillem ante la perspectiva de las lóbregas mazmorras de Carcassonne.

—¡Oh, cielos benditos, eso sí que ha tenido gracia, muchacho! —Dalmau prorrumpió en carcajadas, pasando su brazo por los hombros del joven y acercando sus labios hasta su oído le susurró—: Bien, te confieso que ya me gustaría hacerlo, al fin y al cabo a mi edad lo más seguro es que pensaran que he perdido por completo los cabales. Vamos, Guillem, te buscaré el lecho más cómodo de la Encomienda y velaré para que nada turbe tu sueño.

Dalmau arrastró al joven hacia la torre, su flaco cuerpo todavía estaba sacudido por las carcajadas, la hilaridad que le había provocado la posible liberación del rebelde conde de Foix tenía a Guillem sumido en el estupor. Sin embargo, no opuso resistencia, permitió que su anciano superior le condujera hasta una ventilada habitación y le acomodara; al minuto, todas sus preocupaciones se fundieron en un sueño profundo.

El canónigo Verat estaba indignado, el paseo desde el convento de los dominicos hasta el viejo barrio de la ciudad de La Seu había logrado despejar su temor irracional sustituyéndolo por una rabia creciente que le quemaba las entrañas. No era suficiente el soportar el sarcasmo de aquel maldito advenedizo de Bertran de Térmens, sino que a ello se habían añadido las poco sutiles amenazas de fray Ermengol. Le trataban de forma vejatoria e indigna, olvidando ambos que sin su intervención no tendrían nada ni a nadie a quien perseguir. Y sin embargo, se habían apoderado por completo de su plan. Y por si le faltara algo al cúmulo de insultos, el mismo obispo de Urgell, Pere d'Urtx, se había atrevido a ordenarle que se apartara de los hombres de la Inquisición, con el triste razonamiento de que aquél no era su trabajo... ¿Acaso creía que la herejía no era asunto de toda la Iglesia? Verat aborrecía al obispo, de la misma manera en que aborrecía a casi todos sus compañeros canónigos, incapaces de reaccionar a no ser que el problema en litigio tuviera que ver con sus bolsillos. ¡Entonces sí, si alguien se atrevía a poner en duda sus privilegios, todo eran planes de guerra y hostilidad! Verat despreciaba a sus pusilánimes compañeros, a los acomodados canónigos convertidos en un selecto grupo siempre dispuesto a contar sus beneficios materiales, ajenos al mundo de pecado en que vivían y siempre atentos a cualquier conflicto que pusiera en peligro sus intereses.

Se arrebujó en su amplia capa, empezaba a caer una fina llovizna fría y desagradable. Sintió un escalofrío que le recorría el espinazo, Verat tenía un temor supersticioso ante todo aquello que tuviera que ver con el agua, e incluso un ligero aguacero conseguía que el escaso vello que cubría su cuerpo reaccionara de inmediato. Su obsesión llegaba hasta el punto de medir cuidadosamente el agua de la jofaina, antes de hacer sus abluciones matinales. Una sola gota de agua, desencadenaba en su memoria el terrible naufragio del que había sido víctima cuando era un muchacho, el rostro de su hermano tragado por enormes olas, su brazo apuntando al cielo en demanda de una ayuda inexistente. En sus peores pesadillas, Verat vivía una y otra vez aquel horror, sin descanso, sus oraciones no eran escuchadas, y más parecía que el Altísimo encontrara placer en contemplar sus esfuerzos para que las violentas olas no inundaran sus pulmones.

Pasó por delante del hospital de los Canónigos, corriendo, acercándose a las casas de piedra con elegantes porches que eran parte de su vivienda, lejos de las murallas, en el centro mismo de la ciudad. Entró en su casa jadeando, sorprendido ante la cálida luz que salía del comedor. No eran horas para visitas inoportunas. La mesa estaba servida con esmero, un aromático trozo de queso de cabra reposaba en el centro del plato, con una hogaza de pan tierno a su izquierda. ¿Quién había entrado en la casa? Verat contemplaba la escena con los ojos abiertos como platos, no había nadie en aquella maldita ciudad que simpatizara con él, ni que fuera capaz de un obsequio parecido. Su mirada se detuvo en la botella de vino que presidía la mesa, junto a su copa de madera pulida. La sorpresa inicial fue desapareciendo de las facciones del canónigo, reemplazada por una sospecha que le hizo sonreír con suficiencia. No había duda alguna, debía haberlo pensado desde el principio, aquella deleznable mujer había vuelto, convencida acaso de que una limpieza a fondo y una elegante mesa le harían cambiar de opinión. Una mujerzuela sucia y desharrapada, siempre con el gesto provocativo y soez de su especie, capaz de lo peor con la simple excusa de sobrevivir. No había dudado ni un instante en expulsarla de su casa, cuando le llegó el rumor de que compartía algo más que la limpieza con un canónigo vecino. ¡Un escándalo insoportable! Y ahora aquel ser desgraciado intentaba buscar su favor, su compasión, pensando que borraría su espantoso pecado con una estúpida lisonja a su estómago. Verat soltó una seca carcajada, la casa resplandecía sin una sola mota de polvo ni suciedad. Se sirvió una copa de vino mientras examinaba tanto esfuerzo inútil, ya había hablado con los encargados correspondientes para que la mujer fuera expulsada de las viviendas de los canónigos, muchos de ellos incapaces de escapar a los peligros de la carne.

Se sentó en la alta silla de roble, sin fuerzas para encender el pequeño hogar, cuidadosamente preparado con varios leños en ordenada formación, ¡la maldita zorra había pensado en todo! Intentó apartar de su mente la voluptuosa imagen de la mujer, no podía perder el tiempo en minucias, debía reflexionar sobre temas mucho más importantes y graves. La cólera volvió a apoderarse de él al pensar en Bertran de Térmens, ¡maldito arrogante! Había sido el primero en oír su historia, en llevarle a presencia de fray Acard, y no había sido una buena idea. Se había precipitado en correr a los brazos del dominico sin tener en cuenta las garantías suficientes. Verat sacudió la cabeza con fuerza, esperaba una buena recompensa y, en cambio, intentaban robarle hasta las migas del festín. Debía haberlo supuesto, no era la primera vez, conocía a Acard desde hacía tiempo, mucho tiempo... Era un hombre peligroso y él lo sabía más que nadie, conocía todos sus secretos. ¿Cómo no se había dado cuenta antes? Los secretos de Acard podían ser una mercancía excelente, aunque era imprescindible extremar la cautela. Bertran de Térmens también lo sabía, era un hombre inteligente y prudente, no se había dejado engañar como él. Por un momento, su enfado se convirtió en admiración, aquel hombre era mucho más listo, no estaba dispuesto a ser pisoteado, pero ¿cómo podía intuir tan bien las intenciones de Acard? Verat las conocía, hasta había oído a Acard planificar la manera más sutil de deshacerse de Bertran, implicándole para acusarle de ser hereje y ahogarle en la misma pira de aquellos a los que denunciaba. Pero aquel hombre había sido más astuto que ellos, desde luego. Al contrario que él, impaciente por recibir halagos y el peso de las monedas en sus manos.

Volvió a servirse otra copa de vino, paladeándolo. Era excelente y no pertenecía a su bodega, estaba seguro, ¿de dónde lo habría sacado aquella bruja? ¡Bah, a quién le importaba, tenía otros problemas que solucionar! De repente, sintió un leve mareo, la cabeza le daba vueltas, y cuando intentó incorporarse, las paredes de la habitación se movieron en una curva imposible. El techo desaparecía tragado por los muros que se inclinaban hacia el centro, resbalando lentamente. Parpadeó varias veces, mirando su copa de vino, no había bebido lo suficiente para culpar a aquel buen añejo de sus espejismos. Acaso se había quedado dormido sin darse cuenta y estaba soñando. Gruesas gotas de sudor resbalaron por su frente, viajando hacia sus ojos sin que pudiera evitarlo, sus brazos estaban firmemente agarrotados, casi incrustados en la silla. Verat quería despertar, rezaba para que ese milagro ocurriera, porque no podía ser otra cosa que una de sus pesadillas, y concentró todo su empeño en atrapar de nuevo la realidad. Cerró los ojos con dificultad, murmurando una plegaria, y fue entonces cuando empezó a oírlo… Primero se levantó una brisa fría que chocó contra su frente, helando el sudor. A los pocos segundos, un fragor que crecía, aumentando de intensidad. «¡Dios misericordioso, no, otra vez no!», susurró en un murmullo. Una espuma blanquecina le golpeaba, un muro de agua que se alzaba amenazante estrellándose contra sus pobres huesos y lanzándole en todas direcciones. Verat se aferraba al triste madero con desesperación, sin poder ver más que una opaca pared líquida que se cernía sobre él. Un brazo se alzó surgiendo de la marea acuosa, un brazo cubierto de algas grises que danzaban en la espuma, y al final del brazo unos contraídos y descarnados dedos que atrapaban sus cabellos. Verat gritó con el pánico formando parte de su piel, gritó y se revolvió con fiereza, golpeando y arañando aquel brazo que lo arrastraba al abismo. Con un último impulso desesperado, el canónigo abrió los ojos y se incorporó de golpe, tropezando y cayendo al suelo, empujándose con las piernas hasta chocar con una de las patas de la mesa del comedor, de la que cayeron todos los preparativos de la cena. Horrorizado, contempló cómo la pared frontal se convertía en una cortina líquida que avanzaba hacia él, la copa caída rodaba hasta ser tragada en una explosión de espuma gris, sucia, y el plato se rompía en mil pedazos; sólo el sonido metálico del cuchillo rebotó en un eco que se perdió en la violenta tormenta. Verat aullaba de terror, encogiéndose sobre sí mismo, pataleando con rabia e impotencia. Y la voz de su hermano sonó entre el torrente de agua que impregnaba las paredes: «ayúdame, ayúdame...». Una voz lejana que se acercaba, que hacía surgir unos brazos macilentos con la carne colgando de los huesos, sobresaliendo de la pared líquida... Brazos que se alargaban en hilos interminables. Verat reaccionó, fuera de sí, arrastrándose hasta el cuchillo caído, sintiendo la frialdad del agua que ya lamía sus pies, y con los ojos desorbitados blandió el arma, lanzando golpes de un lado a otro, ciego a todo, en pugna con la marea gris que seguía su avance devorando sus piernas en un remolino vertiginoso. La sangre empezó a salpicar las paredes húmedas, grabándose en el agua en signos extraños, en tanto Verat acuchillaba los brazos de su hermano muerto.

Cuando la mujer entró en la estancia, cargada con un cobertor limpio para la cama del canónigo, fue incapaz de creer lo que sus ojos contemplaban. Verat se revolcaba como un endemoniado, arrastrándose por las baldosas, blandiendo un cuchillo con el que se hería una y otra vez, aullando palabras ininteligibles. La afilada hoja desgarraba cada palmo de carne que encontraba, ensañándose especialmente en sus brazos que colgaban hechos trizas, con una fuerza infernal que los obligaba a empuñar el arma, ajenos a su propia carnicería. El agudo chillido de la mujer rompió el aire, en extraña comunión con el último estertor del canónigo que, tras arquear de forma inverosímil el cuerpo ensangrentado, cayó exánime, mudo.

61

Capítulo IV

Vall d'Aran

«He vivido gran parte de mi vida en el centro de un territorio repleto de mentira, oculto a toda traza de realidad. Hasta tal punto me mintieron que creí poder conquistar palmo a palmo aquella tierra, armado con mi espada y con una parte de mi verdad. Sin embargo, ahora sé que desde el principio fui un hombre humillado y vencido, mis armas fueron inútiles. Guardé mi verdad en lo más profundo del alma, y recogí cuidadosamente toda la falsedad de la que fui capaz, todo el engaño de aquellos que fueron mis vencedores. Y ahora, sé que ésa será mi única arma, y estoy dispuesto a empuñarla.»

ADALBERT DE GAUSSAC

—¡Abridme, por el amor de Dios, abridme! —Los puños volvieron a golpear la puerta con fuerza.

Era noche cerrada, sin luna, la oscuridad poseía una textura sólida, como si a cada paso exigiera una llave secreta para atravesar sus negros muros. La puerta principal de la iglesia de Tredós, miraba con indiferencia hacia el oeste, una hermosa puerta de doble arco con desproporcionados capiteles, en donde perfectas esferas y enigmáticas cabezas observaban al intruso sin interés. Se oyeron unos pasos que se acercaban, un murmullo de goznes y bisagras amortiguados por la cautela.

—Quién anda ahí. ¿Quién es? —La voz grave rebotó contra la puerta aún cerrada.

—Frey Tedball, soy yo, Adalais…, necesito ayuda.

A 1.340 metros de altitud, el pueblo de Tredós dormía un

sueño profundo, protegido entre altas montañas, acostado al lado del río Garona. La iglesia, y a su lado la hospedería, conformaban una pequeña Encomienda del Temple en la Vall d'Aran, un pequeño refugio para los viajeros que iban de camino al puerto de la Bonaigua. La puerta se abrió rápidamente y un brazo atrapó a Adalais y la arrastró hacia el interior de la capilla. Una vacilante llama iluminaba tenuemente el rostro de un hombre que, alejándose del resplandor, lo concentró en la recién llegada. Adalais retrocedió ante el repentino calor de la llama en un acto reflejo e involuntario, levantando sus manos para protegerse.

—¡Por todos los demonios, criatura, qué ocurre! —La voz se alejaba, mientras Adalais resbalaba por la gruesa pared hasta quedar sentada sobre las losas de la iglesia—. ¿Por qué no has llamado a la puerta de la hospedería? Siempre hay un hermano de guardia.

La nave empezó a iluminarse. El hombre llamado Tedball encendía las velas del altar, y un resplandor amarillento y difuso se extendió sobre el gris de los muros. Respiraba pesadamente, como si deseara demorar las noticias del imprevisto mensajero, dominado por una sensación de mal augurio.

—Mi padre ha muerto esta noche, frey Tedball, me ordenó que me pusiera en contacto con vos, dijo que sabríais perfectamente lo que había que hacer. —Sus palabras eran un susurro quedo, casi inaudible.

—¡Mi pobre amigo, ojalá Dios le permita descansar en paz! —Tedball se acercó a la joven dejándose caer a su lado—. Sabíamos que esto podía suceder en cualquier momento, niña. Sé que es un pobre consuelo para ti, pero también sé que el buen Adalbert por fin ha conseguido el hogar que tanto buscó en vida, su dolor ya ha encontrado remedio.

—Y ahora empieza el mío, frey Tedball. —Adalais reprimió un sollozo—. El plan está en marcha, aunque de todo ello supongo que sabéis más que yo. Nada ni nadie podrá detenerlo, padre dedicó sus últimos años a organizarlo con todo detalle, incluso su muerte es parte del proyecto. Puedo oír el sonido de las ruedas dentadas, encajando una en otra, rodando sin cesar, como si fuera una maquinaria infernal martilleando en mi cabeza. Y tengo miedo, frey Tedball, sin él no sé si seré capaz…

63

—Lo serás, niña. Todos representaremos nuestro papel en la farsa y convertiremos el miedo en nuestro más firme aliado. —Tedball cogió una de sus manos—. Nuestro pequeño ejército se ha puesto en marcha, cada uno se encuentra ya en el lugar de partida.

—¿Y Dios aprobará la venganza, frey Tedball? —La duda salió de los labios de la joven sin esfuerzo, flotando entre las paredes de la iglesia de Nuestra Señora de Cap d'Aran, quedándose suspendida en su centro.

—Al igual que tu padre, jamás pensé en la venganza; no exactamente. Más bien en la justicia… —Tedball calló un segundo, perplejo, con los labios apretados en una fina línea—. Creo que debe existir un equilibrio que compense la maldad, Adalais, un minúsculo resquicio que rasgue las tinieblas y permita que la luz penetre para iluminarnos. Aunque quizás tengas razón, sólo una imperceptible y delgada línea separa la justicia de la venganza…, y reconozco, que después de todo, no me importa mucho la diferencia. Sin embargo, tu padre nunca pretendió enfrentarte a un dilema moral, creo que ni siquiera pensó en ello. Puedes dejarlo ahora mismo, pequeña, el plan contiene soluciones para cualquier contingencia, y su voluntad no fue cargar sobre tus jóvenes hombros este peso. Es una carga sabiamente repartida, pero no se trata de una herencia, Adalais, lo que nos une es una convicción compartida.

—Habláis como él, frey Tedball. —La joven se incorporó, no deseaba hablar de sus propias dudas—. No tengo intención de abandonar, os lo aseguro. Acaso sea que su muerte, aunque anunciada, ha llenado mi mente de confusión y temor, creí estar preparada para este momento, pero…

—Nadie está preparado para la ausencia de los que ama, Adalais. El conocimiento de la muerte, no alivia el dolor de la pérdida.

—¿Y qué debemos hacer con su cuerpo, frey Tedball? Mi padre insistió mucho en que vos deberíais encargaros de él, no deben encontrarlo ni saber siquiera que ha muerto. ¡Ni tan sólo puedo darle sepultura! —El tono de la joven se endureció.

—No te preocupes, ése es un problema que entra de lleno en mis obligaciones. ¿Dónde está? —Tedball se levantó lentamente del suelo, mirando a la joven con calidez.

—Me ayudaron a cargarlo sobre *Betrén,* está ahí fuera y…
—Un nuevo sollozo la interrumpió, su mano apretó la boca
con fuerza, bloqueando las lágrimas—. Seguiré vuestras instrucciones. Después continuaré el camino planeado sin una vacilación.

—¿*Betrén*?… Bien, Adalbert estará orgulloso de hacer su
último viaje sobre su caballo favorito, Adalais, ¿lo sabes?… Jamás vi tanto empeño en adiestrar a un animal como el que puso tu padre con él, no sabías nunca dónde empezaba el jinete y
terminaba el animal, se fundían el uno en el otro… —Los ojos
de Tedball expresaban admiración—. Vamos, muchacha, no hay
tiempo que perder.

Adalais y frey Tedball salieron a la noche, todavía quedaban
muchas horas para el amanecer. El templario se acercó al animal que lo reconoció de inmediato, sacudiendo su espesa cabellera negra, y cargó sobre sus espaldas el cuerpo sin vida de
Adalbert de Gaussac. Entraron de nuevo en la iglesia, y Tedball
guió a la joven hasta una pequeña cripta.

—No sabía que hubiera algo así bajo la iglesia…
—No es habitual por estas tierras, Adalais. Que yo sepa, es
la única cripta que existe en el valle. ¿Sabes que construyeron la
iglesia sobre un templo pagano? —Tedball distraía a la joven,
alejándola del dolor del momento.

—¿Estará seguro aquí, nadie lo encontrará? —Adalais se
resistía a apartar la vista del cuerpo de su padre.

—Lo estará por ahora, aunque no por mucho tiempo. Pero
no debes preocuparte, no tardaré en trasladarlo a un lugar más
seguro, al único lugar en que él deseaba descansar.

Frey Tedball era un hombre alto y delgado, de unos cuarenta años, aunque las hebras plateadas que dibujaban un campo
de nieve en sus sienes, y su canosa barba, le daban apariencia de
mayor edad. Su cuerpo se mantenía flexible y ágil, producto
del trabajo duro del que se ocupaba en la Encomienda y que le
hacía responsable de numerosas cabezas de ganado de la orden.
Tenía un rostro atractivo, unos ojos oscuros que transmitían
una fina inteligencia, rodeados de pequeñas y delgadas arrugas
que sobresalían cuando sonreía.

Se arrodilló junto a Adalais, ante el cuerpo del señor de
Gaussac, y murmuró una plegaria con la cabeza inclinada, es-

65

cuchando la breve ceremonia que la joven intentaba llevar a cabo sin estallar en sollozos. La humedad de la cripta expandía un olor especial a muerte, como si ésa fuera su función específica, transmitir el mensaje del sueño de la vida.

—Debo partir, frey Tedball. —Adalais seguía sin poder apartar la vista del cuerpo de su padre que reposaba sobre el suelo de tierra pisada, hipnotizada por una sensación creciente de irrealidad.

—Debes tener mucha precaución, Adalais, ellos están cerca. No saben lo suficiente, pero no por ello son menos peligrosos. Adalbert los atrajo hasta donde era necesario, rondan como perros de presa, y es el momento de la prudencia, no lo olvides… —Tedball la observaba con preocupación—. Debes pensarlo con la mente fría, aún estás a tiempo de dejarlo. Y si es así, yo tengo instrucciones para alejarte de todo este asunto.

—¿Instrucciones de mi padre?… ¿Desconfiaba de mis fuerzas?

—Tengo instrucciones para circunstancias diferentes, Adalais, pero no se trata de eso. Adalbert nunca quiso perjudicarte, aunque siempre temió llegar a hacerlo. Su confianza en ti fue absoluta y tú lo sabes.

—Iré con cuidado, frey Tedball, y con la mente fría, os lo aseguro. Pero igual que padre, vos también deberéis confiar en mí, porque de eso se trata, ¿no es cierto? Nuestro pequeño ejército, tal como lo llamáis, está construido con las hebras de la confianza, ésa es nuestra única posibilidad de victoria. Ambos continuaremos al compás de las ruedas del mecanismo, sólo hay que dejarse llevar por su sonido y seguirlo.

Fray Ermengol de Prades se hallaba abstraído entre pergaminos cuando uno de los frailes, con la cara lívida, entró en la habitación sin llamar a la puerta. Tapó con la mano los documentos, irritado ante la intrusión y dispuesto a amonestar los modales de su hermano. Sin embargo, enmudeció de repente ante la avalancha balbuceante que el joven fraile intentaba transmitirle. Y a pesar de su innata capacidad de disimulo, la sorpresa se extendió por sus facciones; era una historia difícil de creer.

—¡Por la bondad infinita de nuestro Señor, hermano, tranquilizaos! ¿Estáis convencido de lo que acabáis de decir? Aunque sea una noticia de última hora, creo que la imaginación ha empezado su labor. ¿No veis lo absurdo de vuestra narración? —Fray Ermengol puso su mejor cara de escepticismo.

—No se trata de mi historia, fray Ermengol, simplemente es la versión del propio canónigo, vecino de Verat. Al oír los chillidos de la mujer, corrió a ver lo que estaba ocurriendo, y os puedo asegurar que estaba pálido como un muerto. Fue el primero en llegar allí y... —El joven fraile se detuvo para tomar aire, la fría mirada de su superior le imponía.

—¡Y qué! —Atajó fray Ermengol con dureza—. Encontró al canónigo Verat en el suelo en medio de un charco de sangre. Decidme, hermano, ¿acaso preferís creer en la presencia de espectros fantasmales que asesinan a pobres canónigos, seres fantasmales sedientos de sangre?... Sabéis lo mucho que me preocupa vuestra formación, querido hermano, y sobre todo la pureza de vuestra fe. Y, os lo confieso, habéis inquietado mi espíritu ante la facilidad con que se os puede turbar y engañar.

El joven dominico tembló ante la acerada mirada de Ermengol, no era una buena señal que se pusiera en duda su fe. Contempló cómo su superior se levantaba con lentitud, acercándose a él con las manos cruzadas en la espalda.

—Lo que ocurre es que vuestra ignorancia ciega cualquier resquicio mínimo para la razón, querido hermano —siguió fray Ermengol—. ¿Sabíais que nuestro estimado canónigo Verat había denunciado a esa mujerzuela, y había conseguido que se decidiera su expulsión del servicio de los canónigos? No, claro que no sabíais nada de eso. Y es más, ¿acaso estabais al corriente del poder de esta mujer para pervertir la inocencia de esos pobres hijos de la Iglesia? —Fray Ermengol parecía disfrutar con la lista de pecados de la pobre mujer—. Bien, ¿qué tenéis que decirme ahora?

—No lo sé, fray Ermengol, no sabía nada de lo que me contáis, pero conozco a la mujer. Y vos también. Es la viuda de Tomeu, ¿lo recordáis? Trabajó en nuestro huerto varios años hasta que murió, dejó cuatro hijos y esa pobre mujer... —El joven vaciló.

—Y vuestra buena disposición, y la bondad que emana de vuestro amor a los semejantes, prefirió creer en la culpabilidad de seres fantasmales —terminó fray Ermengol por él—. ¿Lo

67

veis, hermano, veis lo fácil que es dejarse engañar y cometer un error en el redil de las ovejas? Pero la razón que el Altísimo nos ha concedido, nos inclina a pensar con sensatez, nos dice que es posible que esa mujer estuviera despechada con el canónigo Verat, que el hecho de que éste descubriera sus artimañas y las pusiera al descubierto hiciera aflorar su auténtica naturaleza perversa. En cuanto a la historia que cuenta el vecino de Verat, ¿no habéis pensado que acaso ese hombre se viera arrastrado al peor pecado, hermano? Como muy bien podéis comprobar, todo tiene su explicación sin necesidad de recurrir a fábulas imaginarias.

—Tal como lo explicáis, fray Ermengol, todo parece muy sencillo... —El joven suspiró, sin atreverse a poner fin a la frase.

—No sólo lo parece, hermano, lo es. Y ahora, id con Dios, rezad para que ilumine vuestra alma y la fortalezca ante el engaño. —Ermengol hizo un gesto de despedida con la mano, sin dejar de observar al joven que, con una inclinación, salió de la habitación con el rostro demudado.

Una vez solo, Ermengol volvió a su asiento, con la cabeza entre las manos. Las cosas estaban tomando un rumbo extraño, ¡Verat asesinado! La absurda historia del canónigo asestándose puñaladas a sí mismo era inverosímil. ¿Qué podía haber impulsado a aquella desgraciada mujer a contar algo parecido, acaso ignoraba que sería la principal acusada? No había duda de que era una manera harto estúpida de defenderse, si no fuera que... Desde luego era sólo una idea, pero era posible que la mujer intentara ocultar algo, o proteger a alguien... ¿A Bertran de Térmens?... No dudaba de la capacidad de aquel hombre para cometer atrocidades, pero ¿por qué? ¿Qué ganaba eliminando a Verat del tablero de juego? Nada, absolutamente nada, el canónigo era un simple peón sin importancia. Por otro lado, había que tener en cuenta la propia personalidad del asesinado, Verat no era una persona apreciada en la ciudad y muchos le detestaban profundamente, se había encargado de ofender y humillar a todo aquel que le molestaba. Los caminos del canónigo siempre eran tortuosos y más que discutibles, podía tratarse de una venganza, quizás había conseguido enloquecer a algún miserable hasta el punto de lanzarlo a la senda del crimen. Era lo más probable, su muerte no tenía nada que ver con el asunto que se llevaban entre manos y... Bien, tenía que confesar que no estaba impresionado, todo lo contrario, sentía una sensación de alivio, aquella muerte sólo les beneficiaba. Verat sabía demasiadas cosas y era una persona imprudente, un día u otro se hubieran visto obligados a tomar decisiones desagradables al respecto. Ermengol volvió a sus documentos, enderezando la espalda con un hondo suspiro, ahora debía concentrarse en lo prioritario: Acard tenía que conocer las últimas noticias. Ya habría tiempo de pensar en el penoso fin del canónigo, penoso sí, pero a la vez un inesperado regalo del cielo.

—¿Vamos a volver algún día a casa, abuela Orbria?

—¡Vaya por Dios, y de qué casa estás hablando tú! ¿Acaso no hay mejor hogar que éste? Fíjate qué hermoso techo nos protege, cientos de estrellas como centinelas de nuestra vida, paredes construidas de aire puro y limpio, transparente, para que nada impida que nuestra mirada abarque esta inmensidad. ¿Te parece poca cosa? —La mujer sonrió en tanto ladeaba la cabeza en un gesto de resignación.

—Me refiero a nuestra casa, de la que hablas en tus historias, abuela. —La voz infantil resonó con enfado.

—¡Bah, historias de viejas! Eso es lo que he conseguido, llenarte la cabeza de pájaros estridentes. Anda, come y cállate un rato. —Orbria le entregó una escudilla humeante y se sentó en una piedra cerca del fuego.

Era una suerte que hubieran encontrado aquel pequeño refugio de pastor, perdido entre los pastos. La caminata había sido larga y pesada, y Orbria empezaba a preocuparse por la cercanía de la noche. Aquellas cuatro piedras tan ingeniosamente dispuestas, les proporcionarían asilo contra el frío y las alimañas.

—Me gustaba aquella ciudad, abuela, estaba llena de gente, no sé por qué nos hemos marchado tan deprisa. —El niño insistía mientras sorbía su sopa.

—Porque las ciudades están llenas de mala gente, Folquet, cuanto más lejos de ellas mejor para nosotros. Y La Seu no es una excepción, ya hicimos allí todo lo que teníamos que hacer, ¿no estás contento con tu manta nueva?

69

Orbria, a pesar de su edad, era una mujer hermosa que conservaba intactos unos rasgos delicados. Su rostro, alargado y de facciones marcadas, indicaba un contacto constante con el aire libre, dando a su tez un tono oscuro de oro viejo. Un pañuelo blanco envolvía su cabeza, atrapando una cabellera oscura que se negaba a encanecer.

—Me gusta la ciudad —desafió Folquet, lanzando a su abuela una mirada cargada de segundas intenciones—. Tú siempre cuentas que nosotros, antes, vivíamos en una ciudad.

—¡Pero bueno, por Dios bendito! ¿Cuándo has vivido tú en una ciudad? Lo que yo te cuento son historias viejas, de cuando tu abuela era joven, de mis padres, de los padres de mis padres, de tu abuelo... ¡La de tormentas que han caído desde entonces!

—Es que eres muy vieja, abuela, ¿cuántas tormentas has visto?

—Demasiadas, Folquet, demasiadas. Es lo que te ayuda a envejecer si no es que te mata de golpe. ¡Y ya está bien de conversación, es hora de descansar! Vamos, anda al refugio y abrígate con tu manta nueva, procura dormir que mañana será un día duro. ¡Y nada de discusiones, tu abuela está cansada! —El gesto de la mujer era severo, una mirada que no admitía réplicas.

El pequeño Folquet remoloneó hasta la choza de piedra, arrastrando el peso de sus diez años al que había añadido el de la gruesa manta. Antes de entrar, lanzó una última ojeada a su abuela para comprobar que no estaba bromeando, y no le quedó más remedio que aceptar que lo más prudente sería obedecer sin rechistar. Orbria se quedó junto al fuego, los brazos fuertemente apretados sobre el pecho, notando cómo la humedad de la tierra ascendía por sus pies y, a pesar de ello, sin poder apartar la vista de las llamas. «¡Tormentas!», pensó con un escalofrío que le salía del interior más profundo de su alma... ¡No había visto otra cosa en su vida que rayos y truenos cayendo sobre su cabeza desde que tenía uso de razón! Estaba cansada y no deseaba pensar en nada más que en una simple página en blanco, olvidar durante unas horas. Sin embargo, la danza de las llamas en su modesta hoguera, parecía entrar en su mente llamando a su memoria.

Folquet tenía razón, Tolosa era una hermosa ciudad, la ciudad en la que había nacido, hermosa hasta que llegaron ellos, destruyéndola y llenándola de tinieblas, robando el sol que los iluminaba. Y Orbria había nacido en medio del desastre, el mismo año que el conde de Tolosa volvía de tierras catalanas con un pequeño ejército de *faidits*, los caballeros occitanos desposeídos de todo cuanto poseían, y ayudado por las tropas del conde de Pallars. Habían conseguido derrotar a los franceses y entrar de nuevo en su ciudad en medio de la alegría de los tolosanos, un año en que la esperanza parecía renacer en las tierras de Oc.

Tiempos en los que ya se había olvidado la causa de aquella sanguinaria Cruzada, en la que nadie hablaba de la herejía. Después de tantos años de lucha, todo el mundo aceptaba que lo que estaba en juego era el dominio de las ricas y fértiles tierras del Languedoc, en una guerra abierta entre los invasores franceses bendecidos por Roma y los invadidos occitanos con sus propios aliados. La memoria de Orbria corría veloz, sin detenerse, fantasmas que atravesaban su mente en una enloquecida carrera hacia ninguna parte, ahuyentando sus propios pensamientos y ralentizando los latidos de su corazón hasta casi detenerlo. Atizó el fuego con una rama seca, contemplando una lluvia de chispas encendidas que iluminó su rostro y marcó una profunda arruga en su frente. Sonreía, su memoria acababa de encontrar un fragmento entre la ruina de la historia que logró proporcionarle un instante de satisfacción. ¡El maldito Montfort, por fin había encontrado su merecido! Le habría gustado verlo con sus propios ojos, pero apenas tenía un año cuando todo aconteció, y lo único que guardaba eran las historias de los suyos, de los que habían protagonizado aquel momento. Y recordó la narración, la que empezaba siempre con palabras precisas, un ritual familiar difícil de olvidar: «Un 25 de junio de 1218», empezaba su madre, «la ciudad de Tolosa estaba sitiada por las tropas francesas, nuestra rebelión en la ciudad había hecho correr a Simó de Montfort, el jefe de la Cruzada, hasta allí, y los provenzales respiraron tranquilos al ver la precipitada marcha del señor de Montfort, que entonces andaba ocupado en arrasar sus tierras. Gui, el hermano de Montfort, había sido herido por una flecha tolosana y agonizaba. Las grandes catapultas de la ciudad no cesaban de lanzar toda clase de piedras contra los franceses, muchas de ellas manejadas por las mujeres de Tolosa, y entonces, el milagro ocurrió… Una de las piedras disparadas, se estrelló contra el yelmo del señor de Montfort, de tal manera que pulverizó su semblante. Sus ojos, su cerebro, sus dientes y las mandíbulas estallaron en mil pedazos, acabando con el hombre más odiado de nuestra querida Occitania. El entusiasmo brotó de las mismas murallas de Tolosa, y sus gritos de alegría inundaron aquella tierra castigada y rota».

«¡Buena época para nacer!», pensó Orbria, envolviéndose en su vieja manta y añadiendo ramas al fuego. Tiempos aún de esperanza…, aunque durara poco. Se levantó, golpeando el suelo con los pies, en un intento de rehuir el frío que empezaba a colarse por sus huesos. No podía olvidar, aunque en ocasiones lo deseara desesperadamente, pero la sangre, su sangre, se alzaba como un muro que reclamara justicia. La justicia de los muertos que nunca volverían para abrazarla, para susurrar las dulces canciones de su hogar. Orbria se rebeló ante sus propios recuerdos, con la duda en sus oscuros ojos, estaba cansada y harta de aquel paseo melancólico e inútil. Las lágrimas apuntaron en un ángulo escondido pensando en su nieto, Folquet sentía nostalgia de algo que jamás había conocido, que nunca conocería. Sus historias atrapaban su presente y lo condenaban sin remedio, pero ¿acaso no estaban ya condenados a vagar por tierras extrañas huyendo, siempre huyendo? Orbria levantó los ojos al cielo estrellado en busca de una respuesta, una confirmación que alejara sus dudas, la mano del Bien que descendiera para proteger a su nieto de la maldad de los hombres.

Situado en el sector más occidental de los Pirineos catalanes, la Vall d'Aran ocupa la parte alta del río Garona. Sus puertos son impracticables la mayor parte del año a causa de su clima hostil, desde los inicios del invierno hasta el mes de mayo o, en ocasiones, hasta principios de junio. Sus especiales características geográficas, que inclinan las aguas del Garona hasta atravesar la frontera e ir a morir a Burdeos, contribuyen también a conducir la corriente humana en el mismo sentido, abriendo un paso natural entre ambos países. Esta situación, explica la relación íntima e histórica y los lazos de sangre que unen a las dos vertientes de los Pirineos. Los romanos, preocupados por el aislamiento de la zona, construyeron una sólida calzada que, desde la ciudad de Tolosa del Languedoc, comunicaba con el puerto de la Bonaigua, en el Pallars, siguiendo el curso del Garona. Una calzada que serviría a los viajeros de los siglos posteriores, facilitando la comunicación y el comercio, y que, en primavera, se vería sumamente transitada, aprovechando el escaso buen tiempo.

Adalais se mantuvo de pie detrás de los altos arbustos, escondida, con los brazos alrededor del cuello de *Betrén*, hablándole en susurros para tranquilizarle. El sonido de los cascos de dos caballos se acercaba con toda la rapidez que permitía el angosto camino. No habían perdido el tiempo en correr tras ella, y la esperanza de conseguir dos horas de ventaja se desvanecía. Se alegró de haber hecho caso a frey Tedball, y de emprender la marcha sin perder un segundo, dejando los rezos por el alma de su padre para mejor ocasión. Se hundió en la oscuridad, a la espera de conseguir percibir la silueta de sus perseguidores, reprimiendo el sobresalto ante el relincho asustado de uno de los caballos. Se habían detenido en el cruce de caminos que había a unos veinte metros a su espalda, discutiendo. Oyó el murmullo de su agitada conversación, sin descifrar el significado de las palabras, pero intuyendo que la disputa trataba del camino que había que seguir. Después de unos minutos de animada charla, los hombres tomaron una decisión que los separó. Uno de ellos, se alejaba por el sendero que conducía hacia Montgarri y el Pla de Beret, el otro giró hacia el camino de la Bonaigua, acercándose a ella. La joven intentaba pensar, paralizada por el temor a ser descubierta, cuando sus pensamientos se detuvieron de golpe, enmudecidos. La silueta del segundo perseguidor pasaba muy cerca, el paso lento y pausado, erguido sobre la silla de montar como si husmeara el aire. Adalais hundió el rostro en el lomo de *Betrén*, cerrando los ojos y conteniendo la respiración, notando el resuello del caballo del sicario, aquel rebufar agotado por el esfuerzo que enviaba ráfagas húmedas en su dirección. Siguió inmóvil, con un dolor punzante y agudo que ascendía por sus piernas, hasta que llegó a sus oídos el rumor sordo de los cascos alejándose, resbalando en las piedras

73

del camino. Respiró hondo, en silencio, midiendo cuidadosamente la ración de aire que sus pulmones exigían, y reflexionando acerca de su siguiente movimiento. Cualquier decisión era peligrosa y las opciones escasas. Podía arriesgarse por el camino de Montgarri tras uno de sus perseguidores, pero aquello la alejaba de su destino. O podía seguir hasta la Bonaigua, con precaución… Recordó las palabras de su padre: «Ante cualquier duda, niña, lo más prudente es quedarse quieto, inmóvil, adoptar la forma de aquello que te rodea como un camaleón. Piedra o matorral, sea lo que sea, transfórmate en ello hasta que la vacilación desaparezca». Adalais aspiró con fuerza el aire frío de la noche, convertida en parte de *Betrén*, el animal transformado en un oscuro matorral, y una voz surgió de algún lugar de su mente: «¿Y si había alguien más, alguien agazapado y atento a cualquier rumor, alguien que esperaba que se confiara tras la marcha de los dos sicarios?». Adalbert de Gaussac había pasado parte de su existencia instruyéndola en la desconfianza, insistiendo en que cualquier precaución era poca ante aquella gente, sin fiarse jamás de la apariencia de calma. En realidad, la calma era lo único que lograba poner nervioso al señor de Gaussac, pensó Adalais, lo que alteraba su conducta y movilizaba todos sus músculos a la espera, siempre a la espera del desastre. Posiblemente, aquella conducta le había salvado la vida en innumerables ocasiones, una existencia en donde la única realidad era la huida, sin permitirse nunca un descanso, un momento de paz. Desechó uno a uno los pensamientos que turbaban su entendimiento, la oculta cólera que aquella huida constante había provocado en ella, y se concentró en una simple y sencilla idea: «sobrevivir»; una idea simple y poderosa a la vez.

Permaneció en el mismo lugar, esperando que la vacilación se borrara de su ánimo y que, al mismo tiempo, aquellos hombres se alejaran a una distancia suficiente. *Betrén* se había convertido en una estatua inmóvil, con la cabeza baja y los ojos brillando. Adalais dejó pasar el tiempo, apoyada en el animal, sin pensar en nada, aislando sus pensamientos en celdas vacías y cerradas. La invadió una dulce modorra, el cansancio de los últimos días y de las noches en vela conquistaban cada centímetro de su piel, aflojando sus brazos, cerrando los párpados cargados de dolor.

Un hombre apareció entre una espesa neblina blanca, el cabello castaño ondeando hacia atrás llevado por una brisa invisible, dejando al descubierto un rostro de facciones cuadradas y atractivas. Una fina línea atravesaba una de sus mejillas deteniéndose en el labio, un trazo rojo y visible. El cuello, bronceado, emergía en medio de una aureola blanca donde el cuerpo desaparecía. La miraba fijamente, sus ojos del tono de la tierra húmeda, mirando sin ver, como si la atravesara y su vista se perdiera más allá de su presencia. Una mano apareció a sus espaldas, una mano amarillenta que flotaba en el éter empuñando un destello de metal convertido en haces de niebla. Adalais intentó gritar, avisar al desconocido del peligro en que se hallaba, pero su garganta estaba cerrada, vacía de sonido.

El crujido de una rama quebrándose la despertó de su pesadilla, el sonido estaba muy cerca de ella. Alguien se movía en la oscuridad, lentamente, tanteando el terreno palmo a palmo. Una sensación de pánico se apoderó de la joven, oía con toda claridad el estrépito que sus latidos provocaban al estrellarse contra su pecho, un redoble de tambores incesante capaz de alertar hasta a las pequeñas hormigas que ascendían por sus botas. Un sudor frío y pegajoso empapó sus ropas, haciéndola temblar sin control. Sin previo aviso, *Betrén* salió de estampida, sus patas delanteras giraron en el aire como un torbellino, con un relincho agudo y salvaje que le traspasó los oídos y el alma.

Todo ocurría a tal velocidad que le era imposible calibrar las consecuencias, el aullido inhumano que rompía el silencio de la noche, las maldiciones que se perdían en un eco sin respuesta, sin que *Betrén* dejara de cocear una y otra vez con sus patas delanteras, alzado como un espectro negro de altura infinita. Los alaridos del hombre se mezclaban con los penetrantes chillidos del animal encabritado sobre sus cuartos traseros, con el sonido de las herraduras rompiendo carne y hueso... Como en un sueño del que es imposible despertar, todo acabó de golpe; *Betrén* trotaba hacia su dueña sacudiendo su negra melena y dando la espalda al silencio.

Al clarear el alba, Adalais se acercó al bulto informe de lo que había sido un hombre. Poco quedaba de su perseguidor, *Betrén* había hecho un trabajo a conciencia. El semblante que la contemplaba era un amasijo sanguinolento y deformado, un

75

cuerpo bajo y robusto, y sólo un ojo de un gris ceniciento miraba al cielo con expresión de sorpresa. No había visto nunca a aquel hombre, ni se parecía en nada al que protagonizaba su pesadilla... Adalais aborrecía sus sueños, se negaba a aceptar que muchas veces se convertían en realidad, y si hubiera podido rechazar aquel don no hubiera dudado en hacerlo. Un don..., así lo llamaban, y le contaban que su madre poseía la misma virtud, la capacidad de penetrar en el misterio del sueño y contemplar el futuro, el pasado, jamás el presente. Sin embargo, ella sólo sentía miedo, un pánico envolvente del que no podía despertar, el sueño de una madre envuelta en llamas, vestida con una larga túnica de fuego, un rostro de humo sin facciones.

Adalais acarició a *Betrén* con suavidad, las lágrimas corrían libres por sus mejillas. Y entonces pensó que ni siquiera había podido llorar a su padre, que aún no había comprendido lo que representaba su ausencia, siempre ligada a la precisa maquinaria que Adalbert había creado. Como si aún estuviera vivo, una sombra moviéndose entre ellos, dirigiéndoles, cerrando la puerta de cada plazo, siempre vigilante de las reglas del juego, de su juego.

Capítulo V

Seu d'Urgell

«No fui educado para descubrir la verdad, sino para ocultar la mentira tras el velo de las leyes. No puedo emitir ningún juicio que ayude a desentrañar la naturaleza del engaño, me enseñaron que ésa es función de los poderosos y a ella me someto. Jamás discuto, ni tan sólo me planteo la posibilidad de hacerlo... Pero, en ocasiones, no es la mentira en sí lo que turba mi espíritu, sino la cruel violencia que de ella nace, como una semilla perversa de la que brotaran miles de tallos capaces de arrasar con toda la tierra. Sin embargo, callo, y es en mi silencio donde crece este engaño.»

VIDAL, notario

*E*n 1232, el papa Gregorio IX escribió una urgente carta al arzobispo de Tarragona. En ella expresaba su honda preocupación ante el hecho de que la herejía cátara estuviera infestando las tierras catalanas, y ordenaba que se pusiera en manos de la Orden de los Predicadores el trabajo de su represión. Al mismo tiempo, esa misma orden partía hacia el Languedoc, donde el terror de la Cruzada francesa sería sustituido por el tribunal de la Inquisición. Al año siguiente, 1233, el rey Jaime I confirmaba un estatuto redactado por Ramon de Penyafort y dirigido a combatir a los herejes, en el que instituía el establecimiento del Tribunal, confiando su organización al obispo de Barcelona y a la Orden de los Predicadores, también llamados Dominicos. A estos documentos se les denominó las «Constituciones de Tarragona» y de ellos arranca la legitimidad del Tribunal.

Años más tarde, en 1242, en el Concilio de Tarragona convocado por Pere d'Albalat, arzobispo de la ciudad, y por consejo de Ramon de Penyafort, se aprobaron un conjunto de disposiciones que se consideran el primer manual de la Inquisición en tierras catalanas, extendiéndose su autoridad a Aragón y a la Valencia ocupada. En 1249, con la bula papal «*Inter Alia*», se dejó de lado la autoridad de los obispos en el Tribunal, y una nueva bula dirigida al prior de los Predicadores en la Península nombró a su orden como especial y única responsable de la Inquisición en el reino de Aragón y Catalunya y en el arzobispado de Narbona. La actividad del Tribunal quedaba centrada en la persecución y represión de la herejía de los cátaros.

Tras la sangrienta guerra desatada en el Languedoc, con la excusa de la Cruzada contra los herejes, el exilio de muchos de ellos hacia Catalunya fue incesante. Una riada humana perseguida corría hacia tierras catalanas, o en dirección a las ciudades independientes de la Lombardía, en busca de refugio seguro y huyendo del encarnizamiento del Tribunal. La figura del inquisidor se convertía, al mismo tiempo, en policía, fiscal y juez, con poderes absolutos. La persecución fue sistemática, se atemorizó a poblaciones enteras fomentando la delación entre los vecinos, se interrogó y se torturó, y no hubo límite ni frontera que delimitara sus actuaciones.

En Catalunya, la reacción de la población ante la llegada de los herejes huidos no significó un especial conflicto. La nobleza, siempre anticlerical y recelosa del poder temporal de la Iglesia, se mostraba de acuerdo con la doctrina cátara que propugnaba la supresión del poder material de Roma. Los burgueses, al igual que sus hermanos de clase occitanos, contemplaban con simpatía la interpretación evangélica de su doctrina acerca del comercio. A diferencia de la Iglesia romana, los cátaros no condenaban las actividades mercantiles y financieras, sino que las favorecían, ya que en su mundo dualista representaban a las fuerzas del Bien, siempre en lucha con el principio del Mal que emanaba del feudalismo con sus derechos y privilegios.

En cuanto al pueblo llano, admiraba y respetaba la prédica de aquellos «descalzos» que clamaban por el retorno de los valores cristianos primitivos, por la posibilidad del consuelo y la salvación de los pobres, utilizando un lenguaje claro y sencillo que entendían perfectamente.

Los intereses de la Corona catalana eran contradictorios. Los lazos familiares y consanguíneos que unían al rey Jaime con las casas reinantes occitanas eran poderosos, y muchos nobles y caballeros desposeídos por la Cruzada francesa encontraron refugio seguro en la corte catalana. Jaime I, concentrado en la reconquista, necesitaba toda la ayuda posible para avanzar sus fronteras del sur y muchos de aquellos nobles luchaban en su ejército. Acaso por esta razón, muchas condenas del Tribunal no se aplicaron hasta tiempo después, cuando los reos de herejía ya estaban muertos y su condena era puramente simbólica.

En la Seu d'Urgell, Ermengol de Prades paseaba nerviosamente recorriendo la amplia estancia. Esperaba noticias y aquella demora intranquilizaba su ánimo, no sabía nada de su superior, Acard de Montcortés. Había sido una imprudencia permitir que marchara solo, él debía haber estado junto a él, era su función, su acompañante. El socio, o acompañante, era una figura que siempre acompañaba a los inquisidores, un soporte moral y espiritual para aquellos que se veían obligados a una vida itinerante, sin el consuelo y el refugio de su comunidad religiosa.

—¿Qué está pasando? ¡Llevo horas sin vuestras noticias! —Ermengol se giró con rapidez al oír los pasos de su visitante.

—Hemos tenido problemas en nuestras vías de comunicación, fray Ermengol, pero se está solucionando. Uno de nuestros hombres en la Vall d'Aran ha desaparecido y... —El hombre, elegantemente vestido, tartamudeaba.

—¿Han dado con Gaussac? —interrumpió el dominico.

—No, señor, ha vuelto a escurrirse. Lo tenían acorralado en Artiés, pero desapareció como un espectro sin dejar rastro. Es una lástima, esta vez nos ha llevado meses dar con su madriguera... También han perdido a la joven que le acompañaba, aunque no hemos averiguado quién es exactamente. —Vidal quedó a la expectativa, esperando una lluvia de imprecaciones.

—Y de fray Acard, ¿qué se sabe? —preguntó bruscamente Ermengol.

—Bien, le estamos pisando los talones, no creo que tardemos en encontrarlo, señor.

Vidal era notario de la Inquisición, hijo del notario anterior que, al morir, había procurado asegurar la carrera y posición de su vástago. Su trabajo consistía en levantar las actas del todo el proceso, pero, al igual que su padre, Vidal hacía mucho más de lo que su cargo exigía.

—Es urgente encontrar a fray Acard, Vidal, me temo que Bertran de Térmens nos ha engañado.

—¡Pero eso es imposible, fray Ermengol, nadie en su sano juicio se atrevería a engañar al Tribunal!… ¿Queréis decir que su información es falsa? —El notario no podía disimular la sorpresa.

—No lo sé, posiblemente no sea errónea en su totalidad, Vidal, pero hay algo que ese hombre se guarda en la manga, algo que no conocemos. —Ermengol estaba ensimismado.

—No lo acabo de comprender, ¿qué lograría con engañarnos? Conseguirá unos beneficios más que considerables, fray Ermengol, no olvidéis que es un mercenario, un simple delator. Es un intercambio al que estamos acostumbrados, y su información es realmente valiosa. Esa lista de herejes que llevamos tanto tiempo buscando… ¿Intentáis decirme que todo puede ser una trampa?.

—No, no, mi querido Vidal, no lo creo. Bertran de Térmens no tiene la inteligencia necesaria, pero es astuto y ambicioso, muy ambicioso. El problema es que no acabo de comprender cuáles son sus auténticas intenciones, y eso es algo que no me gusta.

—¿Creéis que ha mentido en relación con el Evangelio, fray Ermengol?

—No… En realidad, es el único punto en el que estoy convencido de que ha dicho la verdad. Ni siquiera le prestó especial atención, estaba persuadido de la importancia del grupo al que delataba, de las personas que lo componían y no parecía interesado en lo que transportaban. Casi fue una casualidad que lo comentara. —Ermengol levantó la vista, en un intento de escapar a su ensimismamiento.

—¿Y estáis seguro de que es el Evangelio auténtico? —Vidal se permitió una mueca de escepticismo—. Después de veintiocho años perdido, sin que nadie haya podido dar con él... Incluso existe la posibilidad de que tal escrito sea una simple leyenda, fray Ermengol.

—No, no, Vidal, tiene todas las posibilidades de ser el que andamos buscando. —Ermengol reemprendió su agitado paseo, observado por el notario que intentaba seguirle con pasos cortos y apresurados—. ¡Tiene que existir! Sabemos que la noche antes de que la fortaleza de Montsegur se rindiera, unos hombres descendieron por la pared vertical de la montaña, llevando los textos sacrílegos de su comunidad, ¡lo sabemos con exactitud! Y también que atravesaron la frontera para esconderlos.

—Pero fray Ermengol, después de tantos años puede haberse perdido o destruido, no puede decirse que esa gente haya tenido una vida fácil y... —Vidal se paró en seco al contemplar el efecto de sus palabras.

—¡Vida fácil, Vidal! ¿Qué estáis insinuando? Acaso olvidáis que hablamos de herejes recalcitrantes, de hombres que expanden el más espantoso horror como si fuera lepra. —La cara del dominico se transmutó, una expresión de ira contenida deformaba su boca y el esfuerzo por controlar su reacción no mejoraba su aspecto. Hizo una larga pausa, apartando la vista del notario—. Interceptamos una carta, Vidal, una carta del señor de Gaussac, y en ella hablaba de ese Evangelio herético y aseguraba tenerlo en su poder. *La llave de oro*, así lo denomina.

—Gaussac está en el primer lugar de la lista de Térmens, fray Ermengol.

—Exacto, Vidal, exacto. ¿No atáis cabos?... La información de Bertran de Térmens nos habla de una reunión urgente de cinco herejes, nos dice que por en medio hay unos escritos que corren peligro y que Gaussac está en el centro de la convocatoria. —Ermengol pareció satisfecho ante su exposición, mirando al notario fijamente.

—¿Queréis decir que Gaussac quiere deshacerse de esos escritos? —Vidal retrocedió unos pasos ante la proximidad del dominico, incómodo ante su inquisitiva mirada.

—Eso creo, sí. Gaussac está acosado, el maldito hereje está acorralado, llevamos años tras sus pasos, ¿os lo podéis imaginar?

81

No está en condiciones de proteger esos textos que para él son sagrados. ¿Qué es lo que cualquier persona haría en esa situación, Vidal? Llamar a sus correligionarios a toda prisa y entregar el Evangelio a unas manos más seguras que le encuentren refugio. —La torcida boca de Ermengol volvió a su lugar con un esfuerzo visible, un velo opaco descendió sobre sus encendidos ojos ocultando los signos de la ira—. ¿Comprendéis ahora la importancia de nuestra misión?

—Desde luego, fray Ermengol, excusad mi ignorancia. —Vidal buscaba las palabras adecuadas, disimulando el temor que le causaba la reacción de su interlocutor.

—Os ruego que me disculpéis a mí, Vidal. —La voz del dominico recuperaba el tono meloso, pausado—. Vos no tenéis culpa alguna. Conocéis mi dedicación al Santo Tribunal, el horror que siento hacia aquellos que pretenden derribar los pilares de mi amada Iglesia. Es para mí un auténtico tormento oír cualquier tipo de excusa que se apiade de esos esbirros del diablo… Y es por ello por lo que, a buen seguro, he malentendido vuestras palabras, por un exceso de celo. Es evidente que, en ningún momento, habéis sentido el menor rastro de piedad por esa ralea del Infierno, mi querido amigo. Vuestra familia ha servido con lealtad a nuestra causa, no hay motivo de desconfianza, ¿no creéis?

El rostro del notario era una escultura de piedra tallada, ni siquiera parpadeaba. Aguantó la mirada de Ermengol, en tanto la amenaza se filtraba lentamente a través de sus venas y llegaba al cerebro.

—Os ruego que no os disculpéis, fray Ermengol. —Logró balbucear en tono bajo—. Si existe alguna confusión, no tengo duda de que es producto de mi deficiente expresión, mis palabras no han sido las adecuadas.

El dominico dio una palmada en su espalda con un breve gesto de despedida, daba por terminada la conversación. Y cuando el notario se acercaba a la puerta, oyó su voz pausada que recalcaba cada sílaba.

—Espero resultados, Vidal, no quiero insistir más en la importancia de este asunto. Id con Dios y que Él os acompañe.

Una melodía llegaba a sus oídos, una corriente de notas bellamente organizadas que subían, elevándose, voces masculinas que lanzaban una plegaria a los cielos. Guillem de Montclar no tenía interés en despertar. Soñaba que andaba por el desierto llevando de la brida a su fiel yegua, *Batec*, un pura sangre árabe de un gris muy claro, casi blanco. Un ligero viento seco azotaba su rostro mientras contemplaba la puesta de sol, inmóvil, en lo alto de una duna. El cielo estallaba ante sus ojos en mil colores que brillaban como una tea encendida, y él pensaba que jamás sería capaz de narrar aquella tonalidad exacta de rojos ardiendo a Ebre, de los naranjas que se extendían en rayas perfectas rompiendo el carmesí. Hacia el oeste, el sol mostraba su media esfera envuelta en llamas, lanzando rayos incandescentes hacia lo alto, reacio a abandonar su lugar de privilegio... «*Non nobis, Domine, Domine...*» Las voces le llegaban desde algún lugar lejano, familiares y a la vez extrañas, aunque Guillem se sentía molesto ante la interrupción, decepcionado ante la vista cada vez más borrosa del desierto que se extendía ante él. La imagen se desvanecía lentamente, envuelta en un torbellino de colores fuertes que le cegaban. Lanzó un gruñido nasal, consciente de la relajación de todo su cuerpo que ni siquiera notaba hasta que intentó moverse. Un agudo calambrazo atravesó su pierna izquierda, viajó por la columna y se instaló en su mente con un chillido. Abrió con esfuerzo uno de sus ojos, el párpado se negaba a ascender, como si una piedra se hallara situada entre sus pliegues. Una maldición se escapó de su garganta, al comprobar que su otro ojo se negaba a abrirse.

Estaba en una habitación pequeña, iluminada por un estrecho ventanuco, abrigado por un pellejo animal que, de buen principio, le provocó un sobresalto. Entre las rendijas de sus ojos medio abiertos, la cabeza deforme de una especie de carnero le miraba fijamente. Saltó de la cama, apartándose, hasta que cayó en la cuenta de que el pellejo que lo cubría no era el peligroso animal que se imaginaba devorando su estómago y dispuesto a embestirle. Medio dormido, soltó una risa incoherente, su mente luchaba por despertar, atrapada todavía en los abismos del sueño. Oyó terminar los cantos, una nota que se mantenía hasta desaparecer, y se dio cuenta de que sus herma-

83

nos finalizaban uno de sus rezos. Estaba en la Encomienda de Gardeny, recordó, y no tenía nada que ver con su sueño de Tierra Santa. Se levantó y derramó toda la jofaina de agua sobre su cabeza, contemplando la lluvia de gotas dispersas en todas direcciones, paralizado por la impresión del agua helada. Se fijó que alguien había dejado ropa limpia sobre la única silla de la habitación, un hábito de su orden doblado con pulcritud, la capa blanca arrastrando un palmo sobre el suelo. Se vistió pausadamente, sin recordar el orden de las piezas, su trabajo le apartaba de aquel hábito que casi nunca usaba.

Unos golpes en la puerta interrumpieron el momento en que empezaba a cuestionarse su vida entera, y la aparición del rostro de Dalmau cortó en seco aquel instante de abatimiento.

—¡Estás magnífico, no recuerdo el último día en que te vi vestido como Dios manda! —Dalmau tenía mala cara, como si no hubiera pegado ojo en toda la noche—. Ven, he hecho que te suban un buen almuerzo, lo necesitas.

Guillem lo siguió a la habitación contigua, sin contestar. Era una estancia tan pequeña como en la que había dormido, con una mesa y dos amplios sillones de buena madera y cuero. Sobre la mesa, un plato humeante que le confirmó que el buen hermano Robert, el cocinero, seguía en Gardeny. El aroma del guisado penetró con fuerza en sus fosas nasales, reactivando las funciones de su estómago que despertó de inmediato.

—¿Y Ebre? —preguntó con la boca llena.

—Durmiendo, el chico estaba al límite de sus fuerzas. No tengo la menor idea de cómo aguantó para zamparse tres platos como el tuyo, cosa que puedo asegurarte que hizo, para después caer como un fardo al lado de la chimenea. El hermano Robert lo instaló en un catre que tiene en la despensa, lo cogió en brazos y lo trasladó allí sin que el chico se despertara, y allí sigue…, o eso creo.

Guillem partió un trozo de pan tierno, empapándolo en la espesa salsa de tono oscuro y cerrando los ojos, paladeando la carne que se deshacía en su boca. No eran manjares que uno pudiera comer cada día.

—Y bien, Dalmau, ¿qué demonios ocurre? ¿Ha estallado otra rebelión para tanta prisa?

—Diría que algo se está cociendo en este caldero, la situación no es buena, pero lo cierto es que no lo sé, muchacho. El príncipe Pere está realmente enfadado con su padre y retorciéndose de ganas de darle un buen hachazo a su hermanastro, Ferran Sanxis... —Dalmau parecía distante.

—No me extraña, ese medio hermano que tiene anda en tratos con el de Anjou y, en mi breve libro de palabras exactas, a eso lo llamaría traición. No me digas que el trabajo tiene que ver con la política... —A Guillem empezó a indigestársele el asado.

—Ya sé de tu buena relación con el príncipe Pere, Guillem, pero ese muchacho es demasiado impulsivo, no debería haber atentado contra la vida de su hermano, eso es algo demasiado grave.

—Hermanastro, Dalmau —precisó Guillem—. Y nunca ha sido agua clara. Además, el príncipe Pere no ha sido el primero en empezar, he oído murmuraciones acerca de que Ferran Sanxis intentó envenenarlo. No entiendo la inclinación que el rey tiene por él, debería arreglar este asunto con más justicia. ¿Mi trabajo tiene relación con todo esto?... ¡Por los clavos de Cristo, Dalmau, prefiero sacar al de Foix de la mazmorra!

—Yo también, muchacho, pero la verdad es que no tengo ni idea de la razón por la que te han llamado. Me he retirado, Guillem, en estos momentos sólo estoy centrado en arreglar unos pequeños asuntos familiares.

—¡Qué! ¿Ya no eres mi superior? —El rostro de Guillem sufrió una conmoción—. ¿Te has retirado, así, sin más..., o te han retirado?

—Sabía que te lo ibas a tomar mal, muchacho, y sabes perfectamente que mi función estos años ha sido de simple intermediario. Tus superiores siempre han sido los mismos, desde el primer día que Bernard Guils te acogió bajo su tutela, te guste o no. —Dalmau hizo una pausa para tomar aire—. Estoy enfermo y me queda poco tiempo, no quiero discutir contigo.

Guillem le miró entristecido, aunque no deseaba aceptarlo era evidente que Dalmau no estaba bien, nada bien. Un sentimiento de ternura inundó su interior ante la visión de su viejo amigo. Se contempló a sí mismo, con dieciocho años, esperando inútilmente en un molino de Sant Pere de les Puelles, en la ciudad de Barcelona, corriendo a la zona del puerto con desesperación en busca de su maestro, Guils. Vio a Dalmau en su puesto, tras la mesa del *alfóndigo* del puerto, recorriendo con la mirada cualquier detalle, aquella mirada a la que no escapaba nada, sus ojos grises que transmitían serenidad, la elegancia de aquel cuerpo alto y delgado. Su ayuda inestimable en aquellos momentos en que se sentía perdido y desorientado.*

—O sea que me mandas arriba, directo al Círculo Interior… —murmuró en voz baja.

—¡Esto es increíble, Guillem! Mira la cara de cordero muerto que pones, como si se te mandara a un ritual de sacrificio y degüello. ¿Acaso no has aprendido nada de lo que he intentado enseñarte? Estuve siempre de acuerdo en representar el papel de intermediario entre tú y ellos, te defendí con uñas y dientes porque sabía que necesitabas tiempo para superar la muerte de Bernard Guils, y no te di un varapalo cuando te largaste a Palestina sin encomendarte a Dios ni al diablo, y sin avisar… Y tuve que ir personalmente para sacarte de allí y recordarte, ¡sí, recordarte!, cuál era tu verdadera función en esta comedia. ¡Por todos los santos, muchacho! ¿Qué demonios te ocurre? Andas enfadado todo el tiempo ante cualquier signo de autoridad, haces lo que quieres cuando quieres, arreglas los asuntos a tu manera y, ¡Dios nos libre de decir ni mu!… Pero ¿sabes una cosa, sabes por qué maldita razón aguantan tus constantes rebeliones? ¡Porque eres bueno, muchacho, tan bueno como Bernard! Y eso enmudece muchas bocas. —Dalmau estaba irritado, respiraba con dificultad, aporreando la mesa.

—Bueno, Dalmau, no te enfades, te va a dar algo y…

—¡Pues que me dé de una maldita vez! —Atajó Dalmau a gritos—. ¡O es que enfadarse es un privilegio que sólo te corresponde a ti! Ya es hora de que reacciones, Guillem, de que aceptes que trabajas para los mismos de siempre, para la orden, ¿me escuchas? No trabajabas para Bernard, no lo hacías para mí, ¡por todos los santos! Trabajas para la Orden y siempre ha sido así. Y ya estoy harto de tus comentarios impertinentes acerca de tus auténticos superiores.

Guillem estaba asombrado, nunca había visto a Dalmau tan enfadado y lanzando imprecaciones; siempre había sido un hombre cauto con las palabras, discreto. Quiso intervenir, pero

* *La sombra del templario*, publicado en esta editorial.

su amigo, después de coger una nueva bocanada de aire, continuó sin detenerse.

—Siempre quejándote, siempre desconfiando y negándote a crecer. Todavía recuerdo la mirada asesina que me lanzaste cuando te encargué la educación de Ebre, que llana y simplemente era parte de tu trabajo. ¿O es que crees que me tragué la inverosímil historia que me contaste cuando cerramos el caso del maestro Serpentarius?...* No, no soy idiota, Guillem, pero confié en ti, confié en tu decisión y en tu buen hacer. ¿Y qué me dices de los manuscritos de Guils? Otra historia fantástica que me tragué sin discutirla y que más tarde defendí sin saber ni cómo hacerlo. Y no sólo yo, desde luego, un simple peón en el tablero, no..., ellos no tuvieron más remedio que aceptarlo. ¿Y alguien vino a regañarte, alguien te amenazó con expulsarte de la orden? ¡No, no y no! Aceptamos tu decisión, fuera la que fuera, porque creímos en ti, porque confiamos en que tu interés era el nuestro, el de la Orden. ¿Me entiendes?

Dalmau se detuvo, exhausto, le costaba respirar y su rostro había empezado a tomar un tono morado. Guillem le acercó la copa y la llenó de vino, ofreciéndosela, esperando que el anciano se calmase. Era incapaz de balbucear una sola palabra, porque Dalmau tenía razón, toda la razón.

—Perdóname, Dalmau, nunca desconfié de ti. ¡Por amor de Dios, siempre has sido un madero en pleno naufragio! Y tienes razón, me he comportado como un imbécil.

Los penetrantes ojos grises se clavaron en él, acompasando su respiración e inspirando con lentitud.

—Pues ya va dejando de ser hora de comportarse como un imbécil —respondió con voz bronca, todavía con la irritación en su tono.

—Eso es algo que no puedo discutir, Dalmau. Sin embargo, a pesar de lo que creas, siempre he sabido que mi prioridad es el interés del Temple. He decidido con libertad, tienes razón, pero cuando lo he hecho ha sido pensando en la orden. Así me lo enseñó Bernard, así me lo enseñaste tú mismo y nunca he dudado de ello. Lo que no puedo negarte es que, a pesar de saberlo, la carga de la responsabilidad me ha aplastado en dema-

* *El laberinto de la serpiente*, publicado en esta editorial.

siadas ocasiones, y no se me ocurre otra manera de aliviarme que lanzar esta carga contra ti o contra la Orden, y de ahí ese malhumor insoportable del que hablas.

—He tardado siete años en esperar esta respuesta. —La cara de Dalmau retornaba a su color rosado, pálido—. Y me alegro de seguir con vida para oírla, cosa de la que no estaba muy seguro.

—Te echaré de menos, nadie conseguirá exasperarme tanto, siempre con evasivas y medias verdades. —Guillem sonrió—. Tampoco tú resultabas fácil, Dalmau, siempre dando los datos con la velocidad de una tortuga.

—No te despidas tan rápidamente, muchacho. Ya te he dicho que tengo unos pequeños problemas familiares que resolver y la orden me ha dado autorización para hacerlo. Creo, aunque no estoy seguro, que vamos a ir en la misma dirección. Y eso me alegra, todavía tengo bastantes cosas de las que quejarme.

—¡Que el Altísimo me proteja! De todas formas, escucharé y me aguantaré, seguro que tendrás razón. Pero ¿cómo van a funcionar las cosas ahora? ¿Quien dará las órdenes? ¿Cómo me voy a poner en contacto con el Círculo Interior?...

—Por fin podré deshacerme de tu estilo de lluvia torrencial de preguntas, con respuestas difíciles. —Una amplia sonrisa se extendió sobre los rasgos cansados de Dalmau—. Te encontrarán, para eso estás aquí. ¡Ah, por cierto! El Bretón está en Gardeny, lo llamé para que me acompañara en ese viaje del que te he hablado.

Dalmau se levantó con expresión risueña, había conseguido asombrar a Guillem que le miraba perplejo. Era algo que siempre le había gustado, mantener la capacidad de sorprender a aquellos que parecían saberlo todo, y lo había conseguido de nuevo. Miró con calidez al joven, con orgullo, en cierta manera había contribuido a que fuera el mejor en su trabajo. Sí, el viejo Bernard y él habían conseguido realizar una espléndida labor, una mezcla de disciplina con cabeza propia, la fuerza de la rebeldía tratada con guantes de seda y encauzada. Dalmau se sentía satisfecho.

Se apoyó en el muro con la boca abierta, una presión violenta aplastaba sus pulmones. El notario Vidal intentaba pensar, capturar un simple pensamiento que no hubiera huido presa del miedo. Si en algún momento de su existencia hubiera podido elegir libremente, él no se encontraría allí ni tendría que soportar aquella situación. Sin embargo, eso no había ocurrido nunca. Su padre había elegido por él y le había forzado a emprender aquel camino sin retorno, recortándole cualquier escapatoria posible. Y él había sido un cobarde incapaz de pensar por sí mismo, arrastrado por una corriente más poderosa. Su padre... ¡Dios lo tuviera en el peor de todos los infiernos! Estaba harto de oír las voces silenciosas, los susurros que le acompañaban allá donde fuera: «Es el hijo del maldito Gazol», murmuraban con el odio impregnando cada sílaba, un lodazal de aversión que se negaba a olvidar los crímenes de su padre. Un escalofrío recorrió la espalda del notario, estaba temblando, con el cuerpo recubierto de un sudor pegajoso. ¿Cómo había llegado a aquel punto? Sólo sentía deseos de desaparecer, de convertirse en un hálito invisible a todos.

Consiguió arrancar la espalda del muro, andando, ciego a la dirección que emprendía, acelerando la marcha hasta correr huyendo de la ciudad de La Seu, como si fuera posible huir del horror que poblaba sus pesadillas. Sabía lo suficiente de su padre, de Acard y de Ermengol, para entender los susurros que le seguían. No mentían, e incluso podía jurar que eran generosos en exceso. Él era testimonio de sus crímenes, un testimonio privilegiado y a salvo. Un sentimiento de espanto paralizó todos sus miembros, deteniéndose en seco hasta caer desplomado junto a un roble centenario. Se arrastró, apoyando la cabeza en la corteza húmeda del tronco, con el rostro arrasado en lágrimas. Oía el sonido del agua a lo lejos, la corriente del barranco saltando de piedra en piedra, deslizándose sinuosa a través de sus resquicios. Estaba en un pequeño bosque, y desde allí, entre la maleza, podía observar los perfiles de las casas de La Seu, sus orgullosas torres y campanarios. Vidal cerró los ojos, su mano buscó en la bolsa la bota de vino que siempre le acompañaba y bebió un largo trago. Hacía años que nunca salía de casa sin ella, sin notar su peso, como si aquel objeto se hubiera convertido en parte de su persona. En su mente cansada, apareció la figura oscura de su padre envuelta en su capa negra, sus ojos brillando como chispas a través del embozo. Le miraba con aquel desprecio especial que sólo guardaba para él. La violencia más brutal le había hecho un hombre rico, era su negocio, y al igual que otros traficaban con trigo él lo hacía con sangre y tormento. Nunca fue un hombre religioso, siempre creyó que eso era para mujeres y clérigos, por lo que ni siquiera su fe era una excusa. Los herejes eran para él simples delincuentes, criminales que se atrevían a desafiar sus leyes, y su supuesta culpabilidad o inocencia no era algo que le importara demasiado. Disfrutaba con el dolor ajeno, con el poder que le otorgaba disponer de vidas humanas, con el beneficio de los bienes confiscados a sus infelices víctimas.

Vidal suspiró, una larga y entrecortada exhalación que se confundió con la brisa que mecía las hojas de los árboles. Bebía y recordaba con un horror creciente en su interior, una enorme serpiente que le asfixiaba entre sus anillos… «Su padre estaba allí, al final de la escalera, en la casa familiar sumida en la más completa oscuridad. Sólo un vacilante candil iluminaba la puerta de entrada, lanzando sombras oblicuas en las paredes. Un ruido atronador de cien puños golpeaba la puerta, haciendo saltar astillas que se perdían entre los trazos sombreados de la luz. Y él seguía allí, mirando en su dirección, bajando las escaleras, abriendo la puerta…, quizás pensando que los esbirros de Acard se impacientaban ante la proximidad de una nueva hoguera. Pero se equivocó fatalmente. La puerta se abrió con violencia, convertida en un muro de puños alzados, de palos y guadañas que se abalanzaron sobre él rompiéndole en mil pedazos, con la misma facilidad en que se rasgaba uno de sus muchos pergaminos.» ¿Lo habría visto escondido, mudo, como un espectador privilegiado de su asesinato? ¿Habría podido observar a su hijo contemplando su muerte, sin hacer nada por impedirlo, sin poder contener una sonrisa de satisfacción?… Vidal lanzó una carcajada seca, llevándose el vino a los labios. Lo que era realmente seguro, es que su padre jamás habría imaginado su deseo desesperado de encontrarse entre aquellos diez hombres que asaltaron la casa para matarle, hombres a los que había desposeído de todo, incluso del menor rastro de piedad.

Se relajó, aquel recuerdo le llenaba de culpa y satisfacción a partes iguales, sin saber elegir cuál era la emoción más intensa. Acaso fuera aquella fiera alegría que le devoraba por dentro y que, en ocasiones, le provocaba una risa demente y sin control, ¿qué demonios importaba? Acercó de nuevo el vino a sus labios, paladeando el momento, disfrutando de la calidez que bajaba por su garganta. ¿Por qué razón no había huido entonces? ¿Por qué no haber aprovechado el momento? Nunca delató a los culpables y mantuvo ante Acard que él no se encontraba en la casa en el momento del asesinato de su padre. Y le había creído, naturalmente, ¡el hijo de Gazol, el nuevo dueño de la verdad y la mentira! Ni siquiera tuvo la más mínima sospecha, el infame Acard se limitó a ejecutar a unos pobres campesinos que nada tenían que ver con aquella muerte. Y él calló. ¿Acaso era culpable?... Sí, desde luego, de sentarse a contemplar aquella carnicería sin mover un dedo para evitarla. Nadie había sospechado de él, con una única excepción, su joven y hermosa prometida, y su silencio había sido la peor penitencia, el silencio y su marcha sin una explicación, ¿para qué?... Él se había quedado en el lugar que ocupaba su padre, como si la ponzoña del viejo asesino hubiera envenenado sus entrañas.

Vidal se reía, sus carcajadas flotaban entre los troncos y se fundían con el agua que saltaba de piedra en piedra. Se había convertido en aquello que más odiaba, despreciándose y al mismo tiempo compadeciéndose de su mala fortuna. Debería matarse, acabar con aquella vida que no había escogido. Sus carcajadas se detuvieron en seco ante el pensamiento de la muerte: ¡era un cobarde, un cobarde, un cobarde! Gritó de dolor, golpeándose la cabeza contra la corteza en un movimiento regular, incesante. Hundido en su desesperación y embotada su mente por el vino, tardó unos segundos en darse cuenta de que algo reptaba por sus piernas, suave al principio pero tomando fuerza lentamente. Vidal detestaba a los reptiles, y su primera reacción fue encoger las piernas, apartarse de la molesta sensación. Sin embargo, no podía moverse, algo le retenía clavado al suelo. Una repentina presión que le ahogaba le sobresaltó, llevando sus manos al pecho hasta encontrar una gruesa raíz que lo abrazaba con fuerza. Atónito, con los ojos desorbitados, contempló cómo innumerables raíces brotaban a su alrededor surgiendo del fondo de la tierra, curvándose en líneas delgadas que buscaban la dirección de su cuerpo. A un palmo del suelo, la raíz se erguía en contacto con el aire y de ella brotaban ramas y hojas a una velocidad de pesadilla, y acto seguido emprendían el camino hacia el notario. La espalda de Vidal, apoyada en el árbol, experimentó una vibración sorda que ascendía por el tronco, sonidos ininteligibles que silbaban en sus oídos. Una voz que se deslizaba entre las grietas de la corteza, susurrando tonos familiares. El asombro del notario no tardó en transformarse en pánico, sus alaridos inundaron el bosque, gritos que desprendían breves nubes grises al salir de su garganta, retazos de vapor que retornaban a la tierra. En un último acto desesperado, levantó los ojos al cielo, atrapado por los brotes correosos que paralizaban sus piernas, pero nunca vio el fragmento azul que buscaba. Las ramas altas se unían formando una bóveda vegetal, las hojas parecían llamarse unas a otras y sus flexibles ramas trazaban un dibujo determinado, preciso. Paulatinamente, una silueta se perfiló con fuerza, sobresaliendo de la materia verde. Las ramas altas del roble se inclinaron con un atroz crujido, acercándose, y el rostro de su padre emergió con la boca abierta, boca de la que crecían raíces oscuras que lo envolvían, cerca, muy cerca… Cuando aquel rostro colérico se inclinó, casi rozando a Vidal, su corazón estalló en diminutos fragmentos que se rompieron desperdigándose por los rincones ocultos de su cuerpo.

Capítulo VI

El Círculo Interior

«La verdad y la mentira son la misma cosa, no existirían la una sin la otra. Buscarle tres pies al gato es trabajo de holgazanes dispuestos a enredar con las palabras. Y mi trabajo no es ése, yo no confundo a las pobres cabezas, simplemente las corto cuando me lo ordenan y cobro un buen montón de monedas por ello. Os lo diré con claridad, la verdad la tiene quien paga bien y no hace preguntas. La mentira es siempre patrimonio del vencido, del que no tiene más que aquello que le imponen. ¿Y a quién le importa?»

GOMBAU

Adalais se detuvo para reponer fuerzas, sentándose sobre una piedra plana en tanto masticaba con esfuerzo un puñado de bayas silvestres que había recogido. *Betrén* se alejaba, mordisqueando la hierba empapada de rocío, aligerado del peso de la silla y levantando la cabeza de vez en cuando con las orejas alzadas, atento a cualquier sonido extraño.

Los abetos se izaban al cielo como cien velas hinchadas de un buque fantasma perdido en un océano verde. Adalais se sentía segura por primera vez, tranquila y en paz, con una agradable sensación de serenidad. No había vuelto a ver a sus perseguidores, únicamente el quedo rumor de un trote lento que la precedía a lo lejos, perdiéndose en el camino de la Bonaigua. Se había desviado para evitar infortunados encuentros, adentrándose en el bosque de la Mata de Valencia con un suspiro de alivio. Era imposible que la encontraran allí, nadie que no conociera los senderos ocultos se atrevería a seguirla, y las leyendas que corrían de boca en boca acerca del lugar se encargaban de mantener a la gente alejada. Hadas de agua, duendes, elfos, gigantes y brujas, seres invisibles que nunca la habían asustado poblaban aquel bosque. Eran mucho peores los seres visibles, los de carne y hueso. Adalais recordó la primera impresión que le causó aquel lugar, cuando su padre la llevó allí para instruirla en sus caminos secretos, recuerdos de fascinación ante la inmensidad de la naturaleza que lo cubría todo. Creyó encontrarse entonces en el principio de todas las cosas, en su origen, en el lugar exacto en donde había brotado la vida. Aquel bosque primigenio guardaba los secretos de la existencia como una enorme catedral construida por las manos de Dios. El sonido del agua la envolvía en un canto litúrgico, el río Bonaigua se precipitaba desde las más altas cumbres, saltando entre los desniveles rocosos y dividiéndose en finos hilos líquidos que empapaban la tierra, inundándola de todos los tonos del verde. Enormes piedras sobresalían dispersas, formando extraños monumentos sin que la mano del hombre hubiera intervenido jamás. Rocas grises cubiertas de musgo que formaban misteriosos dibujos sobre su superficie, trazados vivos que recorrían la piedra. En algunos lugares, grandes troncos abatidos yacían en un sueño eterno, unos sobre otros, vencidos por el peso de las nieves invernales, con la memoria todavía intacta de lo que habían sido.

Adalais extendió una manta sobre el suelo y se tendió en ella, con la mirada en busca de un fragmento azul escondido éntre la cortina verde. Necesitaba dormir, descansar, aún le faltaba un buen trecho. Un leve pinchazo de inquietud aguijoneó el centro exacto de su pecho, dormir implicaba el peligro de soñar y no deseaba hacerlo, no quería ver. Pero el cansancio se imponía a sus deseos, una lasitud suave se apoderaba de ella conquistando su cuerpo. Era imposible continuar si no se permitía el descanso, y su mente cedió. «No renuncies a tu don, Adalais —susurraba la familiar voz de su padre—. Es un regalo de Dios, no renuncies, aprende de tus sueños, no les des la espalda.» Aquel agradable sonido mecía su sueño, la voz con la que había crecido protegía y acompañaba sus temores. Quiso responderle, gritar que su ausencia era un vacío en el que se perdía, pero el cansancio bloqueaba su voz. Allí, en aquel bosque, su padre le contó los espantosos hechos que cambiaron su vida y rompieron su alma para siempre, allí mismo, en aquel claro rodeado de impresionantes árboles que formaban un refugio seguro.

«Tu madre, Adalais de Gaussac, viajaba a mi encuentro. Había tenido que dejarla con unos buenos amigos debido a su avanzado estado de gestación. Tu llegada, niña, nos tenía preocupados a todos, su salud se había resentido, aquella vida de persecución y miedo marcaba nuestras existencias y llegó el punto en que le fue imposible avanzar. Yo me adelanté, buscando un nuevo refugio, un lugar en el que pudiéramos vivir en paz. A la semana de tu nacimiento, a pesar de su debilidad, emprendió de nuevo el camino junto a nuestros fieles amigos y servidores. Fue un error fatal…, un error en el que yo tuve gran parte de culpa. Creí haber desorientado a nuestros perseguidores, haberlos atraído hacia mí para que la pequeña comitiva avanzara sin obstáculos. Tu madre marchaba todo lo rápido que le permitía su salud, había perdido mucha sangre en el parto y estaba débil. Cogía con fuerza a nuestros dos hijos mayores, los gemelos, tus pobres hermanos que sólo tenían seis años. Dos hombres de mi absoluta confianza velaban por su seguridad, Artal y Eimeric de Palau, dos hermanos que habían luchado a mi lado en todas las guerras perdidas. Garsenda, la fiel servidora de tu madre, cargaba con las pocas cosas que teníamos, sin perder de vista a su señora, inquieta ante su palidez; junto a ella marchaba su hijo, al que habíamos tutelado siempre, y la hermana pequeña de tu madre que te apretaba entre sus brazos, envuelta en unas deshilachadas mantas. Un pequeño grupo de perseguidos que desconocían su destino. Y éste no tardó en llegar, no era necesario un gran ejército para acabar con todos ellos. Sólo diez hombres sedientos de sangre y venganza.

»Artal y Eimeric murieron despedazados, atados a cuatro caballos, azuzados hasta que sus cuerpos se desgarraron como la tela más fina. Violaron a tu madre y a Garsenda, uno a uno, y después tiraron lo que quedaba de ellas al fuego. Y mis hijos, mis pobres pequeños, lanzados vivos al fuego…

»Sólo un milagro del cielo salvó tu vida, mi pequeña Adalais. La hermana de tu madre, que te llevaba en brazos, y el hi-

95

jo de Garsenda, se habían quedado atrás. Eran más jóvenes y se retrasaban siempre para hablar de sus cosas, para reír y jugar, ajenos al dolor de su existencia. Oyeron los gritos y el fragor de los caballos, el sonido del acero de Artal y Eimeric enfrentándose a los esbirros, y se escondieron entre la maleza, siguiendo las instrucciones que día a día insistíamos en repetirles. Pero el horror de lo que vieron jamás abandonará sus ojos, mi pequeña. Tú habías nacido tan débil que nadie te daba mucho tiempo de vida, pero acaso el designio del cielo quiso que fuera así, porque ni tan sólo tenías fuerzas para llorar. Y eso te salvó la vida, y también la de tu tía y la del hijo de Garsenda. Aquellos hombres nunca sospecharon que habían quedado testimonios de la matanza. En cuanto a mí, al ver la tardanza de mi gente, un oscuro presentimiento me invadió. Volví sobre mis pasos, buscándolos…, y bien es cierto que los encontré cuando era demasiado tarde. Sólo pude llorar sobre sus destrozados cuerpos, y creo que hubiera enloquecido de dolor si no os hubiera encontrado a ti y a tus compañeros, todavía agazapados en medio de unas zarzas, con los rostros demudados en un grito silencioso.»

Las lágrimas inundaron el rostro de Adalais ante el recuerdo de las palabras de su padre, ante el dolor que su hermoso semblante expresaba. Permaneció en el mismo lugar durante unos minutos, poniendo orden en sus emociones, hasta que el verde que la rodeaba se reflejó nítidamente en sus pupilas. Una ardilla saltó entre las ramas más altas llevando un enorme fruto entre los dientes, y Adalais siguió su recorrido hasta que la hermosa cola desapareció en una grieta del tronco. Era hora de continuar, el plan debía seguir. ¿Cuando había empezado Adalbert a organizar su proyecto? Años y años, pensó Adalais, posiblemente desde el día que descubrió a parte de su familia destrozada en medio de la nada, sus cuerpos irreconocibles y maltratados entre la madera carbonizada. Años observando a sus enemigos, descubriendo sus puntos débiles, vigilando sus movimientos y descifrando cada nombre, cada vida…, diez vidas que se reunirían en el Infierno.

Se levantó sin esfuerzo, estirando los brazos para desentumecer sus miembros agarrotados por la humedad. Colocó la silla a *Betrén* que rebufó de disgusto, con un cierto aire de dignidad herida. El camino bajaba en pendiente, oculto a ojos poco experimentados, escondido entre la marea verde y ocre donde el agua brotaba a cada paso del animal, surgiendo de manantiales ocultos en la tierra.

—No me queda más remedio que felicitarte, estaba casi seguro de que todavía andabas roncando como un mulo. —Guillem acariciaba el lomo suave de su yegua, *Batec*.

Los ojos oscuros de Ebre resplandecieron de satisfacción, llevaba las dos últimas horas cepillando a los caballos y sacando brillo a los arreos. No estaba acostumbrado a felicitaciones, pero admitía que sonaban muy bien a sus oídos. Era un muchacho alto y desgarbado, todo brazos y piernas, con un hermoso rostro ovalado de tez morena, enmarcado en una cabellera rizada que casi nunca peinaba.

—Tenías razón en lo del guisado, Guillem, ni siquiera en la Encomienda de Miravet hacen algo parecido. Y el hermano Robert es un buen hombre, me dio tres platos, y esta mañana me guardaba un cuarto y un tazón de leche enorme. —Su rostro estaba extasiado ante el recuerdo.

—Bien, me alegro por tu pobre estómago, espero que deje de entonar conciertos estrepitosos —contestó Guillem, escondiendo una sonrisa—. Y ahora, escucha con atención. No tengo todavía la menor idea de cuánto tiempo vamos a permanecer aquí, y no te quiero ocioso. Te encargarás de los caballos y ayudarás al hermano responsable de los establos. Y seguirás los rezos con la comunidad, te conviene un poco de vida de convento, chico. El hermano Robert, con el que parece has congeniado tanto, se ha ofrecido como voluntario para guiarte en esta senda a la que no estás muy acostumbrado.

—¿Y mis clases de combate? Ahora estaba mejorando mucho, si tengo que andar rezando todo el día se me caerá la espada de las manos. Tú mismo lo dices, Guillem: no hay que hacer perder el tiempo a Dios implicándole en escaramuzas terrenales. Lo has repetido muchas veces. —Ebre torció el labio en gesto enfurruñado.

—¿Sabes cuál es mi problema, Ebre? Que por mucha paciencia que ponga, consigues gastarla en un instante. —Guillem le miraba, divertido—. Por eso te aconsejo volver a los rezos y a los *Pater noster*, aunque sea por unos días, y ruega para que el Señor me otorgue la sabiduría de la paciencia y me ate las manos para no soltarte un guantazo.

—¿Hermano Guillem, Guillem de Montclar? —Un hombre se había acercado a ellos sin el menor ruido.

—¡Vaya, pasos de gato sobre un tapiz de seda! No os había oído entrar, hermano. —Guillem se giró un tanto sorprendido—. Espero que el joven que veis aquí, con gesto torvo, aprenda a andar tan silenciosamente.

—Os esperan en la iglesia, hermano Guillem —respondió el hombre con expresión risueña—. En cuanto a este joven, no tengo impedimento para enseñarle a andar a un palmo sobre el suelo, volando.

La cara de Ebre se animó ante la expectativa de saltarse uno de los rezos, mirando a Guillem con la súplica en sus ojos. El joven se encogió de hombros, resignado, levantando un brazo que indicaba su aprobación. Dio media vuelta, sin una palabra, dirigiéndose hacia la iglesia donde esperaba encontrar a Dalmau.

La iglesia de la Encomienda de Gardeny era de una severa austeridad, sin grandes adornos ni molduras, un rectángulo de una sola nave, con el ábside de cinco caras orientado hacia el este. Guillem entró en el silencio de aquellos muros donde la luz era escasa, y se fijó en los andamios de madera instalados en una de las naves laterales, la del muro sur. Se acercó, forzando la vista para curiosear, velas apagadas y cacharros desbordando pintura se acumulaban en el andamio. Percibió seis figuras pintadas en el muro, a un lado de una mandorla o «almendra mística», en el centro de la cual había bosquejado un hermoso pantocrátor; y seis figuras muy iguales, de expresión hermética, con un libro en su mano izquierda y con el otro brazo doblado sobre el pecho. Se acercó más, sobresaltado por una voz a sus espaldas.

—Son hermosas, ¿no os parece?

Frente a él, en la capilla del lado norte, dos figuras embozadas le contemplaban. Sus capas blancas se alargaban formando una capucha en donde sus rostros desaparecían. Guillem se giró pausadamente, sus nuevos superiores no perdían el tiempo. Avanzó hasta una silla colocada ante la capilla, delante de las siluetas blancas.

—Sí, son realmente hermosas —contestó, sentándose ante el gesto de invitación de uno de sus anfitriones.

—Sabemos que frey Dalmau ya ha hablado con vos, frey Guillem. Y si hemos de ser sinceros, esperábamos este momento hace ya mucho tiempo. Sin embargo, no encontramos inconveniente en que él nos representara durante estos años, sabemos lo mucho que os afectó la muerte de Bernard Guils, vuestro mentor. —Guillem ladeó la cabeza, escuchando aquel tono de voz que le era familiar, aunque no le era posible identificarlo.

—Bien, hemos de decir que vuestro trabajo siempre ha sido inmejorable, frey Guillem —continuó la voz—, aunque la forma sea un tanto más discutible. Pero no creemos en la perfección de los seres humanos, y mucho menos teniendo en cuenta quién fue vuestro maestro. Bernard Guils ayudó a crear nuestro pequeño grupo de espías, hermano Guillem, conformó su estructura y le dio un carácter especial. Y supongo que os sorprenderá saber que hasta su muerte, ocupaba el lugar en el que estoy en estos momentos, uno de los círculos internos que forman nuestro pequeño ejército.

La voz se detuvo, dando tiempo a Guillem a digerir aquella información. El estupor consiguió apoderarse del rostro del joven que los miraba como si fueran seres del inframundo desconocido, la sorpresa era auténtica.

—Pero, pero… —consiguió balbucear.

—Comprendemos vuestro asombro. Bernard Guils siempre os instruyó en una cierta desconfianza hacia nosotros, el misterioso y siempre lejano Círculo Interior. Pero debéis comprenderlo, Guils consideraba esencial mantener un espíritu crítico con la autoridad, no deseaba agentes serviles o aduladores del poder. Quería mentes despejadas, independientes, capaces de valorar el momento sin presiones, hombres inteligentes al servicio del Temple. Tenía una gran confianza en vos y ocupó una gran parte de su tiempo en vuestra educación. Os digo todo esto, frey Guillem, para que sepáis que tenéis toda nuestra confianza, hagáis lo que hagáis, y cómo lo hagáis.

Guillem seguía encerrado en su obstinado silencio, luchando con sus propios sentimientos. Sin embargo, estaba claro como el agua, había sido un estúpido al no verlo. Ni Bernard ni

Dalmau le habían mentido jamás acerca de su profunda lealtad a la orden, y no era extraño que sus dos superiores hasta el momento se hubieran hartado hasta la extenuación de repetirle lo mismo, incluso que se hubieran reído de su obcecación. Y desde luego, no hubieran tenido reparos en abonar su rebeldía.

—Lo sé, creo que siempre lo he sabido, a pesar de esforzarme en no creerlo —contestó con un suspiro de alivio.

—Me alegro, hermano Guillem, eso hará más fácil nuestro trabajo. Y en estos momentos, hay algo que nos tiene realmente preocupados. ¿Habéis oído hablar de un texto al que llaman *La llave de oro*? —Ante el silencio del joven, la voz continuó—. No estamos seguros de la realidad o la leyenda de esta historia, o sea, que será mejor contemplarla con cierto escepticismo. Veréis, según parece *La llave de oro* es una versión del Apocalipsis de san Juan, en lengua de Oc, algo que desagrada profundamente a la Iglesia. Los textos en lengua vulgar están prohibidos, como sabéis. Dice la historia que este libro fue sacado de la fortaleza de Montsegur antes de su rendición, y que pertenece a la colección de textos sagrados de los cátaros.

—De Montsegur se sacaron montañas de objetos y papeles, por lo que se comenta… —intervino Guillem—, y si ello fuera cierto, se hubieran necesitado dos ejércitos para tanto volumen de carga.

—Tenéis razón, sin duda, las leyendas no tienen dueño. Pero en este caso, las cosas se complican. La Inquisición parece creer a pies juntillas en esta historia. Aunque mejor que nombrar al Tribunal, creemos por nuestras informaciones que se trata de un solo hombre, Acard de Montcortés, quien confía en la veracidad y la existencia de dicho texto. Y en este punto, aumenta nuestra confusión.

—¿Acard de Montcortés? Creo haber oído algo de este personaje, y nada bueno, por cierto.

—Nada bueno, frey Guillem, habéis acertado. Este hombre está implicado en innumerables matanzas bajo el manto protector de la Inquisición, él mismo es un inquisidor. Sin embargo, sabemos por muchos testimonios que su ambición es mayor que su supuesta religiosidad. Tuvo que huir de Occitania porque sus múltiples orgías de sangre y fuego le reportaron enemigos muy importantes, e incluso sufrió varios intentos de asesinato. Se refugió en la Seu d'Urgell, a las órdenes del inquisidor general, Pere de Cadireta. Sabemos también que, antes de huir, había organizado una cuadrilla de unos diez hombres con la que saqueó y asesinó a mucha gente, y no siempre herejes. Logró acumular un botín considerable con el que calló muchas bocas. Hace un tiempo que aspira a convertirse en una figura imprescindible en el Tribunal, incluso creemos que sueña con el más alto lugar, cosa realmente inquietante. Alguien, no sabemos quién, ha sembrado en sus oídos la leyenda de *La llave de oro*, acompañada de una lista de cinco probables heréticos. Y no hay ni que decir que Acard ha mordido el anzuelo.

—¿Y estáis convencido de que esos textos son una leyenda? —preguntó Guillem.

—No estamos convencidos de nada, frey Guillem, sólo de la confusión reinante. Sea verdad o engaño, si este texto existe, no debe dejarse en manos de las piras inquisitoriales, ya sabéis lo mucho que amamos los objetos extraños. —Un profundo suspiro se extendió por la nave de la iglesia—. El último poseedor de *La llave de oro* es Adalbert de Gaussac, un *faidit* de la tierra de Oc, un hombre desposeído de todo cuanto tenía por sus creencias. Un caballero extraordinario, a decir verdad, que estuvo en todas las guerras contra el francés en defensa de su tierra. Un hombre al que Acard de Montcortés detesta con todas sus fuerzas, aunque no sabemos la razón. Lo ha perseguido con saña durante años, e incluso se atrevió a asesinar a toda su familia.

—¿He de buscar los textos, si es que existen? —La pregunta se perdió en la bóveda de cañón apuntado.

—Más que eso, frey Guillem, tenéis que aportar luz a tanta tiniebla. No os podemos negar nuestro interés en desenmascarar a Acard de Montcortés y mostrar su auténtico rostro, las matanzas y asesinatos deben acabar. En realidad, nunca debieron comenzar, aunque es tarde para ello. Pero os aconsejamos una cautela extrema, la Inquisición es un arma peligrosa y sería perjudicial que girara sus ojos hacia nosotros, es notorio que no gozamos de sus simpatías. Descubrid todo lo que podáis, conseguid los textos si éstos existen, y en cuanto a Acard… Ninguno de nosotros llorará su pérdida.

Guillem se levantó, parecía que la voz no tenía nada más

que decir. Pero se equivocó, cuando retrocedía para encaminarse a la puerta, un breve comentario le detuvo.

—Espero no tener que decir que el hermano Dalmau va a necesitar de toda vuestra ayuda. Es también parte esencial de vuestra misión.

—¿Dalmau?... ¿Qué tiene que ver en todo esto? —inquirió Guillem con preocupación—. Me comunicó que emprendía viaje por unos asuntos familiares.

—Sí, y tiene nuestra autorización. Pero ya conocéis al hermano Dalmau, siempre parco y evasivo en sus informes. No miente cuando habla de asuntos familiares, pero desconocemos el alcance de esos asuntos, ¿comprendéis?

Guillem negó con la cabeza, no tenía ni idea de lo que le estaban hablando.

—Adalbert de Gaussac es el hermano de Dalmau, Guillem, su hermano gemelo.

—¡Esto es una locura, no encuentro otra palabra para definirlo! —Ermengol de Prades no podía disimular la inquietud—. ¿Dónde lo habéis encontrado?

—En el bosquecillo que hay detrás del huerto, fray Ermengol, lo encontraron unos campesinos y nos avisaron.

Ermengol no podía apartar la vista del cuerpo que yacía sobre la mesa. El color azulado invadía el rostro del notario Vidal, sus ojos inyectados en cien ríos de sangre se abrían, sin ver, en una expresión de terror infinito. La boca permanecía abierta y deformada, llena de tierra y hojas, en una mueca que parecía encerrar un grito callado. El dominico conocía aquella expresión, la había visto en innumerables ocasiones en los torturados.

—Este hombre ha sido ahogado, asfixiado hasta la muerte —siseó entre dientes.

—No exactamente, fray Ermengol. Fijaos, son sus manos las que se hallan agarrotadas alrededor del cuello. Y podéis ver que en la parte posterior no hay señales de otros dedos, de una soga, o de... —El médico movió el cuerpo de Vidal, sin abandonar su gesto de perplejidad.

—¡Qué estáis insinuando, por todos los cielos, qué significan esas palabras! ¿Estáis acaso sugiriendo que ese hombre se estranguló a sí mismo? —La voz de Ermengol se elevó hasta casi el chillido—. ¡Eso es imposible, jamás nadie hizo algo parecido!

—No digo nada, fray Ermengol, sólo apunto que es difícil arriesgar una teoría acerca de la causa de la muerte de este hombre. No hay rastros de violencia y...

—¡Qué no existe violencia..., pero habéis visto su cara!

—No me entendéis, fray Ermengol. —El médico, un hombre rollizo, intentaba encontrar las palabras adecuadas—. Os intento decir que no hay signos de que fuera colgado, ni que otras manos apretaran su cuello, signos que hubieran marcado su piel sin lugar a dudas. Si os he de ser sincero, señor, creo que este hombre murió de miedo.

—¡Miedo! ¡O sea, que me estáis diciendo que sufrió tal impresión de horror, que no tuvo más remedio que estrangularse a sí mismo! ¡Pero acaso pensáis que soy estúpido! ¿Qué insensateces farfulláis sólo para disimular vuestra falta de competencia? —La indignación poseía a Ermengol, incrédulo ante las palabras del médico—. No os esforcéis, me niego a creer tal barbaridad, y mucho menos en un hombre como el notario Vidal. Lo más probable es que alguien le sorprendiera mientras descansaba, quizás se quedó dormido, un ladrón, un malhechor..., alguien le amordazó o le puso algo sobre la cara hasta ahogarlo.

—Sí, claro, no os niego la posibilidad, pero no hay señales de forcejeo, ¿comprendéis, fray Ermengol? Si hubiera ocurrido tal como vos decís, el notario se hubiera defendido con uñas y dientes, no se hubiera quedado tan tranquilo ante el ataque. Sin embargo, lo encontraron al pie del árbol, sentado, sin ninguna huella a su alrededor que indique la presencia de alguien, y con sus propias manos en su cuello. Ni siquiera yo he podido apartarlas, señor, están totalmente agarrotadas. No sé qué hacer, podría probar a cortar las muñecas, pero los dedos..., bien, resultará difícil devolverle la apariencia que tuvo en vida.

Ermengol lo apartó con un movimiento brusco, sin molestarse en contestar. No podía apartar la vista del cuerpo que tenía delante, del tono morado de los dedos firmemente incrustados en su cuello, de aquella mirada enloquecida. Intentó cerrarle los párpados con un gesto de repugnancia, retrocediendo alarmado ante la insistencia de aquellos ojos que volvieron a abrirse, clavando su mirada opaca en el dominico.

—Lo mejor será enterrarlo con rapidez —dijo apretando los labios—. Tal como manifestáis, es inútil arreglar tal descompostura. Y lo más conveniente será facilitarle el descanso eterno, discretamente, desde luego. Os prohíbo hablar con nadie de este percance, ¿me habéis entendido?

—Sí, naturalmente. Pero habrá que avisar a la familia.

—Nosotros éramos su única familia desde el desgraciado asesinato de su padre, ¡Dios lo tenga en su gloria! —Tras la conmoción inicial, Ermengol volvía a ser un hombre pragmático—. Nunca dejaremos de lamentar su muerte, ¡qué hombre tan extraordinario! Gazol siempre estaba dispuesto a encontrar las soluciones menos desagradables. Y qué decepción tuvo con su único hijo, Vidal careció de la firmeza y la fe de su padre. ¿Qué le vamos a hacer? El infeliz hizo lo que pudo y hay que reconocer que no fue gran cosa. En fin, fray Acard siempre lo consideró un cobarde pusilánime, y ya sabéis que nada se le escapa, no hay vicio o virtud que se oculten a su sagacidad. Pero cumplimos con nuestro deber, acogimos al hijo de Gazol en nuestro seno, tal como éste quería. Ya no podemos hacer más que rezar por su alma y enterrarle. En cuanto a vos, os agradezco la ayuda y espero que vuestro silencio sea absoluto.

Era una despedida en toda regla, pero el médico parecía reticente a abandonar la estancia. Cubrió el cuerpo de Vidal con la vieja manta en la que lo habían transportado y se secó la comisura de los labios con una manga, vacilando.

—Perdonad, fray Ermengol…, pero ¿no creéis que esta muerte tenga algo que ver con el trágico fin del canónigo Verat? También fue algo muy extraño. Morir ahogado en una habitación en donde, por no haber, no había ni una jarra de agua… Ya os lo conté, Verat todavía vomitaba agua, empapado y chorreando, con la misma expresión de terror que el notario Vidal. Son hechos que no se pueden explicar, nunca había visto nada parecido, el corazón de estos hombres reventó de puro pánico, y sólo he visto esa expresión en…, en… —El médico se quedó con la boca abierta, sin acabar la frase.

Ermengol de Prades le entendía perfectamente, hubiera podido acabar la frase por él: «en las sesiones de tortura», pero no lo hizo, miraba al médico con enojo, era un comentario burdo y de mal gusto. Su tono fue helado al responder.

—Me escandalizan vuestras comparaciones. No creo que al canónigo Verat, ni tampoco al notario Vidal, les agradasen vuestros comentarios, no hay nada que pueda relacionarlos con la peste herética que perseguían. Esa insinuación ensucia su memoria y no nos lleva a ninguna parte, deberíais saberlo, vos veis misterios en donde sólo hay la voluntad de Dios. ¿Queréis descifrar esa divina voluntad? Porque os aviso de que la función de la ciencia no es ésa, no podéis explicar lo que corresponde a la Revelación. Nuestro amado Señor ha llamado a nuestros buenos amigos a su lado, sólo nos resta llorar su pérdida. Ése es el consuelo de seres insignificantes como nosotros, ¿comprendéis? Ahora os suplico que os retiréis, vuestro trabajo ha terminado.

El médico se retiró sin atreverse a replicar, ya no era asunto suyo. Fray Ermengol se quedó a solas con el cadáver del notario, controlando la irritación que el médico había provocado con sus estúpidos comentarios. ¿Cómo se atrevía a decir tales barbaridades? Ante un exceso de preguntas lo mejor era la ausencia de respuestas, lo sabía por experiencia. Pero lo que conseguía indignarle más era que las dudas de aquel matasanos tenían su razón de ser, ¿qué estaba pasando?… Había precisado de toda su escasa imaginación para explicar la muerte del canónigo, cargando las culpas a aquella desgraciada mujerzuela que se pudría en el calabozo. Y era evidente que ella no era la culpable, ni siquiera tenía nada que ver con las denuncias de Verat, rabioso por los desaires y el rechazo de la mujer. Pero era necesario dar una explicación plausible a los espantosos sucesos, atajar de golpe los rumores que ya corrían por la ciudad. Sin embargo, ¿qué haría con la muerte de Vidal, cómo explicar un hecho tan absurdo? Era absolutamente imposible que se hubiera suicidado, un cobarde como él nunca lo haría. Ermengol acababa de mantener una conversación con él, sin apreciar alteración o trastorno, no había ningún signo visible que permitiera adivinar su final.

Se pasó la mano por los escasos cabellos grises de su coronilla, un gesto que inconscientemente repetía cuando se hallaba turbado. Podía asegurar sobre la mismísima Biblia que algo ex-

105

traño estaba ocurriendo, una sensación intensa que no le abandonaba desde que empezaran con aquel maldito asunto. La realidad no hacía más que confirmar sus peores sospechas, pero ¿de qué se trataba exactamente? Un negro presentimiento se adueñó de todo su ser, provocándole una intensa sensación de náusea. Y no era únicamente a causa de aquellas inexplicables muertes, ni de la súbita desaparición de uno de sus hombres en la Vall d'Aran. Ni siquiera por el accidente que había acabado con la vida de Martí de Biosca y del que se había enterado hacía pocas horas… ¡Aquel maldito rufián! Era un delator, un mercenario de la antigua cuadrilla de Acard, que se había convertido en un peligro para todos. Su afición al dinero fácil y a las hembras lo convertían en un compañero poco de fiar y hacía ya tiempo que habían prescindido de sus servicios. Un escalofrío le hizo temblar, le habían dicho que el tal Biosca llevaba un tiempo haciéndose pasar por fraile franciscano y que andaba huyendo tras ser pillado de facto en pleno pecado de lujuria… ¡Dios bendito! Sería un verdadero desastre que alguien pudiera relacionarlo de alguna manera con ellos, con Acard y con él. No podía por menos que reconocer que el accidente había sido un milagro providencial, alejaba el temor de la sospecha y la murmuración. Un tiempo que era mejor olvidar y, sobre todo, borrar de la historia. Si aquellas habladurías llegaran a oídos del inquisidor general…

Era urgente encontrar a Acard, ponerle al día de los hechos y estudiar la situación con extrema cautela. Taciturno y abstraído, Ermengol se perdía entre dudas y recelos, intentando desentrañar el significado de aquellas muertes. El médico tenía razón a pesar de todo, él lo había visto con sus propios ojos: el canónigo empapado de sangre y agua, como si acabara de salir de un océano furioso, y… ¡cómo puede un hombre estrangularse a sí mismo! Ermengol apartó la vista del bulto que reposaba sobre la mesa, era necesario enterrarlo rápidamente, antes que las lenguas viperinas de la ciudad lanzaran su veneno, no podía olvidar que sus enemigos eran muchos. Todo había empezado con la aparición de Bertran de Térmens, de su sorprendente oferta que, como un caudaloso río, los arrastraba en una dirección desconocida y peligrosa. Había sido inútil pedir prudencia a Acard, nunca fue un hombre prudente, sólo era capaz de contemplar las expectativas que se abrían ante sus ojos, pero… ¿a qué precio? Acard no quería ver, no aceptaba que incluso dentro de su orden, del mismo Tribunal, muchos ojos recelaban de ellos, sabían demasiadas cosas. Él no tenía paciencia, había esperado mucho, ambos lo habían hecho desde los lejanos tiempos de su juventud en el sur de Francia, siempre juntos. Acard, la inspiración arrebatada del mensaje divino, y él su sostén, el pilar donde anclaba su fuerza. Y ahora, todo su proyecto estaba en peligro, su camino hacia la gloria estaba amenazado por fuerzas oscuras y desconocidas. Verat, Vidal, Martí de Biosca, los antiguos compinches que… ¡Por todos los santos! ¿Era eso? ¿Se trataba de algo que atañía a la vieja cuadrilla de Acard? Ermengol de Prades, lívido, buscó el apoyo de la silla en tanto la pequeña habitación empezaba a girar, su mente se había quedado atrapada en un rincón oscuro de su memoria.

107

Capítulo VII

Ciudad de Tremp

«Acostumbran a contarnos la naturaleza de un mundo que no existe, normas y reglas que sólo se encuentran en la mente de algunos que sostienen que es la voz de Dios la que los guía. Y quizás lo peor de este espejismo en este siglo que nos ha tocado vivir, es que una simple bestia es capaz de pensar con más coherencia que muchos de los que conozco. ¿Habéis visto alguna vez a un buey devorar a uno de sus compañeros?… No, nunca, y nunca veréis nada parecido. Dicen algunos que el buey no miente porque no está en su naturaleza, aunque yo creo que no lo hace porque jamás deseó hacerlo.»

TEDBALL

*A*card de Montcortés bajó de su montura resoplando como un buey extenuado. Unas profundas ojeras se marcaban bajo sus ojos, extendiendo un tono púrpura en sus sobresalientes pómulos. La capa de sudor que cubría su montura parecía haber impregnado todo su semblante, y su hábito, siempre impecable, se mostraba arrugado y sucio. Después de un viaje de pesadilla, había llegado a la ciudad de Tremp atravesando el portal de Capdevila hasta detenerse en la plaza de la iglesia de Santa María. Hacía sólo un par de horas que, sin decir ni una palabra de despedida, había abandonado al enano y a su reata de mulas, incapaz de soportar un instante más la creciente verborrea de Orset. Era preferible arriesgarse a caer en una emboscada de ladrones y asesinos, antes que seguir en aquella compañía. Más de dos semanas de viaje y el maldito Orset había conseguido desenmascararle, poniendo en duda todas sus respuestas, todas sus palabras, haciendo brotar la ira de Acard hasta el punto en que éste se vio en la necesidad de amenazarle con las peores torturas... ¿Y cómo, por Dios bendito, un sencillo servidor del obispo de Urgell se hubiera atrevido a tanto? Pero ya no le importaba lo que aquel ser repugnante pudiera pensar de él, ¿quién iba a creérselo? Orset iba a pagarlo muy caro en cuanto acabara con aquel asunto, o incluso antes, ¿por qué no? Sólo tenía que dar una simple orden a uno de sus muchos esbirros y aquel monstruo retorcido acabaría sus días en una lóbrega mazmorra. La idea le hizo sonreír, curvando sus labios en una mueca. Aún se hallaba apoyado en la sudorosa montura, recuperando el aliento, cuando una mano se posó en su hombro. La reacción fue desmesurada, Acard se giró con violencia en tanto su oscura capa se levantaba en una vuelta circular perfecta. Sus ojos despedían chispas antes de reconocer a la persona que tenía delante, transformándose entonces en una mirada de sorpresa.

—Pero ¿qué haces tú aquí?... Deberías estar en... —Enmudeció de golpe ante la aparición de dos mujeres cargadas de cestos.

—Señor, tenéis muy mal aspecto, necesitáis asearos y disfrutar de un merecido descanso. Llevo una semana tras vuestros pasos. Venid, os lo ruego, he encontrado una casa en la que nadie nos molestará, es un buen lugar para organizar nuestro cuartel general con discreción. Fray Ermengol no tardará en llegar en cuanto pueda comunicarle que ya os he encontrado, ya ha emprendido el camino y...

—¿Ermengol? ¡Tenía órdenes estrictas de quedarse en La Seu! ¿Qué está pasando? ¿Quién ha ordenado todos estos cambios? —Los cansados ojos de Acard volvieron a brillar peligrosamente, vigilando cada movimiento de los escasos parroquianos que cruzaban la plaza—. Está bien, llévame a esa casa y ponme al corriente de los últimos acontecimientos, éste no es lugar para charlas. Y espero que su gravedad excuse el hecho de que mis órdenes no hayan sido cumplidas.

La casa, situada en el extremo opuesto al portal de Capdevila, casi al final de la población, poseía la cualidad de pasar desapercibida. Su aspecto exterior de cierto abandono, se contradecía con un interior cómodo aunque un tanto austero.

109

—Bien, ahora que ya estamos aquí no pierdas el tiempo, ni me lo hagas perder a mí. Hace demasiado que nos conocemos, y quiero creer que el hecho de encontrarte en este lugar, y no donde deberías estar, obedece a poderosas razones. Te escucho. —Acard se sentó en una silla de respaldo alto con un suspiro.

—¿No queréis antes descansar unas horas?

—¡Ya tendré tiempo de descansar en la tumba, Gombau! —El tono agudo rebotó en los muros de la habitación.

—Fray Ermengol me ha ordenado que os diga que no debéis seguir solo, está convencido de que un gran peligro nos amenaza. Asegura que hay que detener todo este asunto hasta que sus sospechas no se confirmen, no debéis dar un paso más antes de su llegada. —Los ojos rasgados, mínimos y amarillentos, se clavaron en el dominico.

—¡Sospechas, qué demonios de sospechas! ¡Ermengol ha pasado su existencia sospechando hasta de su sombra!

—Bertran de Térmens —respondió escuetamente Gombau.

—¿Y qué pasa con él? ¿Cuál es el problema ahora? Mi querido Ermengol no puede evitar sentir un profundo desprecio por ese hombre, se hace viejo y está lleno de susceptibilidades y recelos sin sentido.

—Sí, tenéis razón, vuestro hermano en religión sospecha hasta de nosotros. —Gombau disimuló una sonrisa—. Parece ser que tuvo una entrevista inquietante con ese hombre, Bertran estaba furioso con vuestra partida y, por lo que me ha llegado, dejó entrever que no os había dado toda la información completa. Según él andáis como un ciego sin lazarillo. Y hay más cosas…

—El recelo de Ermengol es encomiable, aunque un pesado lastre de tiempo. ¿Y cuál es la información que Bertran esconde? —El cansancio y un creciente abatimiento mantenían a Acard en un estado de lasitud.

—No lo sabe, fray Acard, no sabe nada que confirme sus sospechas.

—¡Dios misericordioso, es lo único que nos faltaba, el universo de dudas y vacilaciones de Ermengol! Pero has dicho que había más cosas… ¿De qué demonios se trata?

—Deberíamos reorganizar nuestro servicio de comunicaciones, fray Acard, lo que antes nos llegaba en tres días, ahora se demora en diez. Nuestros mensajeros cada día van más lentos y revientan a más caballos inútilmente, es un desastre. Tanta cautela tiene sus problemas, pero siempre habéis dicho que la información es lo prioritario en nuestro trabajo y...

—¡Maldito seas, Gombau, no es momento de reorganizaciones! ¿Estás jugando conmigo? ¿Tan malas son las noticias que no te atreves a decírmelas? —estalló Acard, sobreponiéndose al cansancio.

—El canónigo Verat y el notario Vidal están muertos y uno de nuestros hombres desapareció en la Vall d'Aran. Adalbert de Gaussac ha vuelto a desaparecer y... —Gombau recitó la lista con rapidez, sin respirar. Algo de verdad había en las palabras de Acard, nunca había sido beneficioso para nadie comunicarle malas noticias.

—¡Qué...! ¿Qué demonios significa que están muertos? —El asombro de Acard era auténtico.

—La Seu revienta de rumores, fray Acard. Se dice que han sido asesinados por fantasmas errantes por sus muchos pecados, almas en pena en busca de redención... Fray Ermengol se ve incapaz de atajar las habladurías, brotan de todos lados sin saber nunca su origen. Y la verdad, os seré sincero, esas muertes han sido realmente extrañas. —Gombau hizo una pausa, esperando la reacción colérica de su superior que no llegó. Acard le miraba con las pupilas abiertas, sin responder—. A Verat le encontraron en su habitación, ahogado... Pero no os creáis que se atragantó con un hueso de asado, no, señor, más bien parecía que acabaran de sacarle de un naufragio, empapado de agua, en su propia casa. Y Vidal..., por lo que oí, decían que se había estrangulado, ¡él mismo, fray Acard! ¿Os lo podéis creer? Y eso no es todo, nos llegó un mensaje que nos notificaba la muerte de Martí de Biosca en un «accidente» muy oportuno. ¿Recordáis a Martí, fray Acard?

—¿Martí de Biosca? —Acard rebuscaba en su memoria, intentando digerir las últimas noticias.

—El Tonel, señor, así le llamábamos. Estuvo en la cuadrilla y durante un tiempo nos hizo interesantes servicios. ¿Lo recordáis? Un hombre gordo y borracho, siempre tras las hembras y las relucientes monedas. Fue nuestro delator durante

111

años. —La tez pálida de Gombau se acentuaba por los pálidos rayos que entraban por una ventana.

—Sí, desde luego, lo recuerdo perfectamente, prescindimos de él por esos vicios que comentas, no era de fiar. E incluso ordené que le mantuvieran vigilado y que lo eliminaran si se iba de la lengua... ¿Muerto, cómo? —La indiferencia había vuelto al rostro de Acard.

—Despeñado, en el camino de Pont de Bar a La Seu. No es que nadie vaya a llorar su muerte, ni mucho menos..., pero en estos momentos y en esta situación, no sé fray Acard, acaso los recelos de fray Ermengol no anden equivocados. Martí de Biosca llevaba un tiempo haciéndose pasar por franciscano y creando el escándalo allá donde iba, no sería de extrañar que hubiera enfurecido a algún marido celoso y...

—¡Por la misericordia divina, por franciscano! —Acard no salía de su estupor—. ¿Por qué nadie me puso al corriente? Ese hombre era un peligro, no quiero ni imaginar las cosas que hubiera podido contar, si es que no lo hizo antes de despeñarse.

—Ya os he dicho que nunca lo perdimos de vista, fray Acard, y últimamente... Si os he de ser sincero, ya había dado órdenes explícitas para deshacernos de él, pero parece que la divina Providencia se nos ha adelantado y ha hecho el trabajo por nosotros. No quise preocuparos por una menudencia de este tipo. —Gombau calló, a la espera.

—Bien, un problema menos, pero ¿estás seguro de que fue la divina Providencia o uno de tus chacales le ayudó? —Acard se giró hasta clavar su mirada en los amarillentos ojos de Gombau, sin dejarle responder—. Sea lo que sea, no me importa, ese borracho siempre fue una molestia. Y no veo nada sospechoso en su muerte, podríamos encontrar a muchos candidatos si es que en realidad no se trató de un accidente. Sin embargo, Verat y Vidal, no dejan de ser una casualidad inquietante. Tendré que pensarlo. Pasemos a cosas más practicas, Gombau, ¿ese templario que te encargué ya está a buen recaudo?

—No exactamente, fray Acard. —La voz del esbirro vaciló—. Veréis, no viajaba solo tal como suponíamos, y..., ¿qué importancia tiene este hombre?

—¿No exactamente? —La voz del dominico era un cuchillo cortante—. Piénsalo bien antes de engañarme, Gombau, no intentes explicarme una de tus fantasías inverosímiles. Sé que iba solo, con la única compañía de su escudero, y sería peligroso que empezaras a contarme que una legión templaria se te echó encima y te redujo.

—No os intento engañar —mintió Gombau, retrocediendo unos pasos—. Me sorprendió, lo confieso, es muy rápido, pero ¿qué importancia tiene?

—¡Eres un maldito perro sarnoso, un inútil acabado! —Atajó Acard con una mueca de desprecio—. ¿Desde cuándo necesitas explicaciones para llevar adelante tu trabajo? Está claro que ese hombre sigue intacto y que tú no has cumplido tu misión, te avisé de que era peligroso, uno de los mejores, y ¿tú qué haces, pobre imbécil?

—Os juro que…

—¡No jures, infeliz del diablo, no te atrevas! —Acard se levantó violentamente, dando una patada a la mesa—. A estas alturas deberías saber que mentir sólo te reportará problemas, Gombau, graves problemas. Te lo he dado todo, has gozado de mi confianza y eres un hombre respetado en el Tribunal. ¡Has crecido a mi sombra, maldito necio, y gracias a mi generosidad! No tientes a la suerte, hombres mejores que tú han acabado en una mazmorra con menos sangre en sus manos.

Gombau enmudeció, refugiándose en una esquina, cerca de la puerta. La alta figura del dominico se alzaba como una sombra ante él, consiguiendo que bajara los ojos y que su nervudo cuerpo disminuyera. Pensó que había algo de cierto en la historia que había contado a Guillem de Montclar, que no se alejaba mucho de la realidad. Había conocido a Acard en un momento delicado, intentando robarle la bolsa que pendía de su cinturón, aunque de eso ya hacía muchos años. Entonces era un joven hambriento que rondaba solo por las calles…, y también era cierto que el dominico le había amenazado con las peores torturas. Aunque el final tenía un matiz diferente, y muy pronto se había convertido en uno de sus fieles perros. Gombau sacudió la cabeza, pensaba desesperadamente en una excusa que calmara a su superior, el miedo que le imponía no desaparecía con el tiempo.

—Lo siento, fray Acard —balbució—, ese hombre me venció, simplemente. Y estoy avergonzado, sabéis que no acostum-

113

bro a fallar. Confieso que se me pasó por la cabeza mentiros, pero era a causa de la vergüenza que sentía de decepcionaros. Y podéis estar tranquilo, no le dije nada, absolutamente nada…

—¡Ya es suficiente, Gombau, un asesino convertido en patética plañidera es aún peor, me das asco! —La repugnancia de Acard era manifiesta—. En estos momentos, tenemos cosas más graves que solucionar y sólo me faltaría el Temple pisándome los talones. Habrá que buscar una solución, el de Montclar se dirigía a la Encomienda de Gardeny, seguramente en busca de instrucciones. Quiero que vigiles sus movimientos, y si sus pasos se encaminan hacia aquí, bien…, resulta incómodo tener que repetírtelo, haz lo que te plazca, pero sácamelo de encima. ¿Entendido?

Gombau asintió en silencio, no era prudente interrumpir a Acard. El dominico paseaba por la estancia, con las manos en la espalda, concentrado.

—Es posible que Ermengol lleve razón y no sea momento de precipitaciones, la situación no está clara y debemos jugar nuestras cartas sin un error. ¿Dónde está ahora Bertran de Térmens? —siguió el dominico después de una breve pausa.

—Fray Ermengol cree que anda tras vuestros pasos. —Gombau tragó saliva con dificultad—. Aunque desconocemos dónde se encuentra en este preciso momento, lo perdimos a la salida de La Seu, se esfumó de repente.

—¡Esfumarse, bonita palabra, Gombau, muy explícita acerca de vuestra competencia! —El cansancio hacía mella en Acard de Montcortés, sus afilados rasgos parecían desmoronarse, y el tono de su voz no encontraba la manera de expresar su irritación—. Esperaré a Ermengol, tus malas noticias no han hecho más que abatirme y llenar mi alma de sombras. Lárgate, Gombau, y déjame en paz.

El sicario siguió en silencio, reprimiendo el temor que subía por su estómago. No sólo la cólera de Acard era temible, lo peor eran aquellas fases de abatimiento y turbación, él las conocía bien. Sin decir palabra, salió de la habitación, aunque se vio obligado a volver con esfuerzo.

—Fray Ermengol sabe de esta casa, os encontrará. Pero no debéis salir, señor, es importante que nadie sepa de vuestra presencia aquí, sobre todo Bertran de Térmens.

Acard no se volvió, lanzó un gesto brusco con la mano despidiéndole. Se sentía cansado, una sensación de derrota le oprimía y deseaba quedarse solo. Presentía otro de sus repentinos ataques de abatimiento, cuando le envolvía la negrura más oscura y no encontraba motivo ni excusa para seguir viviendo. No le comprendían, no eran capaces de entender su sufrimiento, la dedicación a aquella magna tarea que se había impuesto. ¿De qué valía tanto esfuerzo, tanto sacrificio? Se paró ante la ventana, empezaba a anochecer, su mente divagaba sin rumbo y necesitaba dormir. Ya pensaría por la mañana, quizás sería posible poner orden en sus pensamientos, y Ermengol no tardaría en llegar. Él le comprendía, conocía su alma, sabría lo que debería hacerse...

La pala se hundió con fuerza en la tierra con un golpe seco. La lluvia que caía desde hacía unas horas, parecía colaborar con los dos hombres, esponjando el terreno y ofreciendo facilidades a la excavación.

—Espero que no te equivoques y que sea el lugar exacto, empiezo a estar empapado.

—Lo es, Bertran. Las indicaciones de Adalbert eran precisas y, como puedes comprobar, la piedra blanca sigue en el mismo lugar. No puede decirse que éste sea un lugar muy transitado, gracias a Dios.

—¿Cómo demonios dio con ellos? Creí que habían desaparecido de la faz de la tierra. —Bertran de Térmens se incorporó con una maldición.

—Tiempo y paciencia. Es posible que desaparecieran de la faz de la tierra o lo intentaran, lo difícil era desaparecer de las manos de Adalbert. Y no puede negarse que hicieron todo lo posible para ocultarse. Me contó que a Arnau, el de Cortinada, le encontró a punto de embarcarse hacia Sicilia, todavía temblando de miedo. No tuvo muchos problemas en que le soltara dónde podía encontrar a Sanç, el preferido de Acard... El Señor Inquisidor se ha pasado años buscándolos, removiendo cielo y tierra para dar con su paradero. Y mira por dónde, se los va a encontrar sin un maldito esfuerzo.

Bertran de Térmens se permitió un descanso, en tanto su

compañero empuñaba la azada. La tierra se desprendía con facilidad, una mezcla de barro líquido que se escurría salpicando las botas de los dos hombres. El pico de la azada golpeó un objeto duro, clavándose con un sonido hueco. Los dos hombres se miraron, atándose unos pañuelos al rostro.

—¡Por Belcebú, Bertran, odio este trabajo!

—Estoy de acuerdo contigo, pero no me negarás que el motivo es lo suficientemente interesante. Y puestos a hacer las cosas bien, que nada falte en esta fiesta de espectros. Vamos, sólo hay que encajar las piezas, y ya sabíamos que todas están podridas y malolientes. —Bertran saltó al foso que habían cavado, conteniendo la respiración—. Sí, están aquí, son ellos, Adalbert tenía razón.

Tedball levantó el rostro al cielo, en ningún momento había dudado de encontrar lo que andaban buscando, su fe en Adalbert era absoluta. Se levantó la capucha, la lluvia arreciaba y todavía quedaba mucho trabajo para hacer.

La ciudad amurallada de Sort se extendía a sus pies, al lado del río Noguera Pallaresa. La vista era impresionante, y Orbria se detuvo fascinada ante la inmensidad del panorama. Hacía sólo unos segundos parecían perdidos en una vuelta interminable del camino, casi convencida de estar condenada a girar y girar alrededor de aquella montaña sin fin. Y de golpe, casi sin aviso, la impresionante mole del castillo de Sort sobresalía allí a lo lejos, recortándose contra el cielo gris. Quizás, si aguzaba la vista, podría ver al conde de Pallars y a sus caballeros saliendo de su fortaleza envueltos en banderas y gallardetes. Sonrió ante aquella ingenuidad, era demasiado vieja para pensar en tales tonterías y estaba fatigada.

—Mira, Folquet, mira qué hermosa ciudad. Ya sé que te gustan mucho las ciudades, y en ésta podremos comprar un poco de fruta y queso. Esta noche dormiremos en una cama como Dios manda.

—¿De quién es este castillo, abuela, vamos a dormir allí? —Folquet se sentó en un lado del camino.

—El castillo es de un conde, Folquet, como todos los castillos del mundo. Y aunque te parezca extraño, es muy posible que esta noche durmamos entre sus murallas. Tengo un amigo allí, ¿sabes?... Un buen amigo de nuestra familia.

—¿Vamos a quedarnos muchos días, ya se ha terminado el viaje?

—No, Folquet, no ha terminado, pero falta ya muy poco. Y cuando lleguemos a nuestro destino, la abuela te dejará con unos amigos durante unos días, amigos que tienen otros niños como tú.

—¿Y no puedo ir contigo, abuela?

—Esta vez, no. Tendrás que ser valiente, Folquet, la abuela tiene un trabajo muy importante que hacer, algo que no puede demorarse más. Y tú no puedes venir, pero cuando seas mayor te lo explicaré con todo detalle, te lo prometo.

«Y espero poder hacerlo», quiso añadir Orbria. Pero eso era algo que no se le podía decir a un niño, no quería inquietarlo. Había sido el motivo por el que había escogido con especial cuidado a los que protegerían a Folquet, por si algo no salía bien y ella no pudiera volver. Tenía que protegerlo por encima de todo, era el único que quedaba de una extensa familia destrozada, anulada de raíz, en la que uno a uno habían caído sin que nada ni nadie pudiera evitarlo. Unos luchando por su patrimonio, otros por su fe, otros sin saber por qué morían... Pero no tenía miedo, aquel sentimiento que había dominado parte de su vida, había desaparecido por completo. De él sólo quedaba la memoria grabada del terror pasado, la negación a olvidar, y acaso la imposibilidad de perdonar. Todo ello la había apartado de sus creencias más profundas, las leyes en las que había crecido, aunque también era cierto que todo había desaparecido entre las llamas de tantas y tantas hogueras... ¿Acaso importaba en aquel momento?

¿Dónde estaba el Dios de Justicia? ¿En la mazmorra en donde había muerto su padre, torturado hasta el ultimo instante? ¿Entre las llamas donde acabaron tantos de sus parientes? Deseaba recuperar la fe perdida, lo deseaba con todas sus fuerzas, creer en aquella esperanza del Bien en la que había crecido, en los buenos hombres que cuidaron de ella, en tantas cosas que recordaba. Sin embargo, no sentía nada, todo se lo habían arrebatado, hasta la brizna más diminuta de misericordia. Su alma era un pozo vacío, hondo, en donde sólo el

117

dolor encontraba acomodo. Y había esperado, pensó Orbria en tanto iniciaban la bajada a la ciudad, su vida había sido una larga espera. A veces, sin saber muy bien en qué consistía aquello que esperaba, sin importarle demasiado. Como si viviera en una especie de estado de aplazamiento eterno, una calma tensa que detenía hasta el aire que respiraba. Y ahora, empezaba el final de aquella interminable espera y estaba preparada.

A poca distancia de Tremp, encaramado a un alto risco de más de cuarenta metros de altura, el pueblo de Talarn contemplaba el río con cierta arrogancia. Su entrada, por el portal de Migjorn, al lado de una poderosa torre redonda, iniciaba una larga muralla que rodeaba la población.

Orset descargaba su mercancía sin prisas. Sería una mañana muy ajetreada, una larga cola ya se estaba formando cerca de él. Un amigo le había permitido usar los bajos de su casa como improvisado tenderete, a causa de la insistente lluvia. Aunque el mal tiempo no parecía afectar a sus parroquianos, encantados con su llegada. El primero en entrar fue un viejo conocido, Orset ya le había tratado con anterioridad, un derrumbe de piedras había acabado casi con su pierna. Pero el hombre, que cojeaba con dificultad, siempre había pensado que el enano le había salvado la pierna.

—Querido maese Orset, no sabéis cuánto esperábamos vuestra llegada.

—Me gusta vuestro pueblo, está lleno de gente agradecida, pero exageráis, mi querido amigo. Cualquier otra persona con algunos conocimientos hubiera hecho lo mismo, Ricard. —Orset le dedicó una ancha sonrisa—. ¿Cómo va el dolor?

—Vos sabéis más de mi dolor que yo mismo —contestó el hombre—. Y no soy exagerado, maese Orset, sabéis que cualquier otro matasanos me habría cortado la pierna. Vos tuvisteis paciencia, os quedasteis a mi lado casi una semana entera, esperando mi recuperación.

—Me haréis sonrojar, Ricard…, pero ahora vamos a procurar aliviar ese dolor, ¿os fue bien el remedio que os di?

—De maravilla, incluso he logrado dormir varias horas al

día. Por ello esperaba vuestra llegada con expectación, el remedio se estaba terminando.

—Prepararemos una buena cantidad, Ricard, y antes del final del verano volveré a pasar para proveeros para todo el invierno. —Orset se enfrascó en los preparativos del ungüento— … Y por cierto, veo que hay tranquilidad en el pueblo, ¿no hay novedades?

—Como vos sabéis, maese Orset, la tranquilidad es sólo una apariencia de la que no hay que fiarse. Existe para algunos, no lo dudo, pero para la gran mayoría es una simple ilusión. —El hombre tomó asiento en un pequeño taburete, con un bufido de dolor—. Se rumorea que en Tremp hay movimiento, hace unos días llegó un hombre a la plaza de la iglesia, un fraile, y por lo que parece tiene aroma inquisitorial. Mi cuñada, que vive allí, me ha contado que lleva tres días encerrado en una casa, aquella que está al final de la población, ¿la conocéis? Pertenecía a Ponç, el del huerto de Pedrasola… Hace un tiempo que toda la familia se marchó a la ciudad de Lleida, creo que allí tiene un hermano.

—Vaya, es bueno saberlo, Ricard. En estos tiempos, y en mi trabajo, cualquier detalle altera nuestro ritmo de vida. Ya sabéis lo encrespados que están los ánimos de nuestros nobles, y estas guerras no son buenas para la salud de nadie, y mucho menos para la nuestra. —Orset tapó un frasco y lo entregó al hombre—. Bien, ahora veamos esta pierna, comprobemos el color de las cicatrices.

Se inclinó hacia Ricard, subiéndole el calzón con cuidado. Una larga cicatriz recorría la pierna hasta la rodilla, tumefacta en el centro, donde el hueso se había partido limpiamente. Presionó suavemente con las yemas de los dedos, observando el rostro de su paciente.

—Está muy bien, cuando llegue el buen tiempo os dolerá menos, pero no debéis hacer esfuerzos, Ricard. El trabajo en el huerto no os beneficia, aunque ya sé que diréis que de algo se ha de comer, y llevaréis razón. O sea, que no os daré consejos inútiles, mi buen amigo, cuidaos e id con Dios.

Orset se giró hacia su nueva paciente, una anciana mujer. Mientras la escuchaba con atención, una parte de su mente reflexionaba sobre la información que acababa de recibir. El vie-

119

jo cuervo ya había llegado, había picado el anzuelo y seguía las migas de pan dejadas en el camino. Era una buena noticia, una señal de que todo se sucedía según el plan previsto. Disimuló una sonrisa, a buen seguro Acard pensaba que su habilidad le había hecho pasar desapercibido, que el «humilde servidor» del obispo de Urgell era invisible a la curiosidad. No sabía nada del ambiente de las pequeñas ciudades, de los pueblos, nunca se había interesado por el quehacer de las pobres gentes. Sin embargo, todos sus habitantes se conocían perfectamente, y la llegada de un forastero era captada de inmediato, discretamente. Aún más, si como decía Ricard, el aroma inquisitorial llegaba a sus narices…, entonces, la gente sencilla disimulaba, como si no viera ni escuchara nada, concentrados en construir un pequeño muro de protección para resguardarse de las malas intenciones. Pero una corriente subterránea de murmullos se filtraba en la profundidad, palabras que corrían muy cerca de los oídos de quien quisiera escuchar, y ¿por qué negarlo? Orset siempre había sido un inmejorable receptor.

Acard dormía, soñaba, una modorra intensa se había apoderado de su cuerpo, envuelto en todas las mantas que había encontrado para protegerse de un frío que parecía salir de sus propios huesos. El señor de Gaussac le miraba fríamente, el rostro adusto e impenetrable, como si le atravesara y pudiera leer en su interior, en tanto su boca se abría en palabras mudas que no podía oír. Sin embargo, Acard sabía perfectamente de lo que le estaba hablando. Le llamaba ladrón y asesino, le acusaba de robar bienes de gente inocente, le amenazaba con hablar con el mismísimo obispo y blandía papeles ante su rostro, asegurando tener testigos dispuestos a declarar en su contra. La cólera invadió al dominico en su sueño, ¿cómo se atrevía aquel maldito hereje a dirigirse a él en aquel tono? Un olor extraño llegó a su olfato, intenso, envolviéndole. Gaussac seguía hablando con palabras mudas, sentado en su silla, al final de una estancia alargada. De golpe, alargó una mano hacia el suelo, que empezó a temblar resquebrajándose, como si una fuerza profunda intentara salir del abismo. Las baldosas rojas saltaron hechas pedazos y el mismo fuego del Infierno salió de la tierra en mitad de un vocerío que hería sus tímpanos. El olor era insoportable, y la visión de cien brazos alzándose entre las llamas con sus dedos acusadores señalándole le llenó de terror. Acard aulló como un loco, agitándose en el lecho y despertando a causa de sus propios gritos. Se incorporó chorreando sudor, como si acabara de atravesar una lluvia torrencial, con el corazón latiendo desenfrenadamente... ¡Dios misericordioso! No estaba acostumbrado a sufrir pesadillas, sus sueños eran siempre cantos de gloria a su persona, a su inteligencia. Abrió los ojos de par en par, sobreponiéndose. No era más que un mal sueño, una consecuencia del cansancio acumulado de los días anteriores. Sin embargo, había algo que permanecía de su pesadilla, aquel olor nauseabundo a tierra húmeda, podrida... Se sintió mareado, con la náusea instalada en su garganta.

Se levantó apartando las mantas, frotándose los ojos e intentando reaccionar. ¿Qué estaba pasando, de dónde provenía aquel olor insoportable? De un animal muerto, seguro. Algún desaprensivo habría tirado los restos cerca de la casa, pensando que nadie vivía en ella. Sentía todos sus huesos doloridos y unas violentas arcadas le obligaron a inclinarse, con el cuerpo roto por la mitad, expulsando una mezcla de líquido y saliva. Llevaba días casi sin comer, con la furia como único alimento. Fue entonces, doblado sobre sí mismo, cuando oyó el grito, un alarido ronco y alargado que rompía el aire de toda la casa.

Corrió hacia la puerta, con las manos pegadas a su boca, abriéndola de golpe y contemplando a Ermengol con las facciones deformadas por el pánico. Gombau, a sus espaldas, se reclinaba en la pared, vomitando. En las dos sillas que rodeaban la mesa, unos inesperados invitados esperaban al anfitrión. De sus descarnadas cabezas colgaban restos de pelo y tierra, sus órbitas vacías contemplaban a Acard en una postura anómala, sosteniéndose en difícil equilibrio sobre los huesos pelados del cuello. Los jirones de ropa escondían fragmentos de piel, carne en descomposición que sobresalía del tejido deshilachado. Del cuello de uno de los cadáveres pendía un medallón que lanzaba destellos de metal pulido sobre los presentes, un círculo perfecto con las armas de la Inquisición grabadas en él, un antiguo capricho de Acard. Los encargaba personalmente para gratificar a sus mejores hombres, a los más leales, a los que le habían segui-

121

do ciegamente en sus correrías. El otro cadáver, todavía conservaba uno de sus ojos, hinchado y descolorido, pugnando por escapar de su prisión. Sus dedos, casi huesos, atrapaban un mechón de pelo rojo y brillante que se enredaba entre ellos.

Un silencio de sepulcro vacío llenaba la estancia, sólo roto por las arcadas de Gombau. Acard estaba hipnotizado por el destello dorado del medallón, y un delgado haz de luz, como un terrible presentimiento, empezaba a aparecer en su mente con una palabra grabada en el resplandor: «¡Sanç!». Aquellos ojos claros e irónicos borrados, desaparecidos en el centro de las cuencas vacías que le miraban. La sonrisa franca que estallaba a menudo en carcajadas, convertida en colgajos desordenados que pendían de unos labios deformes, perdidos entre unos dientes amarillentos y sucios. «¡Sanç!», el grito salió de la garganta de Acard, como si todo su ser formara parte del mismo sonido de terror. Su mejor hombre, el camarada más fiel, ¡Dios misericordioso! Creía que estaba en Sicilia, él mismo le había dado una carta de presentación para Carlos de Anjou, le había urgido a huir cuando las cosas se habían puesto difíciles para ellos, para borrar su rastro en el mismo instante en que el de Gaussac andaba tras su pista y amenazaba con denunciarlos. Su silencio le había extrañado, naturalmente, había intentado localizarle, pero entendía que no era fácil y que la intención de Sanç era desaparecer entre las tropas mercenarias del de Anjou. Y sin embargo, nunca había embarcado. Acard luchaba entre la náusea y la memoria, no había duda de que el otro cadáver tenía que ser el de Arnau de Cortinada, el compañero de Sanç, siempre tan silencioso, tan eficiente… ¿Y aquello que atrapaba entre los dedos, el mechón de un rojo intenso enredado entre los huesos puntiagudos? Un escalofrío helado recorrió a Acard erizando su nuca, reconociendo la naturaleza de aquellos cabellos… ¡Adalais, Adalais de Gaussac! La hermosa y frágil Adalais, la que había llenado los sueños de su adolescencia. El cuerpo roto y hecho trizas que se mostraba desnudo ante sus ojos, indiferente al horror, con su mirada limpia clavada en él mientras sus hombres se ensañaban con ella. «¡Qué gran error Acard, será tu perdición!», fueron sus últimas palabras antes de que lanzaran aquel castigado cuerpo a las llamas. ¿Por qué se había preocupado por él en aquellos atroces instantes? A pesar de todo, del horror salvaje que sufría, la delicada señora de Gaussac hablaba con su viejo amigo de juegos, no con su verdugo. ¿Por qué? ¿Acaso eran las creencias de ella más fuertes que las suyas? Acard estaba mareado, próximo al desmayo. El olor insoportable de los cuerpos en descomposición se mezclaba con los efluvios de su memoria, sin poder pensar en nada más. Trastabilló unos pasos, alejándose de aquellos cuerpos irreconocibles, de la piel que colgaba movida por la brisa como si quisiera atraparle en su manto descompuesto. Todo su cuerpo se rindió en silencio, las grandes palabras se desvanecían, él tenía la razón de su fe, el peso indiscutible de una Iglesia que poseía la Verdad, y no era él quien había pecado. No era Adalais de Gaussac la que se apoderaba de su memoria, era una hereje que no se avergonzaba de serlo, un ser despreciable que se atrevía a levantar su mano contra los designios divinos. «¿Por qué, Dios omnipotente, Dios de la Justicia y la Verdad, me haces pasar por esto?» Acard se aferró al poder de sus creencias, su orgullo se alzó ante los dos cuerpos putrefactos que le contemplaban sin una palabra, aunque le sirvió de poco. Aspiró el aire envenenado que llenaba la estancia, como si se ahogara, comprobando que su cuerpo se negaba a acompañarle y le abandonaba en mitad de la nada de un sepulcro. Caía, se precipitaba en un abismo oscuro en donde miles de manos intentaban atrapar su hábito, zarandeándolo de lado a lado, perdiéndose en una oscuridad opaca que no tenía fin. Cayó como un pesado saco de trigo, y la vibración de su cuerpo al caer alteró el paisaje callado de la estancia. La cabeza de Sanç, en precario equilibrio, se desprendió con facilidad del afilado hueso que la sostenía, rodando hasta los pies del dominico desmayado, escondiéndose entre los pliegues de su hábito.

Capítulo VIII

Susterris

«Lo he pensado detenidamente durante años, he tenido mucho tiempo. Sin embargo, a medida que he avanzado, compruebo que mi interés ha decrecido. La Verdad ha dejado de importarme e influir en mi vida, he visto demasiadas muertes por su causa. Prefiero pensar que no existe como tal, sino más bien como un río con múltiples brazos que se separan para recorrer caminos diferentes. Y me dejo llevar por la corriente del que me acogió con benevolencia en aguas revueltas de justicia, acaso de venganza... Ahora poco importa, porque hay momentos en que las palabras pierden todo su significado, sólo el sonido de las aguas llevan el nombre de nuestros actos.»

BERTRAN DE TÉRMENS

*L*a Encomienda de los Caballeros Hospitalarios en Susterris se hallaba al lado del río Noguera, en una estrecha e impresionante garganta rocosa que se estrechaba en un paisaje de pesadilla. Cerca de allí, en la roca viva del cañón de Susterris, había cuatro impresionantes oquedades que la gente denominaba «Las Patas del Diablo». Decía la leyenda que allí san Antonio y el demonio se habían peleado con tal frenesí que cayeron rodando, y el maligno, en un intento para no despeñarse, golpeó con fuerza la piedra con sus patas de macho cabrío dejando sus profundas marcas. El santo, por su parte, descendió suavemente, gracias a sus contactos celestiales. Y allí, en conmemoración del prodigio, se levantó una pequeña ermita.

A causa de la hostilidad de su geografía, los Hospitalarios se habían trasladado a una casa en la vecina población de Talarn, dejando en la pequeña Encomienda de Susterris a unos pocos hombres para que cuidaran de los bienes que producía.

—¿Y hasta cuándo te vas a quedar aquí? —En la pregunta del Bretón se intuía una cierta inquietud, el lugar le ponía nervioso.

Guillem le contempló con curiosidad. Jacques *el Bretón* no había cambiado mucho, los años le trataban con respeto. Aquel gigante de casi dos metros de altura tenía un rostro peculiar, un mapa de cicatrices le recorría la cara, en especial una que sobresalía por derecho propio. Le cruzaba todo el semblante, atravesando uno de sus ojos y desapareciendo en el centro del mentón. Era uno de sus mejores amigo, uno de los viejos camaradas que Bernard Guils le había dejado en herencia y que había cuidado de él en tiempos difíciles, convirtiéndose en su sombra en los largos años en Tierra Santa. Guillem sentía por él un especial afecto, a pesar de su carácter obstinado, tozudo como una mula que, en mucha ocasiones, no dejaba de provocar peleas sin fin entre ellos.

—¡Vaya, parece que todos tenéis ganas de perderme de vista! —respondió con ironía.

Había pasado un mes desde su visita a Gardeny y, dada la mala salud de Dalmau, el viaje había sido lento y complicado. Los intentos de Guillem para extraer información de su viejo superior se habían estrellado contra un muro de silencio y malhumor. Dalmau no quería compartir los motivos «familiares» que le llevaban a emprender aquel viaje y se negaba a contestar a la pregunta más simple. Sus nuevos superiores, habían sido escuetos en sus explicaciones, ambiguos como siempre, continuando con la tradición siempre confusa de Dalmau: había un texto, *La llave de oro*, o podía no existir, no lo sabían. Había un hombre, Acard de Montcortés, inquisidor, que creía en su existencia y parecía andar tras él, aunque no era una información segura y confiaban en que Guillem decidiera cuál iba a ser su mejor destino. Y ese dudoso texto, la condenada *Llave de oro*, estaba en manos de un tal señor de Gaussac, un *faidit*, un noble occitano desposeído por los cruzados franceses. Y el señor de Gaussac era el hermano de Dalmau… En conclusión, como siempre los datos eran escasos y turbios, casi inexistentes. No tenía nada más a mano que interrogar a Dalmau, cosa que intentó una y otra vez durante su estancia en Gardeny.

—¿Qué es lo que estás tramando, Dalmau? ¿Qué demonios de problema familiar tienes que solucionar? —insistía.

Habían salido de la fortaleza de Gardeny y paseaban por el segundo recinto amurallado. Guillem, sin poder evitar cierta irritación, andaba a grandes zancadas en dirección a la torre del ángulo noroeste. Dalmau no se molestó en seguirle y se fue rezagando, oyendo las maldiciones del joven en la lejanía hasta que se convirtieron en un murmullo. Entonces se detuvo, se arrebujó en la capa blanca y dio media vuelta volviendo a la fortaleza. Para cuando Guillem se dio cuenta, estaba hablando solo como el peor trastornado, y el anciano había desaparecido de su vista. La mala conciencia empezó a hacer mella en él y, después de quedarse parado como una estaca ante la torre, emprendió el viaje de regreso corriendo. Aquel maldito carácter malhumorado le servía de bien poco, pensó, no tenía ningún derecho a tratar a Dalmau como a un adolescente enfurruñado. Entró de nuevo en el patio de la fortaleza, buscándole con la mirada, hasta verle apoyado en uno de los pilares de la galilea que daba paso a la iglesia.

—Lo siento, Dalmau, es que no sé por dónde empezar. Esta gente me ha dado un trabajo en que lo único sólido eres tú.

—Ya… —respondió Dalmau con una sonrisa—. *La llave de oro.*

—¡Bien, parece que avanzamos! —exclamó el joven con un suspiro.

—No te alegres tan rápidamente, yo no sé nada de este asunto. Ya te he repetido una y mil veces que mi viaje obedece a estrictas y particulares razones familiares, nada más. No sé nada de textos apocalípticos… —Las cejas de Dalmau volvieron a levantarse en un gesto de enfado.

—Pero es tu hermano quien tiene ese texto, hermano del que jamás he oído ni un comentario, nunca me has hablado de él. —Guillem insistía.

—Mis hermanos están en la orden y conoces a muchos de ellos, y…

—¡Por los clavos de Cristo, Dalmau, no empieces con la versión oficial de tu vida! ¿No puedes darme ni un solo dato de tu auténtico hermano de sangre, de tu familia? —estalló Guillem antes de que Dalmau pudiera continuar.

—Esas cuestiones no son de tu interés, además no he visto a Adalbert desde hace mucho tiempo, sus opciones y las mías fueron totalmente diferentes. Y no soy quién para juzgar sus actos ni andar parloteando de su vida. —Dalmau cerró los labios hasta que se convirtieron en una fina línea.

—¿No puedes ayudarme o no quieres? —Guillem empezaba a estar desesperado—. ¿Conoces a un tal Acard de Montcortés?

—Le conoce medio mundo, lamentablemente. —Dalmau no se dignó contestar a la primera pregunta—. Sobre todo sus víctimas, aunque poco pueden decir dada la situación.

—¡Dalmau, por favor! —suplicó el joven—. ¿Es tu hermano un creyente cátaro, por eso le persigue Acard de Montcortés?

—Mi hermano Adalbert era un hombre que pertenecía a la pequeña nobleza occitana, vasallo del conde de Tolosa, como toda mi familia. Simpatizaba con la doctrina cátara porque eran buena gente y no hacían daño a nadie. —Dalmau arrastró las palabras, como si le costara un esfuerzo—. Se casó con una joven muy hermosa, y ella sí era creyente de aquella fe. Todo ello pertenece al pasado, Guillem, ya no queda nada de aquel mundo en donde nací y crecí, absolutamente nada. Eso es todo.

—¿Todo? ¿Por qué hablas de tu hermano en pasado, está muerto?

—¡No, no lo está, maldita sea, pero como si lo estuviera! —La mirada de Dalmau era penetrante, se esforzaba en no perder la paciencia—. No hay nada más que contar, Guillem, no puedo ayudarte, déjame en paz.

Dalmau se levantó de golpe, dejando a Guillem con la boca abierta. Le siguió lentamente, a unos pasos de distancia, hasta el privilegiado cementerio que guardaba la Encomienda de Gardeny, al oeste de la iglesia y adosado al frontispicio. Un porche en donde descansaban los restos de seis familias principales, donantes generosos y aliados incondicionales de la orden. Dalmau contemplaba las sepulturas en silencio, sin girarse. Guillem alzó los hombros en un gesto de resignación, sabía que no le diría nada más, y fue entonces cuando lo decidió. No

127

tenía ningún dato claro que le permitiera empezar su nueva misión, Dalmau era su único punto final, el inicio de un hilo de destino desconocido, y no le quedaba más remedio que pegarse a él como si fuera su sombra.

—¿No lo entiendes, verdad? —Las palabras del Bretón le sacaron de su ensimismamiento y le devolvieron al presente—. Debes irte, Guillem, no puedes seguir pegado a Dalmau como hasta ahora, lo vas a estropear todo.

—¿Estropear qué? —Guillem empezaba a estar realmente molesto—. ¿Es que ya no confiáis en mí? Pues lo siento, Jacques, no voy a largarme fácilmente, aunque os pongáis todos de rodillas y me cantéis un tedeum.

Ermengol de Prades abrió todas las ventanas, aunque sabía que sería inútil. Aquel olor repugnante se negaba a desaparecer, impregnaba cada muro, cada palmo de su sotana, una fetidez de ultratumba que se colaba entre los vivos. Su rostro era una máscara de cera, lívido, sin expresión.

128

—Sanç, el pobre Sanç, el infeliz nunca logró embarcar. —Los gemidos de Acard le llegaban desde la otra habitación.

Su primera reacción fue acudir a su lado, procurarle consuelo, pero algo le paralizó ante la ventana aspirando el aire fresco. Había estado toda la noche junto a él, vigilando para que sus pesadillas no le atraparan en su horror, procurando que Acard descansara unas horas. Sin embargo, ahora tenía que pensar con detenimiento, alejarse de las quejas de Acard que de nada servían. Era un hombre emotivo en exceso y en ocasiones lograba irritarle… ¿A qué venían tantas lágrimas por aquel asesino de Sanç? Debería alegrarse, aquel hombre era parte del pasado, de un tiempo que debía borrarse de la memoria. Acard no lo entendía, estaba tan convencido de su importancia que creía que nada podía perjudicarle. Pero no era así… Y Ermengol lo sabía perfectamente, había luchado con uñas y dientes para que el pasado no interfiriera en aquel futuro brillante. Los tiempos en que él y Acard habían traspasado todos los límites, aprovechando el momento en que no existían, ya habían pasado, aunque había gente dispuesta a no olvidar y su memoria les perseguía.

Ermengol aspiró con fuerza, incluso la brisa que llegaba de la ventana era maloliente, aquellos cadáveres resecos y putrefactos habían succionado todo el aire de la comarca, como si intentaran revivir a costa de asfixiarlos. Acard no lo comprendía, ni siquiera era capaz de definir aquel ahogo que le impedía respirar. Martí de Biosca, el canónigo Verat y el notario Vidal, eran sólo el principio que no se detenía. Sanç y Arnau de Cortinada, surgidos de la tumba para avisarles, la vieja cuadrilla de asesinos que arrasaba con todo lo que tenía por delante, la cuadrilla de Acard... Y la suya, naturalmente, él también había participado de aquella orgía de locura, a pesar de que siempre había expresado sus dudas y la conveniencia de aquel grupo. Había sido todo tan fácil, ¡tan endiabladamente fácil! La propia Inquisición había dejado a sus perros con la correa suelta, maravillados ante el festín que tenían ante los ojos, un territorio ilimitado y lleno de riquezas. Y una vez devorado el botín, había que volver al redil de la teología, a la frontera en donde se cruzaban el Bien y el Mal sin transgredirla, en el exacto punto medio. Transformarse en corderos alarmados ante la rebelión a su fe. No, Acard no lo entendería nunca, por eso estaba refugiado en su lecho, escondido bajo las mantas sin querer ver, llorando a un sangriento criminal que sólo obtenía placer a la vista de la sangre. Sanç les había servido bien, no había duda, tan bien como los otros, el resto de los diez hombres que les seguían ciegamente.

—Creo que todo está en orden, he vuelto a enterrarlos. —La entrada de Gombau le apartó de la ventana, obligándole a sumergirse en el aire viciado de la estancia.

—¿En orden?... Dime, Gombau, ¿sabes exactamente qué está pasando? —Ermengol se acercó al esbirro, sus manos apretaban un pañuelo sobre la boca—. ¿Tienes alguna idea de lo que significa este espanto?

—¿Sanç y Arnau de Cortinada? Pues llevan muertos mucho tiempo, fray Ermengol, alguien les atrapó y acabó con ellos, pero... ¿por qué razón desenterrarlos y traerlos aquí? —Los amarillentos ojos de Gombau barrían la estancia, desorientados.

—No son los únicos muertos en los que hay que fijarse, Gombau, hay una lista bastante larga que hemos dejado en La

Seu. Una lista que inquieta a nuestros superiores, y muy pronto querrán una explicación. ¿Qué crees que podemos decirles? —La voz de Ermengol era neutra, sin emociones.

—No lo sé, señor, es muy extraño. —Gombau se mantenía a la expectativa, no se le ocurría ninguna idea brillante—. Lo que os puedo asegurar es que la muerte de Sanç y la de Cortinada no fue muy agradable, no, señor.

—¿Alguna lo es, querido Gombau? —El dominico hizo el gesto de sentarse, pero retrocedió alarmado, no quería el lugar que antes había ocupado un cadáver en descomposición—. ¡Cambia el mobiliario lo más rápidamente posible, esta pestilencia va a acabar con nosotros!… Bien, pero antes quiero que pienses un poco, Gombau, no creo que te perjudique. Dime, ¿qué es lo que tenían en común todos esos hombres muertos?

—Que trabajaban para nosotros, fray Ermengol, eran hombres de la Inquisición, seguro que es por eso. Vos sabéis mejor que yo cuántos de vuestros hermanos han encontrado la muerte a manos de los herejes, esa gente es peor que la lepra y…

—¡No, no, no, Gombau, deja la herejía en paz! —cortó Ermengol con voz helada—. Esos hombres eran algo más que miembros de la Inquisición, eran parte de una pequeña comunidad de la que tú, amigo mío, también eras un activo miembro. ¿O ya no lo recuerdas?

El aspecto del esbirro cambió repentinamente, primero con la perplejidad en su rostro, después dejó paso a una expresión de lucidez. Sin que el rastro nauseabundo de su anterior ocupante pareciera preocuparle, se dejó caer en una de las sillas con las manos soportando el peso de su cabeza.

—¡El grupo de Acard! ¿Os estáis refiriendo al grupo de Acard? Pero de eso ya han pasado muchos años, señor, hace tiempo que se disolvió, no sé…

—No sabes, desde luego. —Ermengol no estaba dispuesto a darle tregua—. Lo que ocurre es que sabes demasiado, Gombau. ¿El grupo de Acard…? ¡Y el tuyo, maldito mercenario! Bien que te enriqueciste cuando fue el momento y no vacilaste en rebanar cuellos y prender fuego en las piras.

—Era por una causa justa, vos lo sabéis, servíamos a un Señor Superior y éramos hombres al servicio del Tribunal —se defendió Gombau con la voz rota—. ¡Eran herejes, por Dios!

—¡Deja de poner en tu boca el nombre de nuestro Señor, Gombau, no blasfemes! Ambos sabemos perfectamente qué era lo que tú y los otros defendían, hasta el mismo Tribunal puso en duda nuestras actuaciones, y no sabes el trabajo que me costó enderezar esa opinión. Algunos obispos y una parte del clero pedían nuestra cabeza, ¡imbécil!... Años para borrar nuestro rastro y ahora, ¡los propios muertos se levantan de sus tumbas! Y tú fuiste una parte importante, Gombau, te ordenamos que suprimieras cualquier atisbo de peligro, que rec-ti-fi-ca-ras, ¿me oyes?, que enmendaras nuestros errores de juventud. Te otorgamos carta blanca, maldito inútil, y dime, ¿para qué?

—He seguido vuestras órdenes sin discutir jamás, fray Ermengol, incluso he actuado en ocasiones a espaldas de fray Acard, siempre en cumplimiento de vuestras instrucciones. —Gombau bajó la voz, pero sus ojos mantuvieron la mirada de Ermengol, no estaba dispuesto a convertirse en cordero del sacrificio. Sin embargo, su tono se suavizó para continuar—. Y siempre, como sabéis, me he mostrado de acuerdo con vuestras decisiones.

—¿Tengo que tomarme tus palabras como una amenaza?

131

—Ermengol volvió a la ventana, inquieto. No había sido una buena idea cargarle las culpas a Gombau, era poco inteligente, lo que demostraba hasta qué punto estaba afectado por la situación. Debía sobreponerse, no permitir que aquel olor nauseabundo se apoderara de su cerebro. El problema era lo suficientemente complejo para exigir una mente despejada y clara. Aprovechó el silencio de Gombau para continuar—. Discúlpame, esto se nos ha ido de las manos, y estoy alterado. Ahora, más que nunca, nuestra colaboración ha de ser perfecta, Gombau, sólo nosotros podemos encontrar una solución. Ya sabes que no podemos contar con fray Acard en estos momentos, está demasiado afectado.

—Y cree que nuestro Señor en persona bajará para arreglar este entuerto —concluyó Gombau con una mueca de indiferencia.

—Olvídate de Él y guarda tus comentarios insolentes. —Ermengol seguía aferrado a la ventada, sin mirarlo—. Escucha, Gombau, existe la posibilidad de que todo sea una trampa, que *La llave de oro* no sea más que el humo de una gran hoguera para llamar nuestra atención, que esa lista de Bertran no exista y...

—No, fray Ermengol, esa lista no. —Gombau le interrumpió—. Posiblemente sea lo único real en todo este asunto. ¿Quién creéis que se está tomando tantas molestias para dirigir nuestros pasos? ¿Acaso pensáis que son vuestros propios compañeros del Tribunal? No, no tengo la menor duda, es Gaussac. Pensad con detenimiento, fray Ermengol, ¿quién tiene todavía cuentas pendientes con la antigua cuadrilla, y sigue vivo?

Ermengol se volvió con lentitud, clavando sus ojos en Gombau, los escasos cabellos ralos, veteados en gris, eran empujados por una suave corriente.

—¿Dónde se encuentran ahora Isarn y Fulck? —Ermengol pronunció los nombres con claridad—. Sólo ellos podrían dar fe de la locura de este asunto, son los únicos que quedan con vida de la cuadrilla, aunque quizás todo sea producto de la casualidad, Gombau, todas esas muertes... Una casualidad atroz, lo reconozco, pero también existe esa posibilidad.

—La casualidad no existe, fray Ermengol, aunque fuera vuestro deseo más profundo, yo no creo en ella. En cuanto a Isarn y Fulck, hace días que ordené que les transmitieran un mensaje, no tardarán mucho en llegar. —Gombau había recobrado el aplomo—. No podemos confiar en los hombres del Tribunal, fray Ermengol, harían demasiadas preguntas y sé que carecéis de respuestas adecuadas en estos momentos. Habéis luchado mucho para llegar hasta el lugar donde os encontráis, tenéis razón al decirlo. Ha llegado el momento de acabar de una vez por todas con las sogas del pasado, aunque para ello sea imprescindible volver atrás.

—Hablas como si estuvieras seguro de lo que está pasando, pero no tienes la certeza, Gombau. —Ermengol vacilaba, necesitaba tiempo para reflexionar—. Esos hombres, Isarn y Fulck, podrían comprometernos. A pesar de que fueron muy bien pagados para alejarse, dudo mucho que hayan abandonado sus malas artes, es posible que aún no haya llegado el momento de recurrir a ellos.

—¿Malas artes? —Gombau estalló en carcajadas ante el rostro estupefacto de Ermengol—. ¡Por todos los santos del Purgatorio! ¿Os habéis vuelto tan loco como fray Acard, habéis olvidado que son precisamente esas «malas artes» las que os han encumbrado hasta donde os halláis? Perdonad, fray Ermengol, pero creo que el poder ha cegado vuestra inteligencia. Y si vuestro deseo es manteneros en la duda, estáis en vuestro derecho, pero en lo que a mí se refiere, empezaré a correr en la dirección contraria a vuestros pasos y no me detendré hasta perderme en la lejanía más oscura. No es mi pretensión morir como Verat, como Vidal y los otros… No os gustará y lo entiendo, pero este asunto es muy simple, fray Ermengol, alguien se está deshaciendo de nuestras molestas almas y cobrando en la misma especie que nosotros despilfarramos alegremente. ¡En sangre!… ¿Lo entendéis?

Los lamentos de fray Acard resonaron en la estancia, sus plegarias en demanda de una explicación al Altísimo por sus muchos sufrimientos, acompañaban sus gritos llamando a su hermano Ermengol. Gombau reprimió otra carcajada contemplando el rostro pálido, casi del color de la cera, del dominico.

—Y bien, fray Ermengol, saldré a dar una vuelta para comprobar que no haya ningún rostro familiar acechando, ni que nuestros escasos hombres se duerman de aburrimiento. Después volveré y escucharé vuestra decisión, y según sea la que toméis, me permitiré el privilegio de elegir.

Un perro salió corriendo a toda velocidad tras una rama que volaba, cruzándose en el camino de un renqueante Dalmau. El anciano tropezó, extendiendo sus brazos para amortiguar el golpe que lo precipitó al suelo.

—¡Por todos los demonios, qué clase de monstruo es ése! —logró balbucear en una postura un tanto ridícula.

—¡Perdonad, frey Dalmau, no os había visto! —Ebre surgió de la nada, acudiendo en su ayuda.

—¿Qué es, un jabalí o un lobo? ¡Cielo santo! —Dalmau miraba en todas direcciones, incorporándose gracias a los fuertes brazos del muchacho.

—No frey Dalmau, sólo es un perro. —Ebre acompañó al viejo templario hasta una roca sobre el río y lo ayudó a sentarse, poniendo en orden la capa, ante los gestos de malhumor y rechazo de Dalmau.

—¿Y de dónde ha salido? —preguntó Dalmau, obsesionado aún por la veloz silueta que había interrumpido su paseo.

—No es de nadie ni de ningún lugar, frey Dalmau. Yo pensaba que les pertenecía a ellos, pero los hermanos Hospitalarios de Susterris me han dicho que es un vagabundo obstinado en quedarse aquí. Lo que os puedo decir es que nació en este lugar y que pensaron que sería un buen perro pastor para el ganado. Pero parece que el animal no lo es, dispersa a las ovejas en vez de reunirlas, las asusta y las muerde, y lo echaron. El pobre todavía no lo ha entendido, cree que ésta es aún su casa.

—Vaya, vaya, un alma errante. —Dalmau, más tranquilo, comprobaba que todos sus huesos siguieran en el orden adecuado—. Y como tú andas un poco aburrido, has decidido alegrarle la vida.

El perro volvía con la rama en la boca, agitando la cola con furia. De su raza poco se podía decir, una espesa capa de pelo lo envolvía completamente, marrón y ocre, casi sin dejar espacio a sus ojos. Se plantó ante Ebre, dejando la rama a sus pies, con la lengua rosada fuera.

—No es justo, frey Dalmau, quizás no le han enseñado bien. ¿No os parece? —Ebre se inclinó para acariciar la cabeza lanuda, que exhaló un suspiro de satisfacción.

—Es posible, aunque también lo es que este pobre animal no esté interesado en ovejas o cabras. Quizás le gusten las emociones más fuertes, como arrasar con todos los ancianos que se encuentra. —Dalmau contemplaba al animal con prevención—. Te llenará de pulgas, o de algo peor.

—¿Por qué estáis tan enfadado, frey Dalmau? —La pregunta sorprendió a su destinatario.

—¿Enfadado yo? ¡Qué tontería! No estoy enfadado, sólo sobresaltado por este ataque repentino.

—No es verdad, desde que salimos de la Encomienda de Gardeny estáis enfadado. No os había visto nunca así, frey Dalmau. Incluso el Bretón parece triste, y tampoco le había visto nunca con este humor, antes siempre se reía o gritaba y sus carcajadas podían dejarte sordo, ahora está silencioso y ni siquiera discute con Guillem. Pasa algo, frey Dalmau..., ¿qué es? —Ebre evitaba mirar al anciano, su vista estaba clavada en el perro.

—¡Menudo par de filósofos que me ha tocado en suerte! —exclamó Dalmau con una sonrisa—. Veo que sigues los pasos de Guillem en la maldita dialéctica. ¿Y cómo se llama este animal?

—Estáis cambiando de tema, frey Dalmau, lo cual quiere decir que no estáis dispuesto a contestarme. Y me entristece porque no lo entiendo, creo que me pasa lo mismo que a Guillem, él tampoco lo comprende. —Los oscuros ojos del muchacho se alzaron, limpios, en una muda interrogación—. Y este animal, como lo llamáis, no tiene nombre porque ni eso le otorgaron. Pero yo voy a regalarle uno para que se sienta más acompañado y lo llamaré *Riu*.

—¿*Riu*?... ¿Así, sin más?

—Ya sabéis que nuestra orden me dio el nombre de Ebre, entre otros, en memoria del río en que murió mi padre, al tiempo que perdonaba mi vida. O sea, que el perro se llamará *Riu*, simplemente, de esta manera estaremos unidos por la corriente de todos los ríos. Había pensado en llamarlo Noguera, pero es demasiado largo y creo que no le gustan las cosas determinadas en exceso, como las ovejas o las cabras.

—Lo que decía, un filósofo —murmuró Dalmau con la cabeza ladeada—. ¿Y qué tiene que decir Guillem de tu nueva adquisición?

—Nada. Ya os he dicho que está triste y de malhumor, creo que ni tan sólo se ha dado cuenta de la presencia de *Riu*. Todos vosotros estáis extraños, como si os hubierais ido de repente, sin avisarme. —Ebre calló al ver que Jacques *el Bretón* se acercaba.

Las largas zancadas del Bretón, a pesar de su cojera, vibraban en la tierra húmeda provocando que el perro levantara las puntiagudas orejas en señal de aviso. Ebre se levantó con rapidez, recuperando la rama y volviéndola a lanzar, para correr tras el animal que salió disparado como una flecha. El Bretón se sentó junto a Dalmau, contemplando las cabriolas del muchacho.

—No se va a ir, Dalmau, deberías decírselo de una maldita vez. Ya le conoces, es obstinado, se pegará a nuestra sombra y no nos lo sacaremos de encima. A no ser que quieras que le arree un buen puñetazo que le deje dormido unos días.

135

—¡Por todos los santos! —Dalmau estaba escandalizado ante la sugerencia del Bretón—. Nunca nos lo perdonaría, ¿has hablado con él?

—Varias veces, le he suplicado que siguiera su camino, que…, ¡en fin! Le conoces tan bien como yo, Dalmau. Guillem no se dejará engañar, le han dado una única pista para su trabajo, y esa pista eres tú… Lo que me lleva a pensar que quizás la orden quiera tenerte vigilado, no se fían de nosotros en este asunto.

—Desde luego, ya contaba con ello, pero no me esperaba que pusieran a Guillem de sabueso tras nuestros pasos. Un error por mi parte, porque yo hubiera hecho lo mismo. —Dalmau levantó la vista hacia los altos muros de roca de la garganta. El lugar era lóbrego, siniestro, el sol era incapaz de atravesar las altas paredes que protegían el barranco—. Comprendo el motivo de los Hospitalarios para trasladarse a Talarn, este sitio parece de pesadilla, aunque agradezco su hospitalidad y las facilidades para encontrar un buen refugio.

—Dalmau, ¿qué diablos quieres hacer? No podemos quedarnos aquí hasta el fin de los siglos. —Jacques lanzó una piedra a las aguas del torrente—. Me han dicho que Acard de Montcortés está en Tremp, tan cerca de nosotros que puedo oler los efluvios de su hábito… El tiempo vuela, amigo mío, y no falta mucho para nuestra intervención. Habla con Guillem, él lo entenderá, lo sabes de sobra.

—¡Maldita sea, Jacques, siempre lo ves todo fácil, y no lo es! —Dalmau se giró hacia su compañero con una mueca de irritación—. Y las consecuencias, ¿no has pensado en ellas? Nos arriesgamos a perder todo lo que nos importa, el hábito y nuestra pertenencia a la orden. ¿Quieres eso para Guillem, que se vea envuelto en algo de lo que no podrá salir? Nosotros ya estamos viejos, el riesgo es mínimo, no tenemos nada que perder.

—Es un chico listo, se ha salido de cosas peores, ¿o no lo recuerdas? Deberías saberlo mejor que nadie. —Jacques no estaba impresionado por el tono de su compañero—. No hay mucho donde elegir, Dalmau. O se lo dices de una maldita vez y contamos con su ayuda, o te quedas aquí como un viejo quejica, dándole vueltas a la cabeza hasta marearnos a todos.

Dalmau intentó responder, abrió la boca para vomitar todos los insultos que se le ocurrían contra su compañero, pero la cerró de golpe. Sabía que Jacques tenía razón. Movió la cabeza de lado a lado, envolviéndose en la capa blanca empapada de tierra y humedad. Las cosas no iban tal como él pensaba, se había equivocado, y aunque no tuvo ninguna duda de que la orden autorizaría el viaje, ¿iban a dejarle ir sin más, sabiendo lo que sabían de su familia, de Adalbert y de *La llave de oro*? No, hubiera tenido que pensarlo antes, se estaba haciendo viejo y tonto. El largo brazo del Temple quería saber, acaso protegerlo de sí mismo, y debía reconocer que sólo había una persona capaz de hacerlo: Guillem, su pupilo. Ahora la situación daba un giro perfecto, el alumno se convertía en maestro, era él quien proporcionaba el manto protector a Dalmau. Lo que le preocupaba profundamente era perjudicarlo. ¿Entendería Guillem aquella maldita historia?

Dalmau lanzó un sonoro suspiro. Jacques le pasó un brazo sobre los hombros, como si quisiera resguardarlo de la decisión que tenía que tomar. Sentía su mano, grande y cálida, sobre su hombro. Había gozado de unos inmejorables amigos, la vida le había obsequiado con lo mejor que un ser humano puede desear, y ahora, en sus últimos días, se veía lanzado a la peor pesadilla. Y sin embargo, sus amigos seguían allí, arrastrados por aquella vorágine de tiempos pasados. ¿Pasados?... No, Dalmau no estaba seguro de que fuera así, más bien parecía que el tiempo hubiera enloquecido en un retorno sin fin, un extraño reloj que se impulsaba hacia atrás con todas sus fuerzas.

137

Fulck, llamado *el Francés* por sus compinches de armas, mantenía a su caballo al trote ligero, sin prisas. Había recibido el mensaje de Gombau hacía tres días y no le había gustado, no tenía el más mínimo interés en volver a ver a la antigua cuadrilla. Siempre había sospechado que, de una manera u otra, Ermengol de Prades hubiera deseado deshacerse de ellos, eliminarlos hasta convertirlos en una materia inexistente. Le habían llegado rumores de la actual posición de Acard, un miembro distinguido del Tribunal, aquella maldita hiena ambiciosa lo había conseguido, y a buen seguro que la sombra de fray Ermengol andaría pegada a sus talones. Eso reforzaba sus sospechas, los miembros de la antigua cuadrilla sólo representaban un estorbo en aquella ascendente carrera. ¿Por qué la llamada urgente, qué demonios pretendía Gombau, el perro fiel de Ermengol? Nada bueno, pensó, sobre todo para él.

El camino de descenso bajaba suavemente y las rocas dejaban paso a la hierba, marcando el sendero que dejaba la línea recta para dibujar pequeñas curvas en zigzag, perdiéndose en el umbral de un bosque de encinas. El Francés tiró de las riendas frenando a su montura y dejando que recuperara el paso lento. Aún no estaba seguro de acudir a la cita. Sin embargo, la curiosidad por descubrir las intenciones de Gombau era demasiado fuerte, acaso hubiera un buen negocio a la vista, un negocio que necesitara de la más absoluta discreción. O simplemente fuera una trampa, la araña llamaba a la mosca atrayéndola con un buen bocado, esperando que se dejara engañar y presta a un ataque rápido. El Francés sacudió la cabeza con energía, sujetando de nuevo a su montura, inmóvil, como si un mal presentimiento le hubiera petrificado. Miró a su alrededor, la soledad del paraje le deprimía y la duda no hacía más que avanzar en su ánimo. ¿Qué maldita razón le impulsaba a acudir a la llamada? Ahora estaba limpio, había abandonado aquella vida de sangre y fuego, y con el dinero de los antiguos saqueos había comprado una pequeña propiedad. Se había casado, gozaba de una vida tranquila, sin amenazas… Aunque había un grave problema: Gombau le había localizado, el mensajero que le entregó su nota había llegado hasta el portal mismo de su casa. ¿Cómo sabía dónde localizarle, el condenado esbirro?… Fulck había sido cuidadoso durante años, borrando sus huellas y cambiando de nombre, poniendo leguas de distancia entre él y sus antiguos compinches. Temiendo, siempre temiendo este momento. Un escalofrío le recorrió todo el cuerpo, había sido un ingenuo al pensar que podía empezar una nueva vida, cuando ni tan sólo recordaba con precisión la vieja. En aquellos lejanos tiempos estaba sumergido en vino y cerveza, siempre con la mente embotada, sin recordar nunca el día anterior, la noche anterior, el minuto anterior… Sin embargo, había retazos, fragmentos de su memoria que se negaban a desaparecer y que conseguían despertarlo por las noches aullando como un loco.

Se dejó caer del caballo, recogió las riendas y llevó al animal hasta el bosque, aliviándole del peso de la silla y de las alforjas. Lo dejó pacer, sin atarlo, necesitaba pensar. Tenía la extraña sensación de que su vida pendía de un hilo, un presentimiento atroz que formaba un nudo en su garganta. Pensó que comer le aliviaría, su estómago daba señales inequívocas exigiendo alimento y al menos había sido capaz de comprar unos cuantos víveres para el trayecto. Fue una suerte encontrar a aquel extraño hombre, aquel curandero tan famoso, y había hecho cola pacientemente hasta que le tocó el turno. Su estómago no dejaba de crearle problemas, aquel dolor repentino que le doblaba en dos, un hierro candente que le atravesaba de parte a parte, torturándole. Aquel enano deforme se había interesado por su enfermedad haciéndole cien preguntas, a cuál más absurda: «¿Y desde cuándo sufrís estos dolores?»; «¿En qué lugar empieza el dolor y cuál es su trayecto?»; «¿Os duele por la noche o durante el día?»… Finalmente, y tras palparle todo el cuerpo, le había recetado una pócima, un jarabe de hierbas, aconsejándole que se alejara de cualquier tipo de vino, ¡menudo consejo! A pesar de todo, no podía negar que al primer sorbo del jarabe, el dolor se había dormido. Lo notaba, desde luego, como si un ser vivo en forma de serpiente anduviese enroscado en su interior, escondido en sus intestinos, callado e inmóvil. El enano había sido muy explícito, sólo dos sorbos al día porque más podían provocarle molestias, debería tener mucho cuidado. El Francés buscó en sus alforjas, otro trago de aquel elixir no sería tan malo, ¿qué demonios sabría aquel enano de su dolor? Llevaba unas horas esperando, sintiendo el movimiento del reptil en el centro de su ombligo, dispuesto a lanzarse contra él y partirlo en dos. No, eso no ocurriría si él podía remediarlo. Bebió un trago largo de la pócima, tenía un sabor agradable a tierra húmeda y a lluvia de mayo. Pasearía un rato, pensaría, acaso diera la vuelta y volviera a casa… Si tenían que matarle, que lo hicieran entre todo aquello que le era familiar, que le había costado tanta sangre poseer. No volvería a huir, tampoco a matar.

Una sombra desapareció tras unos arbustos bajos, perfilándose en el verde claro. Fulck se sobresaltó, desenvainando la espada y mirando a todos lados. Dio un paso en aquella dirección con la sospecha en su mirada. Le estaban siguiendo, era probable que Gombau hubiera elegido el lugar para una emboscada, un bosque anónimo para una muerte anónima. La sospecha empezaba a convertirse en certeza, por fin algo real y sólido. No debía preocuparse, jamás había dejado de lado su pericia con las armas y era uno de los mejores... ¿Por qué si no Ermengol lo había escogido? Un ruido a sus espaldas le hizo girar con la velocidad de una liebre, una sombra gris, casi transparente, le hacía señales escondida parcialmente tras un tronco. ¿Qué demonios era aquello, se habían vuelto locos... o estaban tan seguros de sus fuerzas que ni siquiera pretendían esconderse? Una ráfaga de viento se llevó a la sombra gris volando, como una voluta de humo alargada que se deshacía en el aire. Los ojos de Fulck se abrieron, sus pupilas dilatadas mostraban el asombro más genuino. ¡Por todos los diablos, aquellos asesinos estaban jugando con él, pensando que todavía andaba ciego de vino, incapaz de pensar y de ver! Se dirigió hacia el lugar donde la sombra había desaparecido, rastreando posibles pisadas y con la vista clavada en el suelo, cuando oyó los murmullos: «¡Es él, es él, es él!», susurraban las voces desde direcciones diferentes, convergiendo en el centro exacto de donde se encontraba. Fulck giró en redondo, la espada extendida marcando un círculo de protección a su alrededor, la mirada taladrando cada árbol, cada mata de maleza. Las voces callaron un segundo, para reunirse en un solo coro que parecía alejarse: «¡Es él, es él, es él!», una línea recta de sonido que se adentraba en dirección sur. El Francés siguió su trayecto, primero con cautela para después correr como un poseso, cortando ramas y matorrales con la espada, gritando a sus perseguidores para que se mostraran, llamándoles para que no ocultaran su cobardía. De golpe, un crujido seco estalló a sus pies, cientos de ramas viejas partiéndose en un concierto eterno, sin tiempo para reaccionar, a pesar de que su instinto le advertía del peligro inminente. Inmóvil durante un breve segundo, el Francés se hundió en medio del crepitar de las ramas secas, los brazos extendidos en busca de un sostén que resbalaba, arañando la tierra que se hundía en un pozo oscuro. El viaje hasta el fondo del abismo le pareció un trayecto sin fin, el vacío giraba en un torbellino de viento, restos de ramas y hojas marchitas, en tanto se precipitaba en la oscuridad. El golpe que su cuerpo produjo al encontrar tierra firme, sonó en sus oídos como un trueno de tormenta y aún vibraba el suelo cuando pudo abrir los párpados. Sus ojos tardaron un tiempo en acostumbrarse a la penumbra del fondo, buscando el motivo del dolor que le mantenía paralizado, incapaz del más mínimo movimiento. Fulck, *el Francés* para sus compinches, lanzó un alarido inhumano ante la visión que las sombras le permitían. Largas y afiladas estacas atravesaban su cuerpo de parte a parte, la sangre se agolpaba en su boca pugnando por salir de sus venas, por escapar de aquella prisión que se desmoronaba. A los lejos, en lo alto del pozo, en un círculo perfecto de luz, las sombras grises se asomaban al pozo, transparentes, señalándole con sus largos brazos de humo. «¡Es él, es él, es él!»

141

Capítulo IX

Adalbert de Gaussac

«Conocí a un hombre sabio hace ya mucho tiempo. Decía que la única manera de contemplar la Verdad y conocerla era a través de la Oscuridad. Nadie que no penetre en ella la conocerá. Porque mantenía que esa Verdad que yo buscaba era el conocimiento absoluto de todas las cosas, siempre alejado de la luz, escondido en los pliegues de la penumbra. Entonces no le comprendí, era joven, convencido de que mi fe era suficiente salvaguarda…, también tuve miedo. Si he de ser sincero, mi temor superaba con creces a mi fe. Acaso ahora sea el momento, a pesar de haber huido siempre de las tinieblas, ellas vienen a buscarme, han cogido mi mano y me han traído hasta aquí, en el umbral de la Oscuridad. Sólo tengo que dar un paso, un pequeño y difícil paso.»

DALMAU

Caía una fina llovizna, helada y constante. El día amanecía gris, con el color del plomo que parecía impregnar todo el paisaje. Las escarpadas rocas de la garganta matizaban el rojo mineral con una pátina oscura, sobresaliendo un negro mate en cada una de sus oquedades. El río, ceñido al estrecho barranco, corría en un rugido elevado golpeando las rocas a su paso y lanzando destellos de espuma.

Guillem se acercó a una pequeña cueva cerca de la casa, un mínimo agujero resguardado por una roca plana con ínfulas de balma. Dalmau estaba sentado, con la vista clavada en las revueltas aguas.

—Si sigue lloviendo, esto va a inundarse. Uno de los hermanos Hospitalarios me ha dicho que ocurre con más frecuencia de la deseada, y están trasladando a las aves de corral a una zona más elevada. ¿Me oyes, Dalmau? —Guillem se inquietó ante la postura abstraída del anciano templario.

—Siéntate, tengo que hablar contigo. —Dalmau despertó de golpe.

—Eso me ha dicho Jacques, pero si vas a empezar a explicarme las razones por las que tengo que largarme, estás perdiendo el tiempo. No me gusta, Dalmau, este asunto tiene peor aspecto a cada instante que pasa y…

—¡Por todos los santos, quieres callarte y dejarme hablar! —El enfado marcaba cada arruga del rostro de Dalmau—. Esa precipitación en opinar siempre antes de escuchar consigue sacarme de mis casillas, Guillem, ¿tan mal maestro he sido?

Guillem no contestó, bajó la cabeza en señal de reconocimiento, guardándose mucho de replicar. Se sentó a su lado, envolviéndose en la capa oscura y apartando los pies de un considerable charco que se estaba formando ante la pequeña cueva.

—Ésta es una historia complicada, Guillem, necesito de toda tu atención porque es lo suficientemente desagradable para no tener que repetirla. —Dalmau lo escudriñaba en busca de una posible muestra de impaciencia, pero el joven mantuvo la boca cerrada—. Ya te expliqué que mi hermano Adalbert era un *faidit*, un noble de las tierras de Oc desposeído de todo durante la Cruzada de los franceses. Esa Cruzada se realizó con el apoyo y el empuje de Roma, y con la ambición de los barones del norte por robar unas tierras fértiles y ricas. Encontraron una inmejorable excusa en la herejía cátara, y sería estúpido negar que esas ideas impregnaban toda Occitania… Supongo que sabes de lo que te estoy hablando.

—De los «Buenos Hombres», así se llamaban ellos, los cátaros —insinuó Guillem con precaución.

—Sí, tienes razón. Y que Dios me perdone, pero de todos los que conocí jamás pude pensar mal de uno de ellos, ni encontrarles falta alguna. Aunque no deseo hablarte de su religión, ni tampoco de esa cruel guerra, sino de sus consecuencias. —Dalmau aspiró con fuerza—. Sabes tan bien como yo que la guerra sólo aporta penalidades sin fin, pero en las tierras

143

de Oc fue especialmente sangrienta, el ensañamiento no tuvo límites durante un largo tiempo. Roma se implicó a fondo en el derramamiento de sangre, cristianos contra cristianos, dilapidando fortunas que hubieran tenido que dirigirse hacia Tierra Santa. El largo brazo romano, convertido en tribunal de la Inquisición, colaboró en aquella matanza y la ambición acabó con muchos inocentes. Cuando los obispos fueron retirados como jerarquía del Tribunal, y éste pasó a ser una institución independiente dirigida por la Orden de los Predicadores, creo que el asunto se les fue de las manos. La ambición y el fanatismo corrompen a los seres humanos, Guillem, y ni siquiera un hábito es un talismán suficiente para evitarlo. Muchos clérigos y eclesiásticos con intereses personales entraron al servicio del Tribunal, se volvieron locos, muchacho, tan locos como los nobles franceses a los que decían apoyar. El saqueo fue brutal, como si una enorme ola de fuego hubiera barrido una nación entera, ni la langosta es capaz de trabajar tan velozmente. Esa ola abrasó a mi familia casi al completo. Y yo me senté a contemplarlo… sin hacer nada.

—Lo cierto es que poco podías hacer, Dalmau. La orden no quiso intervenir ni apoyar a ningún bando, se retiró prudentemente para continuar su trabajo. —Guillem contempló cómo dos gruesas lágrimas rodaban por las mejillas de su amigo, sintiéndose impotente ante su tristeza.

—Podía o no podía, Guillem, a pesar de la orden, somos responsables de nuestras propias decisiones, y ocultarme tras las resoluciones del Temple nunca me sirvió para nada… Y no es exacto que siempre mantuviéramos esa extraña neutralidad, los hermanos del Mas-Déu ayudaron a más de uno. —Dalmau se secó las lágrimas con la mano—. Lo que importa ahora es que yo no ayudé a mi hermano ni a nadie de mi familia, es así de sencillo. Adalbert, mi hermano, se enroló con las tropas del conde de Tolosa hasta el fin, luchando con uñas y dientes para conservar lo que durante cientos de años había sido patrimonio de mi familia. Y después, el pobre hombre inició un viaje sin destino, huyendo a cada instante siempre, intentando proteger lo poco que le habían dejado. Planeando su venganza día a día. Y aquí es donde aparece nuestro personaje, Acard de Montcortés.

Dalmau calló, con la mirada perdida, sus manos apretadas con fuerza sobre sus rodillas. A lo lejos, Ebre perseguía a su nuevo amigo, empapados ambos, muchacho y perro, en una enloquecida carrera.

—Acard de Montcortés estaba al servicio del obispo de Tolosa, uno de los peores entonces, y supongo que aprendió mucho con él. Y cuando la Inquisición se convirtió en un cuerpo independiente, el obispo se encargó de colocarlo en un buen lugar de partida —siguió Dalmau con voz apagada—. Desde el principio, se estableció una enemistad profunda entre mi hermano y él, algo absolutamente personal, ese tipo de rechazo inexplicable convertido en odio. Acard había sido compañero de juegos de Adalais, la mujer de mi hermano, en la infancia. Sus familias se conocían y los padres de Acard deseaban que éste estudiara en Tolosa, que se convirtiera en un eclesiástico con futuro. Desde muy joven tuvo un sentimiento extraño y poderoso hacia ella, una pasión contradictoria en la que el odio iba creciendo en una inútil batalla contra sus propios sentimientos. No cejó hasta que Adalais adaptó para él la forma exacta de la herejía, borró su naturaleza de mujer para convertirla en el Anticristo en persona. Su pasión se convertía en un odio ciego que crecía sin límite. Por entonces, Acard ya había formado una cuadrilla propia, sus «Soldados de la Verdad», les llamaba, un grupo de mercenarios, asesinos y leguleyos dispuestos a dar legitimidad a su carnicería particular. Sus superiores miraron en otra dirección, no había duda de que Acard era un perro que les servía bien y los tiempos no estaban para miramientos. Cuando alguien le llamó la atención, ya era tarde para mucha gente… Sin embargo, Adalbert intentó sacar a la luz sus crímenes, quería denunciarlo y acabar de una vez con aquella locura.

—¿Y qué ocurrió con la familia de Adalbert? —preguntó Guillem cada vez más interesado.

—La guerra en el país de Oc, la dulce Occitania, estaba perdida y la desbandada era general. Los supervivientes de aquel horror corrían en todas direcciones con la sola pretensión de salvar el pellejo. Adalbert huyó con su mujer y sus hijos, y unos pocos sirvientes fieles…, o lo intentó. Créame, lo intentó con todas sus fuerzas, aunque las circunstancias no le ayuda-

145

ron. Se vio obligado a detenerse en su huida, su mujer estaba encinta y a punto de dar a luz. La dejó en manos de confianza, avanzando para encontrar un lugar seguro, y ese comprensible error le perseguiría el resto de su vida, pero ¿qué otra cosa podía hacer?

Dalmau volvió a enmudecer, controlando las emociones que pugnaban por huir de sus pupilas. Arregló los pliegues de la capa, pasando su mano por la tela, recuperando el aire que se escapaba de sus pulmones. Guillem respetó el silencio, entendía el dolor que transmitía el viejo Dalmau.

—Ten paciencia, Guillem, ya te he dicho que no es fácil de explicar —susurró Dalmau en un hilo de voz—. Adalais quedó muy débil tras el parto, pero quiso emprender el camino a la semana del nacimiento de su nueva hija, correr tras la seguridad y el amor de su marido. Y aquella pequeña comitiva se puso en marcha: dos de los mejores hombres de mi hermano, que habían luchado, codo a codo, a su lado; Garsenda, la fiel sirvienta, y su hijo; la hermana menor de Adalais, una niña entonces; los gemelos… ¿Sabes que Adalbert y yo éramos gemelos, Guillem? Parece que es una tradición familiar, sus hijos mayores también lo eran, tenían entonces seis años…

Un sollozo quebró la voz de Dalmau, y el intento por controlarlo sacudió su débil cuerpo. Sus manos sostuvieron la cabeza vacilante, era un peso que le resultaba difícil transmitir, negando con un movimiento acompasado de su rostro.

—Dalmau, no es necesario que continúes. —Guillem apoyó un brazo sobre su hombro, intuyendo el final de la historia—. Es fácil de adivinar que Acard y su cuadrilla les encontraron.

—No sólo es necesario, Guillem, es imprescindible para que lo entiendas. Los hombres de Adalbert fueron despedazados por los caballos, violaron a Adalais y a Garsenda uno a uno hasta quedar satisfechos, y apalearon a los pobres gemelos hasta que su rostro desapareció entre la sangre…, y luego, ¡Dios Santo! Formaron una gran hoguera y esperaron a que los torturados recobraran la consciencia… ¡Los lanzaron al fuego, vivos!

Dalmau se levantó de golpe, encaminándose al río bajo la lluvia que arreciaba. Las aguas del barranco subían peligrosa-

146

mente, rebasando las piedras que contenían su furia y conquistando terreno palmo a palmo, sin prisa para recuperar lo que les pertenecía. Guillem esperó unos instantes y siguió a su compañero.

—Sólo lograron salvarse tres... El hijo de Garsenda y la hermana menor de Adalais, con la recién nacida en los brazos. Se los había educado para la huida, ¿sabes? Escondidos contemplaron todo aquel horror, hasta que quedó fijado en sus pupilas. —Dalmau parecía estar hablando a la lluvia—. Criaturas que sólo habían visto sangre a su alrededor, la locura de los hombres ante su horrorizada mirada. ¿Cómo Dios puede permitir esa carnicería?

—Dios poco tiene que ver en los asuntos de los hombres, Dalmau —susurró Guillem con suavidad—. Tú lo sabes mejor que nadie. Incluso, a veces, es posible que aparte su vista para no contemplar tan espantosa visión.

—¡Acaso no debería hacerlo! —Las facciones de Dalmau se endurecieron—. Necesito unos minutos para reponerme, Guillem, por favor. Te lo suplico, muchacho, déjame solo un breve tiempo.

El joven asintió con un movimiento pausado de su cabeza, dando unos pasos atrás y volviendo al pequeño agujero. Contemplaba la figura encorvada de Dalmau bajo la lluvia, el peso insoportable que había vencido su porte natural, siempre erguido y con la cabeza alta, su paso aristocrático y seguro. Descubría a un nuevo Dalmau, envejecido por la enfermedad y el dolor de sus recuerdos. Vacilando a las puertas de su fe y tambaleándose en su fidelidad absoluta a la orden a la que pertenecía, dudando de todo aquello que le había hecho vivir. Comprendió la tristeza infinita que asomaba por aquellos ojos grises, penetrantes, aquellos ojos acostumbrados a servir fielmente con una obediencia inquebrantable. El seguro mundo de Dalmau se derrumbaba, y él estaba allí, contemplado la caída sin poder hacer nada.

Se pegó a la pared y avanzó apresuradamente, conteniendo la respiración. Hacía unos segundos, había oído con claridad las pisadas que la seguían, el especial ruido de unos pies avanzan-

147

do en medio de la lluvia y evitando los charcos con cautela. Desechó la idea de que pudiera tratarse de un simple ladrón, la experiencia le indicaba que nunca había existido una solución fácil a sus problemas. Calibró la situación sin perder la calma, aquélla era una calle demasiado estrecha y los portales aparecían cerrados a cal y canto. Unos metros más adelante, a la derecha, se abría una bocacalle, un agujero difuso que la lluvia le impedía ver. Pensó que podía tratarse de la subida al castillo, una vía empinada que dibujaba un recodo casi en ángulo recto donde el agua bajaba en cascada, recogiendo cada gota del chaparrón que caía del terreno más alto. Adalais se detuvo, con el oído atento, pensando con rapidez. No deseaba dirigir a su perseguidor en la dirección correcta, aunque sus posibilidades de elección eran escasas. Un brusco chapoteo sonó a su izquierda, provocando que todo su cuerpo se pusiera en tensión. Entró en la empinada calle dejándose llevar por su intuición, con la mano repasando el muro, presionando con suavidad cada puerta que encontraba. Cuando llegó al recodo, palpó un pequeño entrante, un resquicio del muro que se curvaba ajustándose a la forma de la roca que lo sostenía. Respiró hondo, cerrando los ojos, deslizando su cuerpo en la abertura. Su mano se dirigió sin vacilación hasta la empuñadura de la daga en su cintura, sacando el arma y cerrando el puño con fuerza. Pasaron pocos instantes hasta que una sombra se destacó entre la cortina de agua, desorientada en el centro del recodo, con las manos extendidas como un ciego. Adalais se fundió en el muro que la protegía, rezando para que su perseguidor no decidiera pegarse a la pared para orientarse. La sombra se dirigió a la derecha hasta encontrar la sólida textura de la piedra, en el lado contrario de donde se encontraba la joven, avanzando con lentitud. La lluvia arreciaba con tal fuerza que su estrépito no permitía oír más que el golpeteo monocorde de su ritmo. Con esfuerzo, Adalais vio que la silueta se perdía al final del recodo, pero permaneció inmóvil, atenta, concentrada en sus dos manos que aferraban el arma ante sí, con la hoja siguiendo el eje de su cuerpo, lista para cambiar de dirección en unos segundos.

Había creído despistar a sus perseguidores en el bosque de la Mata de Valencia, aunque no por ello había bajado la guardia, las enseñanzas de su padre no contemplaban nunca esa po-

148

sibilidad. Escogió caminos poco transitados, huyendo de la presencia humana, perdiéndose en alguna ocasión en atajos que no llevaban a ninguna parte. Pero sabía que aquella calma desaparecería al llegar a la ciudad de Sort. Esperó al atardecer, momentos antes de que cerraran los portales de la muralla, con el cobrizo pelo escondido en un amplio sombrero y embozada en una capa. Sin embargo, en el momento preciso de cruzar el umbral de la puerta, supo que alguien había detectado su presencia. Había agradecido al Señor aquella lluvia torrencial que difuminaba su silueta y que la confundía con el resto de la gente que huía corriendo, todos en busca de la protección de sus hogares. También agradeció la idea que tuvo de dejar a *Betrén* en uno de los prados altos que rodeaban la ciudad, aquel animal era más reconocible que ella y mucho menos fácil de esconder.

Adalais se concentró de nuevo en los sonidos que se movían a su alrededor, apartando las banalidades de su mente y adivinando cada rumor, el eco de cada gota de lluvia que resbalaba por su rostro. Un murmullo diferente atrajo su atención, el roce de una mano vibrando en el muro en que se hallaba escondida, a unos pocos palmos. Sus manos cambiaron de dirección con suavidad, alzando la afilada hoja de la daga ante sí, procurando que el destello del metal se mantuviera en la sombra. La vibración se acercaba, un resoplido ronco e intermitente que lanzaba vaharadas de calor húmedo e irregular. Unos dedos rozaron el ala de su sombrero, extrañados ante el cambio súbito de textura, sin que tuvieran tiempo para reflexiones más profundas. La daga partió con la velocidad del rayo, hundiéndose en una materia blanda sin encontrar resistencia. Un sonido gutural se mezcló en el estruendo de la lluvia sin alterarlo, y Adalais notó el peso de unos brazos que se extendía hacia ella, que intentaban encontrar un apoyo, manoteando en su cuerpo y resbalando hacia el suelo. Acompañó la caída de su perseguidor sin dejar la empuñadura de su afilada arma, sin ni siquiera ver el rostro asombrado que se desplomaba ante ella. De un golpe seco recuperó la daga, apartando el cuerpo para salir de su refugio y sin dejar de observar a su alrededor. Aquellos sicarios no acostumbraban a ir solos, pero todo hacía pensar que habían abandonado a aquel infeliz a su suerte, acaso en

149

la creencia de que la ciudad protegería a sus hijos. «Mala suerte, maldito bastardo», pensó Adalais sin una pizca de remordimiento. Si la fortuna lo permitía, ya tendría tiempo para la penitencia y la reflexión. En pocos instantes, su silueta se había perdido entre la lluvia convertida en materia líquida. Entre los ríos de agua que bajaban por el callejón, un hilo rojo y brillante se destacaba abriéndose paso hacia la calle mayor, un trazo oscuro que seguía el recorrido de la corriente, dejándose llevar.

—¿Estás mejor? Dalmau, por favor, vas a enfermar, estás empapado. —Guillem empezaba a estar realmente preocupado, nunca había visto a su amigo en aquella situación.

—Ya estoy enfermo, muchacho, mi tiempo se acaba. —Las palabras de Dalmau resonaron en sus oídos—. Nunca quise implicarte en todo esto, intenté alejarte y ya ves el éxito que he tenido.

Guillem arrastró a Dalmau en dirección a uno de los establos, el agua del barranco crecía de nivel peligrosamente. Una vez allí, comprobó que los miembros de su exigua comitiva también habían buscado refugio en el mismo lugar. Jacques y Ebre se encontraban apretujados en un rincón, sentados sobre una de las comederas de las bestias, con un perro lanudo a sus pies. El Bretón se levantó de un salto al ver el estado de su amigo.

—¡Por todos los demonios, Dalmau, es que te has vuelto loco!

La inmensa mole de Jacques se movilizó, despojando a Dalmau de la empapada capa y de sus ropas hasta casi dejarle desnudo. Restregó el cuerpo de su compañero con unas mantas viejas, gritando a Ebre que le ayudara.

Guillem se quedó a un lado, aún intentaba salir del asombro ante la conducta de Dalmau. Dejó hacer a sus compañeros, ocupando su lugar en la comedera, siguiendo con su estupefacción al ver cómo Jacques sacaba de entre la paja un hatillo envuelto que contenía ropa seca. No era sorprendente el hecho en sí, sino más bien el contenido de éste, ya que no eran parte del hábito templario sino ropas normales y corrientes. El joven recordó que sólo en una ocasión había visto a su superior vestido sin el hábito de la orden, y de eso hacía ya siete años. Podía entender la tragedia que había representado la matanza de la familia de Dalmau, su impotencia ante los hechos y el probable sentimiento de culpa que sentía por no haber prestado ayuda a su hermano, pero... de eso hacía ya muchos años, el tiempo suficiente para que el dolor se amortiguara. Sin embargo, no parecía que fuera así, Dalmau estaba moralmente hundido y sus ojos transmitían una profunda desesperanza. ¿Por qué razón perduraba aquel sufrimiento, qué era lo que buscaba en aquel lugar y qué problemas familiares debía arreglar que comportaran tanto desconsuelo? Guillem oyó las débiles protestas de su superior cuando Jacques lo arrastró hasta un jergón de paja y le obligó a acostarse.

—Debes descansar, Dalmau, recuperar fuerzas —insistía el Bretón—. Por Dios bendito, ¿cómo diablos vas a emprender nada en este estado?

Las protestas se acallaron ante la realidad de sus palabras. Dalmau se dejó arropar con las mantas, hundido entre briznas de paja, cerrando los ojos y escuchando al Bretón que cuchicheaba en su oído. Guillem sólo pudo oír su frágil respuesta: «Haz lo que quieras», murmuraba casi sin fuerzas para hablar. Jacques se incorporó contemplando a su amigo, se volvió hacia Guillem y tomó asiento a su lado. Inmediatamente, Ebre se colocó junto a ellos con la preocupación marcada en su joven semblante.

—Ebre..., ¿por qué no descansas un rato tú también? —Guillem le lanzó una mirada de aviso—. Tú y esa especie de cruce entre perro y oso sarnoso repleto de pulgas.

—¡Ni hablar, intentas deshacerte de mí y ya estoy harto! —contestó rápidamente el muchacho, con el ceño fruncido y una mueca de decepción—. Y este animal sarnoso se llama *Riu*, yo mismo he buscado y encontrado el nombre que se merece. Y también lo he adoptado, ahora es mío.

Guillem aspiró profundamente y contó hasta tres, y cuando ya estaba dispuesto a lanzar una fenomenal bronca a su escudero por su desobediencia, Jacques terció entre los dos.

—Déjalo, Guillem, al fin y al cabo está aquí, con nosotros. Sea lo que sea lo que hagamos, el chico está implicado hasta el fondo. Merece saber en qué infierno le metemos. —El Bretón se giró lentamente hacia Ebre—. Y tú, aprendiz de caballerete, sería de agradecer que tus modales mejoraran. Has tenido suerte, porque si me hubiera tocado a mí la espantosa tarea de educarte, ya estarías en el fondo de un pozo sin cuerda a la que amarrarte.

—Te advierto de que es totalmente inútil establecer un diálogo razonable con él, es mejor que no lo intentes —interrumpió Guillem con resignación—. Las amenazas se estrellan en el vacío más absoluto y no le impresionan. Pero tienes razón, Ebre está metido en esto tanto como nosotros, tiene derecho a estar presente, siempre que sea con la boca cerrada, ¡muy cerrada!

Ebre alzó una mano e hizo el gesto de coserse la boca, sin soltar una sola palabra. Sus ojos oscuros brillaban de curiosidad y su olfato percibía la perspectiva de nuevas aventuras que excitaban todos sus nervios.

—Dalmau ha hablado contigo, ¿no es así Guillem? —El Bretón tanteaba el terreno.

—Me ha explicado la tragedia que sufrió su hermano, sí. Pero no consigo entenderlo del todo, Jacques, de eso ya hace muchos años. ¿Qué es lo que tiene que hacer que merezca tanto secreto?

—Adalbert de Gaussac ha muerto. —El tono de Jacques implicaba que ésa era la respuesta a todas las preguntas de Guillem.

—¡Pero si no hace ni media hora que me ha jurado que estaba vivo!

—En media hora transcurre media vida, Guillem. No quería mezclarte en este asunto. Hay demasiadas cosas en juego, y Dalmau deseaba alejarte del peligro…

—¡Es lo último que me faltaba por oír! —le interrumpió Guillem irritado—. ¡Apartarme del peligro, por todos los infiernos! Mi trabajo consiste en estar tan cerca del peligro que uno ya no sabe ni dónde empieza ni dónde acaba. Y Dalmau no sólo lo sabe, sino que se ha dedicado a empujarme en esa dirección durante años y sin tregua. Ha sido mi superior, Jacques, y nunca tuvo escrúpulos en lanzarme sobre un lecho de cuchillos afilados. ¡Por favor…, ésa es una excusa ridícula!

—No lo entiendes, no se trata de esos peligros. Ya eres mayorcito y con recursos suficientes para apañártelas, tus maestros te enseñaron más de lo que tu cabezota merecía. —El Bretón no se inmutó ante las protestas del joven—. Piensa un poco, Guillem, utiliza el cerebro que Dios te dio. Dalmau intenta evitar que pagues las consecuencias de la tormenta que se avecina, graves y perjudiciales consecuencias para ti, chico. Hay peligros peores que cien espadas contra tu pecho…

—Consecuencias…, pero ¿de qué diablos me estás hablando? —masculló Guillem, viendo cómo Ebre asentía a sus dudas.

—Verás, a la Orden del Temple no le gustaría en exceso lo que tenemos planeado —siguió el Bretón—. Y como se huelen algo, te han enviado de dique de contención para detener a Dalmau.

—Te equivocas, Jacques, me han enviado tras un libro que posee Adalbert de Gaussac, un texto del Apocalipsis que pertenece a los cátaros y…

—Sí, claro, un libro del que dudan de su existencia hasta los más fervientes creyentes —cortó el Bretón con un gesto de aburrimiento—. Por no hablar de tus jefes, que han aprovechado el repique de campanas para ordenarte traer cabras donde sólo hay gallinas. Muy listos, sí, señor. —Jacques lanzó una sonora carcajada, la primera que se oía desde su llegada a la Encomienda Hospitalaria de Susterris.

—¿Estás diciendo que me están tomando el pelo, que me han engañado? —Había una nota de furia en el tono de Guillem.

—Sí y no, como siempre, deberías saberlo a estas alturas. —El Bretón le mostró una ancha sonrisa—. Vamos, Guillem, has trabajado con Dalmau, el mejor equilibrista en decir lo imprescindible sin decirlo, la ambigüedad hecha carne cuando se trata de su trabajo, esperando siempre que consigas descifrar el constante galimatías. ¿A que te contaron que Bernard Guils fue el creador de Círculo Interior?

—Y tú, ¿cómo demonios lo sabes? —Guillem empezaba a estar harto de mostrar su asombro—. Aunque no es necesario que me lo cuentes, puedo imaginármelo.

—Porque durante años yo fui su segundo en la sombra —contestó Jacques, observando el rostro inmutable del joven—. ¿Y a que no te sorprendió lo más mínimo cuando te lo dijeron? Sé sincero, muchacho, en el fondo siempre lo supiste, pero esa cabezota que te adorna se obstinó en negar la evidencia. Sin embargo, ahora ése no es el tema que nos ocupa.

Guillem hizo un esfuerzo para digerir las confidencias de

su compañero, sin mostrar la más mínima reacción. Evidentemente tenía razón, en lo más profundo de su ser siempre había sospechado que su maestro, Bernard Guils, era algo más que el mejor espía de la orden, era parte de su cabeza. Los hilos que siempre habían aparecido sueltos, trenzaban ahora una forma coherente que siempre había estado allí, en la sombra, esperando que en su mente se hiciera la luz.

—Volvamos a las famosas «consecuencias». ¿De qué se trata? —preguntó, apartándose del inquietante tema.

—Del riesgo de perder el hábito, Guillem, de ser expulsado de la orden, de eso se trata. —El tono de Jacques era grave—. Y eso es lo peor que le puede ocurrir a una persona como Dalmau, ¿lo entiendes? Y para qué diablos tengo que explicarte que, si esa desgracia lleva aparejada tu propia suerte, el mundo de Dalmau caerá hecho pedazos.

—¡Por todos los santos que existen, Jacques! ¿Qué maldita y espantosa acción estáis tramando? —La expresión de Guillem se había convertido en piedra.

—Ejecutan una sentencia antigua —susurró Ebre en voz tan baja que sobresaltó a Guillem.

—¿Y tú de qué estás hablando, te has dedicado a practicar el espionaje por tu cuenta y riesgo? —El ceño del Bretón se alargó hasta formar una sola línea.

—Eso no es cierto, no he estado espiando a nadie. —Se defendió el muchacho—. Sólo quería averiguar por qué todo el mundo estaba tan enfadado y triste. Nunca os había visto así y estaba asustado, pensaba que queríais enviarme de vuelta a Miravet, que Guillem no quería seguir enseñándome.

—¡Por todos y cada uno de los clavos de Cristo! —aulló Jacques—. Si seguimos así, vamos a volvernos todos locos, a no ser que la piedad del Todopoderoso nos ahogue de una maldita vez en este espantoso barranco.

—¿«Ejecutando sentencias»?… —Guillem clavó sus ojos en el Bretón, no estaba dispuesto a soltar el hilo—. ¿Sentencias antiguas?… Dime, Jacques, ¿vas a explicármelo todo, o tendré que suplicar a Ebre para que me ponga al corriente?

Y

El hábito de fray Acard de Montcortés volvía a mostrar la pulcritud habitual. Su rostro, marcado por profundos surcos, aparecía avejentado y mustio, y la palidez de la piel hacía resaltar el brillo acuoso de su mirada en un contraste inquietante. Sin embargo, había recuperado el porte arrogante, la espalda erguida de nuevo, el mentón alzado y desafiante apuntando a su hermano de religión.

—¿Me estás diciendo que todo este asunto no es más que una trampa de Adalbert de Gaussac? —El sarcasmo se imponía en sus palabras—. ¿Es eso, Ermengol, qué todas esas desgraciadas muertes tienen relación?

—Piénsalo, Acard, te lo suplico. Es más que una coincidencia, si sólo fuera la muerte del canónigo Verat, pero...

—Si tú mismo acusaste a esa mujerzuela —interrumpió Acard con dureza—. Cosa que no me extraña, la verdad, no quiero ni imaginarme de lo que ese corrupto clérigo era capaz. En cuanto al notario Vidal, tú sabes mejor que yo, que ese hombre era un cobarde y un pusilánime y que se había buscado la hostilidad de mucha gente. Y te diré otra cosa, Ermengol, siempre sospeché que Vidal tenía algo que ver en el asesinato de su padre.

—Está bien, está bien... Pensemos que todas esas muertes pudieran tener una explicación razonable, incluso creamos que Martí de Biosca se despeñó accidentalmente a causa de su ebriedad... —Ermengol estaba perdiendo la paciencia—. Pero ¡por Dios misericordioso, Acard! ¿Cómo llegaron hasta aquí los cadáveres putrefactos de dos mercenarios de nuestra antigua cuadrilla?

—¡No lo sé, desconozco la manera que encontraron para salir de su tumba! —gritó Acard exasperado—. Olvidas que tenemos muchos otros enemigos, Ermengol, la envidia nos rodea incluso entre nuestros propios hermanos de orden. No pueden soportar mi ascenso, son como zorras rabiosas enloquecidas ante mi avance. ¿Y quién puede asegurarte que no se trata de otro de mis muchos enemigos? Ahora más que nunca, Ermengol, están desesperados por detener mi triunfo, es algo que no deberías olvidar.

—Lo siento, Acard, pero tu razonamiento me parece exagerado. Nadie intenta detener tu carrera, más bien al contrario, nunca se habían dado unas circunstancias tan favorables. —Ermengol intentaba razonar sin éxito—. La gente ha olvidado, Acard, nuestra propia gente nunca estuvo demasiado interesada en mostrar nuestros errores que, al fin y al cabo, eran los suyos propios.

—¡Errores!... ¿De qué me estás hablando, por Dios todopoderoso? —interrumpió de nuevo de forma brusca—. Ésa es la manera exacta en que se expresan mis enemigos, Ermengol, convirtiendo en error nuestro trabajo y malinterpretando nuestras obras, esa ardua tarea que llevamos a cabo con tanto sufrimiento. Acusándonos injustamente por defender nuestra fe y por acabar con la peste sacrílega de una vez por todas.

—Acard, sabes muy bien lo que me ha costado borrar las huellas que conducen a nuestro pasado, eliminar los obstáculos que nos impedían avanzar y tratar de que nuestra antigua cuadrilla desapareciera de la faz de la tierra. Y no ha sido fácil, te lo aseguro. —Ermengol se esforzaba por mantener la compostura y para convencer a su compañero de la razón de sus argumentos.

—Y yo siempre te dije que estabas perdiendo el tiempo, aunque no me hiciste el menor caso. ¿De qué debemos avergonzarnos, Ermengol? —Sus ojos destellaban de ira—. ¿De qué?... ¿De terminar con el horror de la herejía y de no permitir que los blandos y pusilánimes marcaran nuestro camino? ¿Y qué ocurre con nuestros hombres, Ermengol? Porque nos sirvieron fielmente y permanecieron con nosotros hasta el final, bajo nuestra protección. Y lo único que has conseguido con tus obsesivas sospechas es que mataran a Sanç y al de Cortinada, los alejaste de nuestro seguro refugio y los abandonaste, eso es exactamente lo que hiciste.

Acard dio la espalda ostensiblemente a Ermengol, no quería seguir oyendo sus palabras. Era un hombre excesivamente legalista, siempre lo había sido, cubriéndose las espaldas a cada paso y sospechando de todos, exigiendo constantemente una seguridad que no existía. Ermengol no comprendía nada, nunca lo había hecho.

—Sanç y el de Cortinada eran unos simples asesinos a sueldo, Acard, mercenarios como el resto de nuestros hombres, no es bueno que lo olvides. —Ermengol se sentó en una silla, con la mirada perdida en una esquina de la estancia—. Sólo unos asesinos sedientos de sangre se hubieran ensañado, como lo hicieron, con la señora de Gaussac. Posiblemente, no era necesario llegar tan lejos y, según creo recordar, tú no hiciste nada para detenerlos.

Dejó la frase en suspenso, esperando la reacción y contemplando cómo el cuerpo de Acard se tensaba, sus puños se cerraban hasta que la piel tomaba un color oscuro. Después de pocos instantes continuó con voz lenta, arrastrada.

—Por no hablar del resto de su familia, aquellos niños no debían de tener más que seis años... Imagínate cómo debió de sentirse Adalbert de Gaussac ante aquel panorama de horror, los cuerpos carbonizados de su mujer y de sus hijos. Estoy seguro de que eres capaz de imaginártelo, de ponerte en su lugar. Una mujer tan hermosa, ¿recuerdas, Acard? Aquel rostro que parecía de porcelana fina y aquellos cabellos del color del fuego... En un tiempo había sido tu compañera de juegos.

—¡Calla, maldito seas, no te atrevas a seguir, Ermengol! —La furia deformaba sus facciones, una mueca que torcía su boca de forma extraña.

—Creo que no has valorado nunca las intenciones del de Gaussac, y mi obligación es recordarte que la afrenta que sufrió puede volver loco a un hombre, Acard. —Fray Ermengol se levantó, indiferente a la cólera que provocaba, encarándose a su hermano—. En este asunto se nombra demasiado su nombre para que estemos tranquilos, y tú no pareces valorar el problema.

—¡Eran herejes, ella y su maldita estirpe! —El bronco murmullo salió de la profundidad de la garganta—. Herejes confesos, sin posibilidad de redención, Ermengol, llevaban en su cuerpo el germen diabólico del Infierno, una semilla que sólo crece en los abismos.

—Oh sí, en eso llevas razón, nadie discute su herejía —asintió Ermengol con una sonrisa—. Yo me refiero a problemas más humanos, Acard, ya sabes a qué me refiero. Un hombre no perdona fácilmente la matanza de toda su familia, sean o no herejes, ése es un detalle sin importancia para lo que nos ocupa. Seguro que lo entiendes, debemos andar con cuidado, con mucho cuidado.

—Lo único que me importa es encontrar *La llave de oro*.

—Lo sé, Acard, eso representaría mucho para nosotros. Pero la casualidad ha querido que ese libro esté en manos de Adalbert, y eso complica las cosas. No sé si hemos hecho bien en tratar este problema con tanto secreto, nadie en el Tribunal sabe en lo que andamos, pero empiezan a sospechar. Y lo que puede ser beneficioso, en un instante deviene en perjudicial.

Ermengol observaba los cambios en el rostro de Acard. Su lividez se había acentuado hasta tomar un tono cadavérico, y sus manos temblaban sin que pudiera evitarlo.

—Es posible que tengas parte de razón, Ermengol… Si el de Gaussac está por en medio, lo mejor será tomar precauciones. Podría aprovechar el hecho de tener en sus manos *La llave de oro* para ajustar las cuentas con nosotros.

Acard volvió a acercarse a la ventana, rígido, como si tuviera dificultades al andar. Cerró los ojos durante un breve instante y los abrió de golpe. El fugaz centelleo de una melena roja enmarcando un rostro níveo había cruzado su mente con la fuerza de un vendaval. Su respiración se aceleró sin orden, en tanto el sudor cubría su piel en una capa líquida y viscosa.

Ermengol no dejaba de observarle, con una sonrisa en los labios. Sabía que Acard no dormiría en unos cuantos días. Rondaría por la casa como un espectro errante, con el espanto en sus facciones y horrorizado ante sus sueños, pesadillas de fuego en que Adalais de Gaussac ascendía del Infierno y poseía su alma para atormentarla. Dio media vuelta, sin despedirse de Acard, y se encaminó hacia la puerta. Tenía muchas cosas que hacer, pronto aparecería Gombau en busca de instrucciones y no quería decepcionarlo, había demasiado en juego.

Capítulo X

Ciudad de Sort

«Lo único que me mantiene viva es la posibilidad de cumplir mi destino. Y no me engaño al respecto, sé que trazaron mi camino y le dieron forma sin contar con mi opinión ni con mis sentimientos. La Verdad de todo ello ha dejado de importarme hace tiempo, me la arrebataron con tantas otras cosas. En cuanto a la justicia, sería hipócrita de mi parte escudarme tras una palabra que considero inexistente. Prefiero hablar de venganza, sin excusas, ahora ya no las necesito, ni siquiera mi alma se incomoda ante esta realidad. He vivido para la venganza desde que tengo memoria, es lo único que tuvieron a bien dejarme, lo único que tengo.»

Orbria

Atizó el fuego con desgana, su mente se negaba a dormir y a ofrecerle el privilegio del descanso. Orbria se había levantado de su jergón refugiándose cerca de la chimenea, hacía demasiados años que el insomnio le impedía conciliar el sueño. Y cuando se lo permitía era peor, las terribles pesadillas enloquecían su mente sin poder despertar, atrapada en un tiempo fijado en su memoria sin remedio. Lo había intentado con todas sus fuerzas, de eso estaba segura, había pensado que aún existía una posibilidad para el olvido, para la redención. Se había casado con un buen hombre que la amaba, un hombre que conocía el vacío que existía en su corazón y que lo comprendía. Ella había intentado complacerle, ayudarle y ser una buena esposa, y el nacimiento de sus hijos había conseguido que algo en su interior vibrase, una calidez desconocida y agradable, un recuerdo antiguo casi olvidado. Sin embargo, involuntariamente, había transmitido su condena a sus vástagos, la sentencia inapelable de la huida como única forma de vida y sus consecuencias: tres de sus cinco hijos habían muerto a causa de ello, el hambre y la miseria fueron los peores enemigos. El cuarto tuvo aún peor suerte que la muerte, encerrado en una mazmorra y encadenado sin saber nunca la razón... El quinto huyó a la Lombardía y hacía años que ignoraba si seguía con vida. Su pobre marido no pudo resistir aquel dolor que no cesaba, la impotencia ante aquel desastre había acabado con su existencia.

Sí, se había equivocado al creer que tenía otra posibilidad, otro futuro. Lo único que consiguió fue arrastrar a su nueva familia de horror en horror, en una condena de por vida que sólo le pertenecía a ella. El fuego lanzó chispas en todas direcciones, respondiendo a los golpes del atizador, reviviendo el recuerdo de tantas hogueras clavado en su retina. Incluso era capaz de notar aquel olor especial, la humareda acre impregnada de carne y sangre, el tono oscuro que ascendía entre las llamas. Orbria aspiró hondo, ya no sentía el miedo atroz de sus recuerdos, su olfato ya no rechazaba el aroma del cuerpo de sus seres amados carbonizados. «¿Para qué huir?», meditó sin apartar la vista del fuego. La huida había finalizado y el miedo se fue con ella, ambos entrelazados en una danza sin fin, lejos. Ya no sentía nada, acaso un leve sentimiento de alivio, un grito de agradecimiento de sus pobres huesos acostumbrados a una pesada carga que ya había abandonado a un lado del camino.

Se giró lentamente al oír unos golpes en la puerta, sin prisa. En su rostro no había la menor expresión de temor ni de duda.

—Está abierto, entrad seáis quien seáis. No me obliguéis a hacer el esfuerzo de levantarme, soy una vieja dolorida.

La puerta se abrió despacio, asomando un rostro que, a pesar de esperarlo, consiguió que su cansado corazón experimentara una sacudida. Orbria sonrió al visitante con una mirada de reconocimiento.

—Eres tan parecida a tu madre, por un momento he creído que eras una aparición. Y aunque jamás nos hemos visto, te hubiera reconocido entre una multitud.

160

—A mí me pasa lo mismo, tía Orbria. Padre me habló tanto de ti que, a pesar de que no estuvieras a mi lado, siempre noté tu presencia. —Adalais se acercó al fuego, tomando las manos de Orbria durante un largo rato.

—Es cosa de familia, los presentimientos… Aunque Adalbert me dijo que siempre te asustaron. —Orbria le indicó un taburete a su lado—. Sin embargo, créeme, son un don del cielo si sabes utilizarlos. Por ejemplo, hace poco he sabido que tenías problemas para llegar hasta aquí, lo he notado con una certeza absoluta, pero algo en mi interior me murmuraba que no debía preocuparme. Alguien te ha seguido, ¿no es cierto?

—¡Los problemas! Nací con ellos, tía Orbria. Y sí, tienes razón, pero más que perseguirme, me estaban esperando… Reconozco que ha sido una espera inútil, ese desgraciado ya no tendrá la posibilidad de esperar a nadie más. —Adalais se sacó el sombrero empapado, sacudiendo la larga melena roja.

—Tu madre hacía lo mismo, ese preciso gesto. Le encantaba la lluvia, ¿lo sabías? Corríamos como liebres bajo el agua hasta que tu abuela salía con una escoba y nos hacía entrar en la casa. —Orbria lanzó una pequeña carcajada, mirando a la joven con afecto—. No dejes que los malos recuerdos ahoguen a los buenos, pequeña.

—Hemos de salir pronto, tía Orbria, en cuanto amanezca. Pensé que podríamos disfrutar de un breve tiempo para nosotras, pero las cosas están empeorando. —Adalais fue incapaz de responder a la sonrisa de Orbria.

—Naturalmente, que las cosas empeoren indica que todo va bien. No hay que olvidar, Adalais, que somos nosotros quienes forzamos el empeoramiento. —Orbria observó la expresión de pesadumbre en su sobrina—. Niña, ¿no has pensado en dejar todo este asunto? Estás a tiempo, percibo tu angustia, tu temor y, sobre todo, la duda.

—¿Tú no has dudado nunca, tía Orbria?

—¡Demasiadas veces, Adalais, es una novedad dejar de hacerlo como ahora! Debes ser generosa contigo misma, permitir que la duda aflore y que se manifieste, es la única manera de contemplarla cara a cara y que eso te permita tomar una decisión. Ocultarla no te valdrá de nada, sólo ensombrecerá tu vida y la de todos los que tomen parte en ella.

161

—¿Crees que lo que vamos a hacer es de algún modo justo, tía Orbria? —La voz de la joven era un hilo delgado que obligó a Orbria a inclinarse hacia ella.

—¿Justo? No lo sé, Adalais, aunque he de confesar que ignorarlo no representa nada para mí… —Orbria volvió su mirada al fuego—. Acaso sólo desee que las largas sombras desaparezcan y me dejen morir en paz, a la luz del sol y lejos de la penumbra. Tedball podría responderte a tan grave cuestión, todavía es un hombre muy religioso, preocupado por la razón de sus actos, y su fe es como una roca en medio de la tempestad. En cuanto a mí, esas cosas dejaron de tener importancia al mismo ritmo que pasaban los años. No sé qué significa la justicia, Adalais, esa palabra carece de significado, todo aquello que llevaba su nombre me ha arrebatado lo que más he amado. ¿Cómo podría contestar a tu pregunta?… Dejé de hablar con Dios, no quería molestarle ni que él me molestara a mí. Y desde ese momento, arranqué de mi cabeza cualquier palabra que tuviera parecido con la justicia, o lo justo y lo injusto, ya no me pertenecía. Claro que Tedball te dará otra respuesta, como yo sólo puedo ofrecerte la mía, y eso no siempre complace a todos, Adalais. Debes buscar tu propia respuesta en el fondo de tu corazón.

—No existe, tía Orbria, en mi corazón no hay nada, sólo un desierto de sombras y muerte.

—¡Desde luego que lo hay, Adalais, está la duda! —Orbria retomó una de las manos de la joven—. Y eso no es nada malo de lo que avergonzarse.

—Tengo la sensación de que decepciono a mi padre y a la memoria de mi madre con tantas dudas inútiles, tía Orbria. Que traiciono todo aquello por lo que murieron. —Gruesas lágrimas cayeron por las mejillas de la joven—. Que mi duda es una deserción de todo lo que ellos amaron.

—¡No puedes pensar así, pequeña! Tu padre te educó bien, y eso significa que te permitió la libertad de escoger… Eso representa la duda, Adalais, la capacidad de elegir entre dos o más caminos. Tienes ese derecho, y tu opción nunca representará una traición para nadie, debes comprenderlo. Adalbert siempre lo supo, se esforzó por conocer nuestra alma, y su plan contempla todas las posibilidades para cada uno de nosotros, incluidas nuestras dudas y vacilaciones.

162

—Pero tú no dudas ahora, tía Orbria... —Adalais levantó el rostro, su cuerpo inclinado al calor del fuego.

—No debes comparar tus emociones con las de nadie, Adalais, son de tu exclusiva propiedad. Mis razones son diferentes a las tuyas, al igual que los motivos que nos impulsan a cada uno de nosotros. Eso nos hace fuertes en cierto sentido, porque sólo hay un minúsculo punto que nos une en la frágil línea recta que formamos, ¿lo entiendes? Ese punto casi invisible sostiene nuestra debilidad, nuestra duda, todos nos aferramos a él de diferentes maneras.

—¿Quieres decir que todos cargamos con pesos diferentes, y que esa carga la determinamos nosotros mismos? ¿Que no hay una sola respuesta que nos sirva a todos, ni una memoria común que nos una? —Adalais asentía con la cabeza a cada pregunta, como si comprendiera la respuesta sin que ésta se manifestara.

—Sólo ese punto perdido en el cielo, Adalais —susurró Orbria a su oído—. Un punto que después se dividirá en tantos caminos como tantos somos en esta historia. Y si alguien no atraviesa ese punto, no cambiará ni su existencia ni su intensidad, así está planeado y así sucederá.

—Gracias, tía Orbria. Padre siempre aseguraba que tú tenías respuestas a preguntas que todavía nadie había hecho. —Adalais sonrió por primera vez, una sonrisa ancha que iluminó su rostro—. En muchas ocasiones, ante el asombro de algunas de mis demandas, siempre respondía: «Eso sólo lo sabe Orbria».

Una carcajada atravesó la estancia, Orbria reía dando palmadas con las manos, aspirando el aroma de un buen recuerdo. Adalais, contagiada por aquella risa fresca, no podía dejar de sonreír.

—¿Lo ves, pequeña? La fuerza de un buen recuerdo es la energía de la Madre Tierra que compensa a quien sabe oír. Nunca rechaces ese tesoro, no permitas que las sombras lo capturen y lo conviertan en parte de las tinieblas. Porque aunque éstas existan en nuestra vida, todavía somos capaces de escuchar las risas de aquellos que nos precedieron y de reír con ellos.

—Tienes razón, tía Orbria..., pero me cuesta oírlos. —Adalais volvía al gesto abatido, su sonrisa se esfumó.

163

—Sí, no es fácil, niña. Sin embargo, debemos hacer ese esfuerzo, no podemos convertir a nuestros seres amados en espectros sin rostro, robándoles la alegría de vivir que poseyeron. Porque, no lo olvides, gozaron también de su parte de felicidad. —Orbria la miró detenidamente, hablando con suavidad.

—No puedo imaginarme a padre feliz, sólo veo su hermoso rostro roto por el dolor, tía Orbria... —Adalais contuvo un sollozo.

—Lo comprendo, sólo te fue dada la pena de verlo así. Pero eso es sólo una parte de la realidad, Adalais... Adalbert fue un hombre de una alegría desbordante, su entusiasmo nos arrastraba a todos y nos hacía reír. Amó mucho a tu madre, esos dos se amaron desde el día en que nacieron con una fuerza irresistible. Y, a su manera, vivieron esa felicidad con toda la intensidad de que fueron capaces... —Orbria hizo una pausa para tomar aire, una triste sonrisa se dibujaba en su rostro—. No borres esa parte de su vida, Adalais, que también fue suya. No los conviertas en lo que nunca fueron, tristes y desesperados, no confundas su final con toda su existencia. Abre una ventana en tu imaginación y otórgales el derecho a ser felices, como en un tiempo lo fueron. ¡Libéralos del dolor, Adalais, permite que se reencuentren en el lugar en que ambos están ahora!

Un sollozo sacudió a la joven, su rostro se inundó de las lágrimas tanto tiempo encerradas. Orbria la atrajo hacia sí, abrazándola con fuerza, murmurando en voz muy baja.

—Contempla la felicidad de ese encuentro tan esperado, Adalais. Yo puedo verlo con toda claridad, oigo sus risas, siento la alegría de Adalbert en cada poro de mi piel. Escúchalos, mi pequeña, ahora ya nadie podrá causarles dolor...

Unos fuertes golpes en la puerta sobresaltaron a fray Acard inclinado ante un montón de pergaminos. Su irritada mirada se dirigió hacia Ermengol, al otro lado de la mesa, también alterado por la inesperada interrupción. Desde el día anterior hablaban poco, casi nada, inmersos en un montón de trabajo que les había llegado a través de un mensajero. Desde el Tribunal de La Seu, una misiva firmada por el propio inquisidor, Pere de

Cadireta, les conminaba a un retorno rápido. De lo contrario, añadía, exigía ser informado acerca de su extraña conducta. «Extraña» era una palabra subrayada con intención. Aquella carta había acentuado el mutismo entre los dos religiosos, y la distancia entre ellos había tomado proporciones abismales. Acard mostraba un enfado visible en sus gestos, destacando con su postura la irritación que sentía ante las opiniones de Ermengol. Éste, por su parte, prefería la máscara de la indiferencia, e incluso sus ralos cabellos grises siempre en rebelión, caían a sus lados como hilos indolentes.

—Una especie de enano deforme quiere hablar con vos, fray Acard. —Gombau interrumpió la labor de sus superiores.

—¿Un qué…? —exclamó Ermengol perplejo.

—¡El maldito Orset, no puede ser nadie más! —La furia volvió al rostro de Acard, que se encendió como una brasa—. ¿Cómo se atreve?

—Dice que es de la máxima urgencia hablar con vos, fray Acard, aunque no os puedo decir cómo demonios sabía dónde os podía encontrar. —Gombau intentaba mantenerse al margen, las peleas entre sus superiores no eran nada nuevo, y, quizás porque conocía el mecanismo de la disputa, prefería mantener una prudencial distancia.

—Pero… ¿de quién está hablando? —Ermengol parecía no entender nada.

—Te hablé de ese maldito enano, Ermengol —rezongó Acard con los labios apretados, rompiendo el largo silencio entre ellos—. Aunque es posible que ni siquiera me oyeras, cosa que últimamente resulta habitual en exceso.

—Bien, Gombau…, si este personaje desea hablar con fray Acard, no le hagamos esperar. —Ermengol se dirigió a su esbirro intencionadamente, haciendo oídos sordos a las insinuaciones de Acard.

—¡Pero es que te has vuelto loco! —estalló Acard sin poder contenerse—. ¡No tengo ninguna intención de recibir a ese sapo retorcido!

—Acard, tranquilízate de una vez, te lo suplico. —Ermengol dedicó un ligero movimiento de cabeza hacia Gombau, que se retiró de la puerta—. Veamos, tu compañero de viaje parece que no ha tenido grandes problemas para encontrarte, cosa de por sí bastante inquietante, ¿no te parece?... En teoría nadie debe saber nuestro escondrijo, con la única excepción de nuestro superior. Al menos averiguaremos cómo lo ha descubierto y es posible que ello nos ayude a perfeccionar nuestra forma de actuar.

Ermengol no pudo evitar la ironía en sus palabras, pero no estaba dispuesto a ceder ante el malhumor de su compañero. Había mucho que perder en todo aquel asunto, a pesar de que Acard se negara a aceptarlo. Pero esa había sido siempre su función, ser la parte ausente en la inteligencia de Acard, el complemento necesario e imprescindible para evitar que todo se derrumbara sobre sus cabezas. Enrolló cuidadosamente el pergamino en el que estaba trabajando y apartó a un lado el resto. Después, se dedicó a ordenar los pliegues de su hábito con todo cuidado y, como último gesto dedicado a Acard, escondió con la mano un amago de bostezo.

Gombau volvió a entrar en la estancia, y sólo cuando se apartó a un lado, dejó ver al visitante que le seguía. Orset, con cara compungida y alarmada, apareció ante los dominicos. Su pequeña estatura había decrecido, si es que ello era posible, gracias a su actitud encogida y temerosa, con la mirada baja y clavada en las baldosas de la habitación.

—Gracias, Gombau, puedes volver a tus quehaceres. —Ermengol se expresó en términos bruscos, esperando a que su esbirro desapareciera de su vista—. Y bien, maese Orset, estamos sorprendidos... ¿Cómo nos habéis encontrado?

—He preguntado en el pueblo, enseguida me han indicado cómo llegar hasta aquí —contestó el enano con auténtica ingenuidad.

Ermengol lanzó una mirada cargada de advertencias a su compañero, que se mantuvo en un prudente segundo plano.

—¿Cómo que lo habéis preguntado, a quién...? —logró murmurar Acard.

—En la entrada del pueblo, fray Acard. Pregunté a un hombre, un leñador que se dirigía a Talarn cargado como una de mis mulas y no que tuvo inconveniente en señalarme la casa adonde debía dirigirme. ¿Por qué, he hecho algo malo, señor? —La voz de Orset adoptó un tono lastimero.

—No, desde luego que no habéis hecho nada malo, amigo

mío —terció Ermengol ante el rostro congestionado de Acard—. ¿Habéis preguntado por fray Acard?

—No, señor. —Un leve asomo de ironía se filtró en la respuesta de Orset—. He preguntado por los hombres de la Santa Inquisición, señor. E incluso con las señas que me ha ofrecido el leñador me he desorientado, entonces he preguntado a una mujer que llevaba una cesta de huevos y ella me ha concretado la casa... Soy un poco lento en cuanto a orientaciones, ¿sabéis?

—Creí que no sería necesario que os volviera a ver, Orset, por lo que supongo que lo que os trae aquí debe de ser importante. —Acard no disimulaba la rabia contenida ante la visita.

—A buen seguro será importante, fray Acard, estoy seguro de que nuestro visitante no tiene intención de hacernos perder el tiempo. —Ermengol cambió ligeramente de posición, encarando su silla hacia el recién llegado y adoptando su tono más cortés.

—¡Oh sí, naturalmente, no os molestaría si no fuera así! Pero es que fray Acard me insistió mucho durante el viaje que os debía transmitir cualquier sospecha, por pequeña que fuera. —Orset los miraba con los ojos muy abiertos—. Claro que yo no sabría determinar la importancia de esas cosas, pero fray Acard dijo que estuviera muy atento, que la herejía utiliza sutilezas incomprensibles.

—E hizo bien en avisaros, maese Orset, cualquier ayuda nos es de suma importancia, ya sabéis que corren malos tiempos. —Ermengol lució una amplia sonrisa, transmitiendo confianza—. El demonio anda suelto y se resiste a ser vencido. Decidme, ¿qué es lo que ha motivado vuestras sospechas?

—Veréis, señor...

—Ermengol, mi nombre es fray Ermengol —replicó en tanto lanzaba una mirada de reojo hacia Acard.

—Bien, fray Ermengol, es una historia muy simple. No sé si fray Acard os ha explicado que me dedico a la venta de remedios, hierbas, ungüentos, pócimas, jarabes... —Orset se detuvo ante el gesto de Acard que movía los brazos con nerviosismo—. Remedios en general. Viajo de pueblo en pueblo y atiendo a aquellos que recurren a mí. Cuando fray Acard y yo nos separamos, como bien sabe, yo me dirigí a Talarn donde tengo una buena clientela. Un viejo amigo mío, me presta la entrada de su casa y el porche para que pueda organizar mi pequeño negocio. Claro que yo, a cambio, procuro por la salud de toda su familia y…

—¡Queréis ir al grano y dejaros de rodeos! —exclamó Acard exasperado.

—Os ruego disculpéis a fray Acard, amigo mío, es el cansancio de esos agotadores viajes, ya sabéis. —Ermengol lanzó una nueva mirada de advertencia a su compañero, que éste ni siquiera captó—. Continuad, os lo ruego.

—No tiene importancia, fray Ermengol, sé que mi carácter molesta a fray Acard, soy yo quien debe disculparse. Me cuesta encontrar el hilo de una conversación y en ocasiones peco de pesado e incoherente, lo siento, os lo aseguro. —Orset se tomó tiempo para una pausa, observando a sus interlocutores—. Lo que os quiero contar pasó durante el ejercicio de mis atribuciones, y si no hubiera sido por la ayuda de mi amigo…, ese que me deja su casa…, yo ni me hubiera dado cuenta. Veréis, vino un hombre para pedirme consejo acerca de un enfermo, me dijo que un compañero suyo estaba muy mal y que necesitaba ayuda. Explicó que estaba preso de unas fiebres violentas, que todo su cuerpo sudaba y que era incapaz de tomar alimento. Yo, claro está, le avisé de que era muy difícil saber lo que le aquejaba sin ver al paciente. Pero él me juró que era imposible trasladarlo, que existía el peligro de que muriera en el viaje, y me suplicó que le diera un remedio que aliviara a su pobre amigo. Ante su visible sufrimiento no me pude negar, a pesar de desconocer los detalles, o sea, que pensé en preparar una mezcla de hierbas para la fiebre. Me retiré a la entrada de la casa, donde siempre instalo mi pequeño taller y me apresuré a preparar el remedio, cuando mi amigo, el que…

—Sí, sí, ya lo he entendido, el que os presta su casa —interrumpió fray Ermengol con impaciencia.

—Exacto. Pues ese amigo se acercó a mí con la buena intención de advertirme. «Es un maldito hereje, Orset, anda con cuidado», me susurró en voz baja. ¡Dios misericordioso! Me empezaron a temblar las piernas, señor, no sabía qué hacer. Preparé rápidamente las hierbas y se las entregué sin decir una sola palabra, y ni tan sólo acepté su dinero.

Orset se detuvo de nuevo, respirando con fuerza, sin dejar

de observar la reacción que causaban sus palabras. Acard se había incorporado de golpe, rígido sobre su silla, su malhumor había dado paso al interés.

—¿Y ya está? —murmuró cortante—. ¡Lo dejasteis ir sin más!

—Sí, fray Acard… ¿Qué podría haber hecho? —gimoteó Orset—. Aunque después hablé con mi amigo, quería saber cómo había averiguado la naturaleza herética de aquel hombre.

—¿Y os aportó la respuesta? —Ermengol era la suavidad hecha persona.

—Sí, desde luego, mi amigo es una persona muy respetada por todos. Lo sabía de cierto por las compañías que ese hombre acostumbraba. Me dijo que servía a un señor occitano, huido de sus tierras y que se escondía por estos lugares. Y él creía que el enfermo era ese caballero…

—¡Y os dijo su nombre! —Acard levantó la voz.

—Creo que sí, aunque tendréis que perdonarme, estaba tan nervioso y asustado, y mi mente es tan lenta… Era algo así como Dassac o Fressac, o…

—¡Por todos los cielos, Orset! ¿Cómo podéis olvidar algo tan sumamente importante? —Acard se levantó de la silla provocando un revuelo del hábito—. ¡No sería Gaussac, Gaussac!

—Es posible, fray Acard. —Orset retrocedió unos pasos—. Sonaba a algo parecido.

—Calma, calma, vamos a tranquilizarnos. —Ermengol también se había levantado lentamente, interponiéndose entre Acard y el enano—. Es comprensible vuestro nerviosismo, amigo mío. Nosotros, aun acostumbrados a tratar con la peste herética, no podemos evitar el temblor de nuestra alma ante su presencia. Tranquilizaos, comprendo vuestro temor, maese Orset, no importa que vuestra memoria flaquee, pero ¿os acordáis del hombre que acudió en busca de vuestro auxilio?

—¡Oh sí, de él me acuerdo perfectamente! —estalló Orset con júbilo—. Lo estuve observando con mucha atención.

—Ése es un dato muy importante, nos haríais un gran favor si pudierais describirlo con detalle. ¿Podréis hacerlo? —Ermengol exhibía una sonrisa tensa.

Acard retrocedió hasta su silla, sentándose en el filo y dejando a Ermengol vía libre para continuar el interrogatorio.

Sus gritos sólo lograban asustar al enano y ponerle más nervioso de lo que estaba, impedían que su memoria se liberara. No había duda de que Ermengol era más paciente y siempre hallaba lo que andaba buscando, a pesar de sus impertinentes opiniones.

—Adelante, maese Orset, os escuchamos —insistió Ermengol con delicadeza.

—Era un hombre alto, muy alto… —empezó Orset cerrando los ojos—, más alto que vos. El pelo lacio le caía a los lados, largo y negro, aunque se veían algunas canas. Y tenía unos ojos muy raros que cambiaban de color, a veces verdes, a veces ocres o amarillos. Hablaba con una voz grave y potente a pesar de poseer un tono muy bajo.

La sonrisa se congeló en el rostro de Ermengol, una rigidez imprevista parecía tirar de ambas comisuras de los labios. Se giró lentamente, clavando la vista en Acard, en una pausa larga.

—¿Os ha servido, fray Ermengol? —Orset murmuró la pregunta con reverencia.

—¿Y ese amigo vuestro recordaría el nombre que os dijo? —inquirió sin volverse, abstraído en la contemplación de Acard—. ¿Creéis que nos lo diría?

—Sin ninguna duda, fray Ermengol, odia a los herejes tanto como vos.

—Os estamos profundamente agradecidos, maese Orset, vuestra información es muy valiosa. Ojalá mucha gente colaborara con nosotros como vos. —Ermengol le miró por encima de su hombro, la sonrisa volvía a su rostro en toda su plenitud—. ¿Vais a emprender un nuevo viaje?

—No, señor, aún no, esta semana estaré en Talarn, allí tengo mucho trabajo. Esa pobre gente me necesita, pensad que sólo los visito una vez al año y sus enfermedades deben aguardar.

—Es un trabajo digno, el vuestro, aliviar el cuerpo de los males de la carne, maese Orset, tan parecido al nuestro, que alivia las penas del alma. —Ermengol se volvió hacia el enano, acercándose con la mano extendida—. Os repito nuestro agradecimiento, si necesitamos algo más de vos sabremos dónde encontraros.

Era una despedida, y Orset inclinó la cabeza en un saludo disponiéndose a salir de la habitación. Cuando llegó a la puerta, lanzó una exclamación y se volvió hacia los dos dominicos.

—He recordado que cuando me interesé por los males del hombre y me dijo que era peligroso trasladarle, le pregunté si el viaje que mencionaba era muy largo. —Orset vacilaba, como si rebuscara en su memoria—. Me contestó que no, que estaban en Gerri de la Sal, un pueblo cercano, y que esperaría unos días para ver si su amigo se reponía.

—¡Eso es magnífico, Orset! Gracias a vos, sabemos por dónde empezar a buscar. Creedme, vuestra ayuda ha sido de gran valor, nos pondremos a trabajar inmediatamente.

La satisfacción por el elogio inundó el rostro del enano que volvió a despedirse con un cabezazo y desapareció por la puerta. El nerviosismo de Acard era patente, sus manos empezaron a temblar causando un sonido intermitente sobre la madera.

—¡Dios Santo, Ermengol! ¿Me estoy volviendo loco o ese infeliz nos estaba describiendo a Bertran de Térmens?

—No, no estás loco Acard, yo también creo que la descripción se ajusta a Bertran, pero… —Ermengol vacilaba.

—¡Pero qué, maldita sea, siempre has insistido en tus sospechas acerca de Bertran! —gritó Acard, levantándose e iniciando un frenético paseo por la estancia—. No has hecho más que recelar de él desde el principio, de repetir una y otra vez que no nos fiáramos de sus intenciones. Y ahora que tenemos pruebas irrefutables de que es un maldito traidor, ¿qué te ocurre?

—No te precipites, Acard, vamos a pensar con calma. Es cierto que te he prevenido acerca de sus intenciones, de sus reales intenciones. —Ermengol se pasó una mano por la frente, las reacciones airadas de su compañero le impedían pensar con claridad—. Tranquilízate, te lo ruego, tus arranques de cólera no aportan ninguna solución, hay que pensar con calma. ¡Calma, Acard!… Siempre he contado con que Bertran es, amigo mío, un mercenario, alguien que acecha siempre tras la oportunidad que contribuya a acrecentar su fortuna. Eso no le convierte en un traidor, simplemente su avaricia puede ser mayor de lo que había pensado.

—Sin embargo, no has dejado de sospechar y de marearme con tus recelos, y… —Acard se calló ante el gesto perentorio del dominico, de su brazo extendido en demanda de silencio.

—Si sigues así, no vamos a solucionar nada, tus gritos no

171

me impresionan, Acard, déjalos para gente como Orset. Escucha con atención, nunca te dije que Bertran fuera un traidor, sólo te avisé repetidas veces de que era una equivocación precipitarse en todo este asunto, que debíamos estudiar detenidamente su propuesta. Pero, como siempre, no me hiciste caso y ahora hay que arreglar el entuerto.

—No te entiendo, Ermengol, no sé qué quieres decir. —Acard había rebajado ostensiblemente el gesto y el tono de voz, pero aún mantenía un cierto desafío. Se acercó a su compañero con los hombros alzados en un interrogante, en tanto Ermengol continuaba con sus reflexiones.

—Escúchame... Bertran tiene el vicio de hacer las cosas a su manera, sin dar más explicaciones que las justas. En mi última entrevista con él, quedó claro que había captado mucho más de nuestras intenciones que nosotros de las suyas, tu precipitada marcha lo puso en aviso, Acard, ¿no lo entiendes?... Empezó a pensar que ese libro, *La llave de oro*, representaba para nosotros el objetivo principal. Y ahora te pregunto: ¿qué haría un hombre como él ante una información tan interesante?

—Sigo sin entenderte, Ermengol. ¿Qué ganaría él en el caso de que se hiciera con el libro? No tiene ni idea de lo que representa y no le serviría de nada.

—Te equivocas. Y no sólo eso, has subestimado a Bertran, y creo que yo también a pesar de tenerlo presente. No es un hombre estúpido, Acard, hace sus cálculos de manera muy inteligente. Y antes de servirnos en bandeja de plata ese libro, ¿no crees que le resultaría más rentable vendérnoslo? ¿Hacer un intercambio beneficioso, mucho más beneficioso de lo que estabas dispuesto a pagarle? —Ermengol se paró a un palmo de Acard con gesto hosco.

—¿Vendernos el libro? —Acard estaba asombrado—. ¡Eso es imposible! El poder del Tribunal le seguiría hasta el mismísimo Infierno, no se atrevería.

—Ahí está otro de tus errores. —Ermengol parecía satisfecho ante la incredulidad de su compañero—. Bertran no te tiene miedo, Acard, ni a ti ni a todos los tribunales que existan sobre esta tierra. Te dije que era un hombre peligroso, porque alguien que no tiene miedo representa el peor peligro... Te diré lo que pienso, creo que se ha apoderado del libro por su cuenta y riesgo, y que ha conseguido capturar a Adalbert de Gaussac. No me negarás que es un buen punto de partida.

—¡Entonces hay que detenerlo! —bramó Acard casi convencido.

—Sí, en eso llevas razón. El hecho de que Adalbert esté enfermo retrasará sus planes, o sea, que en cuanto consigas calmarte, lo mejor será emprender el viaje —cortó secamente Ermengol.

Acard acusó el golpe, el sarcasmo de su compañero siempre conseguía herir su susceptibilidad. Ermengol era el único que se atrevía a hablarle en aquel tono, a regañarle, y no había duda de que lograba frenar su carácter. Sus palabras representaban siempre un baño de inmersión en las frías aguas de un río helado, del que Acard salía completamente congelado. Asintió con un movimiento brusco, intentado disimular la furia que le quemaba las entrañas, y desapareció en su habitación para prepararse para el viaje.

Orset apresuró el paso, consciente de la mirada inquisitiva y curiosa que Gombau le lanzaba desde la puerta de la casa. Sus cortas piernas se movían con rapidez, sin correr, no quería llamar la atención del esbirro con una huida precipitada. Sentía el miedo en los latidos de su pequeño corazón, aún podían atraparle. Acard tenía tiempo de dar una orden y vengarse de sus continuas impertinencias en el viaje, de encerrarle en la más lóbrega mazmorra. Sabía que si sucedía así, nunca saldría a la luz del sol. Procuró dejar de pensar y concentrar todas sus fuerzas en mantener el ritmo de sus piernas sin tropezar.

—¿Qué demonios tiene que explicar un bicho como tú a fray Acard? —Gombau se había puesto a su altura con tres simples zancadas, la curiosidad brillaba en su maliciosa mirada.

—¿Y por qué razón tendría que contárselo a un soldado como tú? —Orset se detuvo de golpe, controlando el temblor de su voz—. He acompañado a fray Acard en todo el viaje que nos ha traído hasta aquí, y me he limitado a cumplir sus órdenes.

El esbirro vacilaba, de buena gana habría agarrado a aquel ser de pesadilla y le hubiera dado una buena paliza. Al menos sería algo divertido, algo que rompiera aquella monotonía en que le tenían sus superiores en medio del desierto de aquel maldito pueblo. Pero las palabras del enano le detuvieron: ¿compañero de viaje de Acard? ¿Cumplir sus órdenes? Era muy propio de Acard utilizar a la gente más extraña para sus propios intereses. Gombau no quería arriesgarse, ya era malo que Ermengol y Acard no se pusieran de acuerdo, pero peor sería si los dos volcaran su furia en él.

—¿Qué es eso que llevas ahí? —preguntó, señalando la cintura del enano.

—Una bota de vino, del mejor vino. Yo mismo lo preparo cada año.

—Es más grande que tú... ¿Y para qué te ha de servir tanto vino en tan breve cuerpo? —Gombau soltó una seca carcajada—. Creo que te aligeraré de este peso y te haré un favor, ¿no te parece?

—Por supuesto, os la regalo con sumo placer. —Orset le entregó el pellejo de vino con una sonrisa—. Pero andad con cuidado, ya os he dicho que es del mejor, capaz de llevaros hasta vuestros más lejanos sueños.

Gombau le arrebató la bota con brusquedad, empujándole con el puño cerrado y haciéndole caer al suelo. Después dio media vuelta y desapareció en la casa. Orset se levantó con dificultad, dándose impulso con los brazos y sacudiéndose el polvo de su camisa. El miedo había conseguido cubrir su pequeño cuerpo de un sudor frío que le hizo temblar, pero no perdió el tiempo en reflexiones y esta vez corrió todo lo que le permitían sus cortas piernas.

Capítulo XI

Peramea

«La misericordia de Dios no engaña, su piedad no traiciona ni abandona. Y de ella emana la Verdad que nos hace fuertes, dispuestos a sacrificar nuestra vida en aras de su permanencia. Es por ello por lo que la herejía es el supremo engaño, el mismo Lucifer con sus ropas más engalanadas canta en nuestro oído, y sus palabras son sólo profunda envidia ante nuestro resplandor. Aquellos que le escuchan han dejado de ser hombres, son peores que la bestia más inmunda y según esta condición deben ser tratados. No me tiembla la mano al empuñar la espada de luz como Gabriel, y tal como haríamos con la culebra que obstaculiza nuestro camino, partimos, rompemos, destrozamos la alimaña hasta matar su propio recuerdo. Y ahí, en ese acto sublime, reside la misericordia divina que guía nuestra mano.»

ACARD

—¡Rápido, rápido…, hay que salir de aquí! ¡Ebre, deja a los caballos sueltos, saldrán de aquí antes que nosotros!

Jacques el Bretón, con Dalmau cargado a sus espaldas, trepaba por el camino, o por lo que quedaba de él. La lluvia formaba una espesa cortina de agua que impedía cualquier atisbo de visibilidad, ríos de barro bajaban con la fuerza de un torrente, impregnándolos de una segunda capa de piel líquida y marrón, como si fueran seres espectrales surgidos de una tumba. El ruido del barranco era ensordecedor, las aguas habían rebasado el camino marcado por las piedras y anegaban la pequeña Encomienda de Susterris elevando su nivel a una velocidad de vértigo. La idea de huir a través del barranco fue abandonada, la fuerza de las aguas al despeñarse de roca en roca era brutal y cien imprevistas cataratas surgían de la piedra arrastrando todo lo que encontraban. Cuando un considerable tronco, arrastrado por la corriente, se estrelló contra la puerta del establo haciéndola añicos y atravesó el lugar como una flecha, Guillem no perdió el tiempo, ya lo habían perdido bastante. Maldiciendo y mascullando insultos, se organizaron con la rapidez de un gamo, con la única idea de salir de aquel infierno de agua que pretendía barrerlos.

Era tarde para lamentaciones y reproches, y si bien era cierto que los acontecimientos eran previsibles, no había duda de que abstraídos en sus propios problemas se habían dormido en los laureles. Los hermanos del Hospital les habían avisado múltiples veces, e incluso habían insistido en que se marcharan con ellos ante el peligro que se avecinaba. No era la primera vez que la Encomienda de Susterris sufría la acometida de las aguas. Sin embargo, con la peregrina idea de que había tiempo de sobras, Jacques y Guillem siguieron con su discusión sin prestar oídos a los buenos consejos.

El camino era un lodazal viscoso, un río de barro que corría marcando su propia dirección. Jacques, con Dalmau a cuestas, abría la comitiva empujado por Guillem, en tanto Ebre cerraba la marcha pegado a tierra, con las manos arañando el barro que se deshacía. Los caballos, asustados, pasaron veloces a su lado, sus cascos rozando su cabeza, en una huida precipitada. Un sonido atronador detuvo su laborioso avance durante un instante. Guillem, con expresión alarmada, agarró del cuello a Ebre que resbalaba cuesta abajo. Los gritos de Jacques eran un murmullo ininteligible, un aviso desesperado, mientras su brazo libre se movía frenéticamente indicándoles que le siguieran. Guillem, con Ebre fuertemente agarrado por el pescuezo, se desplazó rápidamente hacia la izquierda, siguiendo las indicaciones del Bretón y buscando un soporte sólido a sus pies. Cuando levantó la vista quedó horrorizado. Entre la masa gris de la lluvia, una sombra opaca y oscura se abalanzaba hacia él con un fragor que hacía temblar el suelo. Gateó a toda velocidad, intuyendo un estrecho sendero que le alejaba del desplome, y gritando a Ebre como un poseso. El muchacho, con el espanto reflejado en sus facciones, imitaba a su maestro movilizando toda la fuerza de sus brazos y piernas. Casi sin respiración, notó cómo su cuerpo salía disparado a toda velocidad, volando por los aires en dirección a Guillem, hasta quedar empotrado bajo su pecho. Lo último que pudo contemplar fueron las manos de su superior, agarrotadas alrededor de una gruesa raíz, las venas azules sobresaliendo en sus puños. Después, una lluvia de piedras y lodo pasó como un vendaval sobre sus cabezas con un ruido ensordecedor, cegándole y golpeándole, la ira de Dios precipitándose sobre sus delgadas espaldas.

Orset estaba desorientado, aún le temblaban las piernas por el miedo sufrido durante su última entrevista con Acard. Había entrado en aquella casa convencido de que saldría cargado de cadenas y grilletes y de que Acard intentaría cobrarse la cuenta pendiente... Sin embargo, nada de eso había sucedido. Estaba maravillado, aunque eso no impedía que su corazón anduviese enloquecido, golpeando su pecho con un ritmo desbocado. Las primeras gotas de lluvia se habían convertido en un aguacero torrencial que le impedía ver a dos palmos de sus narices. «Si no es Acard, será esta lluvia la que acabará ahogándome de una maldita vez», pensó, detenido en mitad de la nada. Ni tan sólo sabía dónde se encontraba, ni qué dirección tomar. «Lo primero que debo hacer es tranquilizarme, no dejarme llevar por el pánico», reflexionó. Respiró profundamente, intentado que los latidos de su corazón dejaran de sacudir su pequeño cuerpo. Tampoco podía quejarse, estaba convencido de que los dominicos habían creído su inverosímil historia, y era una suerte que fray Ermengol ya hubiera llegado... Sin él hubiera sido muy complicado convencer a Acard. Ermengol no se creería, ni por un momento, que Bertran fuera un traidor, no se correspondía con el concepto de traición que el fraile tenía en la cabeza, pensaría simplemente que Bertran era un avaricioso. Orset se admiraba ante la capacidad de Adalbert de Gaussac de conocer los más profundos sentimientos humanos, de saber con tanta precisión lo que anidaba en el alma de sus enemigos.

«Ermengol es inteligente, Orset, no debes olvidarlo.» El

177

enano recordaba las palabras del señor de Gaussac, de aquellos ojos que reflejaban una tristeza sin fin: «Nunca subestimes a tus enemigos, es un error que puede costarte muy caro. Ermengol es la cabeza de Acard, Orset, sin él ese infeliz no sería nada, y por eso debemos tratar con respeto esa inteligencia. Se creerá tu historia sin más explicaciones porque Bertran no es un traidor, ¿entiendes? Nada en él sugiere la traición. Pero es un hombre duro, fuerte, y Ermengol admira esas cualidades, cree que él mismo las posee. Se inclinará a pensar que la codicia es el peso que mueve la balanza, que un hombre como Bertran de Térmens sólo puede tener el vicio de la avaricia o de la ambición, acaso como él. Y no creas que Ermengol los tenga como vicios ruines y merecedores de castigo, ése sería otro error que no debes cometer, porque no es de dinero ni de oro de lo que hablamos, sino de poder. Fray Ermengol admira esa capacidad innata de poder y de autoridad, y a buen seguro será lo primero que perciba en Bertran».

Adalbert poseía todo el conocimiento y la sabiduría sobre los seres humanos y de aquello que les afligía. El recuerdo de sus palabras actuó como un calmante para Orset y notó cómo su corazón volvía a latir con un ritmo pausado. Había sido un padre para él y lo había protegido del desprecio de los otros, le había enseñado que la estatura nada tenía que ver con la bondad de los hombres ni con su valía. Había guiado su vida con mano segura, siempre atento a sus progresos. Fue él quien captó de inmediato la capacidad de Orset para remediar los males del cuerpo, su fascinación por las plantas y por los sanadores que, de vez en cuando, paraban en la casa para ofrecer sus remedios. Fue él quien le envió al convento de los franciscanos para que le instruyeran, después de enterarse de que allí vivía el mejor conocedor de los secretos de las plantas y sus poderes curativos, y siguió paso a paso su instrucción como si de un hijo se tratara. Y más tarde, cuando la tragedia ya estaba consumada y su mundo había desaparecido tragado por las llamas, Adalbert le había rogado que estudiara con atención las plantas que producían el ensueño y la pesadilla, que investigara con detenimiento las dosis adecuadas y sus consecuencias en los seres humanos. Sí, el señor de Gaussac siempre sabía de lo que hablaba y lo que quería. Y él obedeció con una confianza ciega, sin necesitad de preguntas ni explicaciones. Fue entonces cuando se encontró con el «Reig Bord», una seta muy especial y fácil de hallar, de la que había oído hablar a sus maestros franciscanos: tenía la capacidad de trasladar a su consumidor a otro mundo, de convertir sus sueños en pesadillas y de elevarle a las alturas más recónditas del alma. Muchos, en el devenir de los siglos, la habían utilizado para traspasar el umbral y para ver lo que nadie podía contemplar. La hermosa *Amanita muscaria*, el «Reig Bord» como lo denominaban sus maestros franciscanos, era llamada así por su capacidad de atraer a los insectos, con su llamativo sombrero de un rojo intenso punteado de blanco. Él mismo la había probado con la guía de su maestro, el bueno de fray Redom, aspirando aquel humo penetrante que surgía del recipiente metálico para entrar en sus fosas nasales, aquel vapor que le había transformado en una majestuosa águila que sobrevolaba un paisaje eterno, elevándose por encima de cumbres vertiginosas, sin desear volver. Orset se había convertido en un experto, hasta el punto en que decidió cambiar el nombre de la seta por otro que consideró más apropiado: la «Garra del Diablo», la bautizó, acaso intuyendo las intenciones de Adalbert de Gaussac.

«Ellos siempre han creído tener el poder de volver locos a los hombres, Orset, y no hay duda de que lo consiguieron en más de una ocasión y seguirán haciéndolo. Pero olvidan, siempre olvidan, que la locura es también parte de su patrimonio, y que sólo hace falta un leve empujón para que el sueño se transforme en pesadilla. Acaso haya llegado el momento, Orset, de mostrarles que esa locura también anida en el fondo de sus corazones y que sus actos darán forma a sus sueños. Y que no existe palabra que defina ni excuse el horror de su demencia.»

La lluvia empapaba a Orset sin que éste hiciera nada para evitarla. Necesitaba oír la voz grave y suave de Adalbert en su mente, sentir su cálida mano sobre su hombro, todo aquello que siempre le había procurado seguridad y paz. Perdido en sus recuerdos, el enano navegaba por su memoria con una amplia sonrisa en su rostro de rana, inmóvil: acababa de recordar la naturaleza del vino que había en su bota. Aquel maldito esbirro sediento de Gombau no tardaría en soñar, algo le arrastraría a los infiernos sin tener en cuenta su voluntad, y muy pronto la Garra del Diablo le zarandearía entre sus poderosas fauces.

—¿Qué es lo que sucede, Gombau, para qué demonios me has llamado? Si he de serte sincero, después de tanto tiempo, no me parece adecuado remover viejas historias pasadas.

Isarn, uno de los antiguos integrantes de la cuadrilla de Acard, mostraba una expresión hosca y recelosa. No le gustaba Gombau, nunca le había gustado, y eso aumentó su desconfianza. Ni siquiera sabía la razón por la que estaba allí. Se había detenido innumerables veces en el camino con la voluntad de regresar, de no acudir a la cita, pero algo que no podía describir le arrastraba. Acaso era un sencillo instinto de supervivencia... Si Gombau le había encontrado con tanta facilidad, ¿qué impedía que los buitres de la Inquisición se abalanzaran sobre él? Aquella posibilidad helaba sus huesos y le estremecía: ¿por qué en aquel preciso momento? Acababa de ser nombrado capitán de la guardia de un barón, que ascendía en la escala social a una rapidez inusitada, era un trabajo inmejorable. Hacía mucho tiempo que había cambiado su nombre y nadie conocía su verdadera identidad. Se había alejado, como si de la peste se tratara, de aquel territorio fronterizo en donde alguien pudiera reconocerle y exigirle cuentas. Los años habían contribuido a mejorar su anonimato, cubriendo de blanco su larga melena rubia y llenando de surcos su rostro afilado y pálido. Sin embargo, más bien parecía que sus esfuerzos por desaparecer habían sido baldíos y la dura realidad se imponía. Gombau le había encontrado, de eso no había la menor duda.

—¿Y Fulck?... Todavía no ha llegado. Pensé que os encontraríais en el camino. —Gombau no se molestó en responder a la pregunta de Isarn.

—Y quedamos para encontrarnos, Gombau, pero no se presentó. Por esa razón me retrasé, estuve casi dos días esperándole. ¿Puedes explicarme qué demonios está pasando de una vez por todas?

—No seas impaciente, todo a su tiempo... ¿No viste nada que te hiciera sospechar de un «desgraciado accidente», algo que le hubiera ocurrido al pobre Fulck y que explicara su ausencia? —Gombau empinó la bota y tragó un buen sorbo de vino, ofreciéndosela a su compañero.

—¿Un accidente?... ¿De qué infiernos estás hablando? —Fulck negó con la cabeza, no era momento de beber.

Gombau lanzó una estridente carcajada ante el rostro perplejo del viejo mercenario, sus ojos brillaban en un destello metálico. Estaban en el patio que había ante la casa, resguardados de la lluvia por la frágil protección de un olivo medio abandonado. Gombau iba a responder, cuando un violento manotazo hizo volar la bota de vino a unos metros de distancia y dejó una marca rojiza en sus dedos. Fray Ermengol, empapado, le miraba con furia.

—¡Se puede saber a qué estás aguardando, maldito imbécil, o es que esperas a terminar borracho como una cuba! —La indignación sonaba en su voz—. ¿Dónde está Fulck?

—Buenos días, fray Ermengol, aunque no se puede decir que el tiempo acompañe. —Isarn hizo notar su presencia, el dominico ni siquiera le había saludado—. No sé dónde pueda estar Fulck, no apareció a su cita conmigo.

Una risita aguda, surgida de la garganta de Gombau, hizo retroceder un paso a fray Ermengol. Sus redondas mejillas se alargaron en un gesto de disgusto, los ralos cabellos grises pegados a ambos lados de su cabeza, empapados, le daban un aire sucio y desaseado.

—No le veo la gracia, Gombau, esa afición al vino te hará perder la cabeza, o lo poco que queda de ella. —Ermengol se giró hacia el nuevo visitante con los labios apretados—. ¿Te ha puesto al corriente de la situación?

Isarn negó con la cabeza, aún esperaba un simple saludo de bienvenida que el dominico no parecía dispuesto a ofrecerle. Le observó con atención, inclinándose levemente, la cabeza del fraile sólo le llegaba al mentón. Comprobó que había envejecido mucho, aunque sus ojos conservaban la misma intensidad del pasado, aquella mirada distante y fría que cortaba la respiración. «Ojos de animal muerto», como solía decir Fulck, y tenía toda la razón.

—Alguien anda detrás de la vieja cuadrilla con malas intenciones, Isarn —le informó Ermengol a toda prisa—. Y casi

181

todos están muertos: Martí de Biosca, el canónigo Verat, el pobre imbécil de Vidal, Sanç y el de Cortinada. ¡Todos muertos!

Ermengol había puesto especial cuidado en la última frase: «to-dos-mu-er-tos», deteniéndose en cada sílaba y estudiando la reacción de su interlocutor. La expresión de Isarn no cambió un ápice, ni su cuerpo experimentó la menor alteración. Miró de reojo a Gombau, que seguía con su risa incoherente, y se mantuvo en silencio.

—Y posiblemente, Fulck ya esté en los brazos del Todopoderoso, no hay otra explicación a su ausencia —siguió Ermengol—. El resultado es que quedamos sólo cuatro y todos estamos aquí ahora. ¿Qué te parece?

—Sanç y Arnau de Cortinada están en Sicilia —afirmó Isarn cambiando de posición, su recelo aumentaba—. Estuve con ellos la noche antes de que su nave partiera, y gozaban de un estado de salud envidiable, no tenían intención alguna de regresar.

—Pero no les viste embarcar, amigo mío, ni tampoco que estuvieran en la nave cuando ésta partió, ¿no es cierto?... —Gombau se puso al lado de Ermengol, escupiendo sus palabras muy cerca del rostro de Isarn—. De lo que no hay duda es de que emprendieron un largo, larguísimo viaje. Hace poco nos visitaron, pobres infelices, y te puedo asegurar que su aspecto no era en absoluto saludable.

—Alguien desenterró sus cadáveres y los trajo aquí, Isarn, los sentó a nuestra mesa, no fue una visita muy agradable, te lo aseguro —atajó Ermengol con el rostro crispado.

—¿Y quién me asegura que no fuisteis vosotros mismos los que acabaron con su vida? —La pregunta salió disparada, cortante, Isarn mantenía la mirada clavada en Gombau. El estupor se reflejó en los rostros que le escuchaban.

—¿Y por qué demonios íbamos a hacer una cosa semejante? ¡Por Belcebú, es que te has vuelto loco, eran nuestros compañeros, o es que lo has olvidado! —Gombau se había despertado de golpe, la sonrisa desapareció de su cara—. También podría pensar que fuiste tú quien decidió eliminarles y aligerar su bolsa...

—¡Basta, callad de una vez y entremos en la casa! Te pondremos al corriente de todo, Isarn, no tenemos tiempo que perder. —La voz de Ermengol resonó con un chillido agudo.

Fray Ermengol corrió bajo la lluvia y se detuvo en el portal, agitando sus brazos con nerviosismo en dirección a los dos hombres. Durante unos largos segundos nadie se movió, contemplándose unos a otros, atrapados en un tiempo perdido que parecía volver con una furia devastadora. Gombau fue el primero en reaccionar, cogió a su compañero del brazo y le empujó en dirección a la casa. Isarn, sin ninguna expresión, se dejó arrastrar. En su mente iban tomando forma unas imágenes precisas, unas siluetas que durante largo tiempo había intentado desterrar de su cabeza. Sentía que se movían como sombras, todavía difusas, pugnando por delimitar sus contornos y hacerse visibles. Eran los espectros de sus víctimas, lo sabía, con sus insoportables gritos y alaridos, sus brazos alargándose hacia él, atrapándole en formas de pesadilla. Siempre habían conocido el lugar exacto de su madriguera, no había escondite que ellos ignoraran. Y él era un pobre infeliz por creer lo contrario, por esperar una redención que no existía.

Si alguien se hubiera atrevido a desafiar la tormenta en la corta distancia entre Tremp y Talarn, el día en que Orset voló por los aires, las habladurías se hubieran desbordado como el río, y aquel extraño prodigio hubiera sido adjudicado al mismísimo diablo. Sin embargo, la lluvia había obligado a casi todo el mundo a buscar refugio en sus casas y nadie pudo contemplar la maravilla. Orset se hallaba perdido, con los ojos cerrados y la atención puesta en la voz de Adalbert de Gaussac que le susurraba al oído. Ni tan sólo oyó los cascos de un caballo, que se acercaba con rapidez provocando la vibración del suelo. Aunque más tarde comentaría que pensó que se trataba del retumbar de los truenos que sacudían la tierra bajo sus pies. Alguien que le escuchaba, propagó el rumor de que el diablo andaba pegando coces en aquel infausto día en que las aguas casi ahogaron las almas de los pobres infelices.

Un brazo surgió de la espesa cortina de agua con una claridad deslumbradora, en el exacto momento en que un rayo partía el cielo oscuro en dos mitades geométricas. Primero se extendió horizontalmente, para luego inclinarse casi hasta el suelo, sujetando al enano a una velocidad que cualquier habitante del pueblo hubiera calificado de demoniaca. Impulsado por el golpe y sostenido por una mano fantasmal, Orset cabalgó sobre la lluvia un tiempo indeterminado hasta desaparecer en un vaho transparente, como si fuera una puerta a otro mundo.

—Sécate de una vez, Orset, estás chorreando. —Tedball miraba al enano con un aire de incredulidad—. Pero... ¿qué demonios hacías plantado en mitad del camino y bajo esa lluvia torrencial? ¿No habrás tomado ese hierbajo tuyo, esa maldita Garra del Diablo?

Orset se envolvió en las mantas y se acercó al fuego, tan cerca que casi podía sentir cómo se abrasaban las plantas de sus pies. Estaba tiritando y hasta aquel momento ni siquiera se había dado cuenta de ello. Paseó la mirada por la cueva adonde le habían llevado, una gruta amplia y muy adecuada a su estatura, a pesar de que Tedball y Bertran tenían que inclinarse para no chocar con el techo. Sonrió con satisfacción.

—Ese mercenario de Acard me robó el pellejo de vino... —susurró, sin dignarse contestar a las insinuaciones de Tedball.

—¿Tu vino especial para viajes de ultratumba, Orset? —inquirió Bertran de Térmens con ironía, al tiempo que se acomodaba a su lado, junto al fuego.

—¡Lo que nos faltaba!... Y tampoco era previsible que el cielo se abriera para ahogarnos a todos, esa maldita tormenta puede alterar nuestros planes. —Tedball paseaba con nerviosismo, con la cabeza ladeada en un ángulo forzado y sus cabellos rozando el techo de la cueva.

—Vamos, vamos, cálmate Tedball y siéntate con nosotros, vas a perder esa hermosa melena que aún conservas. —Bertran estiró las largas piernas y se frotó las manos—. Todo va bien, debemos adaptarnos a los pequeños cambios sin impaciencias.

—Estaba allí, parado en mitad de la lluvia, porque oí la voz de Adalbert —siguió Orset, como si no escuchara a sus compañeros—. Y no era gracias a la Garra del Diablo, Tedball, esta vez no... Eran recuerdos, gratos recuerdos que venían en mi ayuda. Estaba asustado y desorientado, todavía me temblaban las piernas y esperaba que de un momento a otro Acard apareciera y terminara conmigo.

—Y en lugar del malvado y pérfido Acard, apareció el largo brazo del caballero Tedball para salvarte de tus espantos. —Bertran rió—. ¡Dios Bendito, Orset, fue un auténtico milagro que nuestros caballos no te aplastaran! Te fue de muy poco, muchacho, tienes suerte de que Tedball posea una vista mejor que la mía y me lanzara un grito de advertencia. De lo contrario, en estos momentos serías picadillo para los buitres.

—¿Cómo fue tu entrevista con Acard? —interrumpió Tedball, sentándose a su vez junto a ellos.

—Adalbert diría que excelente, aunque yo estaba demasiado asustado para valorarlo. —Orset apartó los pies del fuego con una pequeña exclamación, se estaba quemando—. Pero sí, creo que Ermengol se tragó el anzuelo con sedal incluido. Me despidieron con prisa, querían salir cuanto antes hacia Gerri de la Sal tras la pista de Adalbert, pero esa tormenta…, no sé, estarían locos si emprendieran el viaje.

—Tan locos como nosotros, Orset —exclamó Tedball con un suspiro—. ¿Sabes dónde estamos? Muy cerca del monasterio de Gerri, amigo mío, esta cueva nos permite una vista magnífica del camino. Nadie va a pasar por aquí sin que nosotros sepamos de su presencia.

—No me extraña, es uno de los puntos indicados por Adalbert —contestó Orset, sin perder la sonrisa.

—Adalbert ha muerto. —La gravedad de la afirmación se diluyó entre las paredes de piedra, y Tedball apoyó su cabeza entre las manos.

Ni Bertran ni Orset parecieron sorprendidos por la noticia, y sólo el rostro del enano expresó consternación y una profunda tristeza que conmovió su pequeño cuerpo.

—Sí, era de temer, su corazón estaba exhausto de dolor y de sufrimiento. —Orset contemplaba las llamas—. Intuía que su fin estaba cerca. Se despidió de mí hará cosa de un mes, y ni siquiera estaba interesado en las medicinas que le entregué para aliviarle, aunque poca cosa más podía hacer por él.

—Esperábamos esa noticia hace tiempo. —Bertran estaba abstraído, su mente volaba lejos, perdida en recuerdos que se perfilaban con nitidez.

Hacía sólo tres meses que Adalbert de Gaussac había aparecido por la Encomienda templaria del Mas-Déu, en el Rosellón, con la única compañía de aquel impresionante rocín negro. No fue una sorpresa para Bertran de Térmens, esperaba aquella visita y se alegraba de ella. Durante años había sido informado por Adalbert de aquel extraño plan que crecía día a día, tejiendo sus hilos con una paciencia infinita. A su vez, Bertran, había tenido tiempo para pensar detenidamente. En más de una ocasión, había viajado a la Vall d'Aran, a Tredós, para discutirlo con Tedball, su hermano de religión y de sangre, ambos pertenecían al Temple desde muy jóvenes, acaso influenciados por los mismos fantasmas familiares. Habían analizado el problema desde los puntos de vista más inauditos, debatiendo de forma constante y enfrentándose a su pesar. Las arraigadas creencias religiosas de Tedball eran un obstáculo, y el asombro ante la postura de su hermano crecía a cada argumento que éste intentaba razonarle. Sus vidas, aunque parecidas y tanto tiempo unidas, habían transcurrido por derroteros diferentes. Y aunque su decisión fue firme en un momento dado de su existencia, acaso sus motivos fueran desiguales. Ambos habían ingresado en la Orden del Temple con un año de diferencia: Bertran marchó a Tierra Santa en busca de pelea, y lo único que Tedball solicitó fue que le enviaran a una Encomienda para dedicarse a aquello que sabía hacer mejor y que más amaba, cuidar de los animales. Ya desde la infancia y ante el asombro de su familia, Tedball pasaba gran parte de su tiempo con sus animales, con los que incluso mantenía largas conversaciones. Su especial dedicación había sido motivo de bromas y chanzas por parte de sus hermanos, más entusiasmados en el arte de la espada y el combate. Sin embargo, logró ganarse su respeto y su admiración. Tedball conseguía de cualquier bestia cosas imposibles de lograr por otro ser humano, y cuando sus hermanos necesitaban comprar un nuevo caballo, siempre era Tedball el encargado de elegir y domar al nuevo potro.

Bertran agradecía el silencio de sus compañeros, un silencio que parecía crecer en las paredes rocosas de la cueva, cada uno perdido en sus pensamientos sin que ello incomodara a nadie. Pensaba en sus hermanos… Sus hermanos pequeños, Artal y Eimeric de Palau, habían entrado al servicio de Adalbert muy jóvenes, y en su compañía se habían convertido en unos excelentes soldados. Habían seguido al señor de Gaussac en aquella guerra feroz, combatiendo por sus tierras y sus derechos, sus legítimos derechos.

Bertran se removió inquieto, el recuerdo de aquella guerra y sus consecuencias todavía le producían escalofríos. A pesar de estar curtido en cien batallas en Palestina, el horror de la carnicería en las tierras occitanas lograba erizarle la piel. Y él entonces estaba muy cerca, en la Encomienda del Mas-Déu, en el Rosellón, convaleciente de una grave herida, una situación privilegiada para contemplar el espanto. Había hecho desde allí lo que había podido, muy poco si lo comparaba con las dimensiones monstruosas de la matanza. Sus hermanos menores habían acudido a él para despedirse, huían con Adalbert y su familia para encontrar un lugar seguro... «Como si existiera un lugar parecido», pensó Bertran, endureciendo los contornos de su boca en un gesto de amargura. Ellos creían poder encontrarlo y desde allí reorganizarse, volver a la batalla para expulsar al francés de sus tierras... Todavía mantenían la esperanza, cuando a Bertran no le quedaba ni rastro de ella, sólo un profundo rencor que le atenazaba la garganta. Sus ojos estaban hartos de aquel espectáculo de sangre y de lágrimas, sólo deseaba que el horror se detuviera y que ellos pudieran huir de él. Vio sus rostros jóvenes, ocultos en un lugar protegido de su memoria, su sonrisa que se imponía al desastre: «Venceremos, Bertran, ya lo verás, pronto volveremos a casa». ¡A casa!... Bien que lo había visto, no había duda. Adalbert llegó dos semanas después al Mas-Déu, enfermo y cubierto de sangre, balbuceando palabras ininteligibles y devorado por la fiebre. Lo escondió en la Encomienda y cuidó de él, sin preguntar lo obvio, pensando que el hombre estaba a las puertas de la muerte. Pero algo hizo vivir a Adalbert, una furia soterrada que latía con desesperación y que movía su corazón en un ritmo constante, sin aflojar la presión. Una furia que lentamente se expresaba en palabras y le transmitía su poder.

Tedball se amarraba a la justicia como un náufrago se sostiene en un triste madero. Necesitaba motivos, causas que compensaran la brutalidad de los hombres, que explicaran la sinrazón. Sin embargo, Bertran no necesitaba respuestas, la bondad innata del corazón de su hermano no era parte de su herencia familiar. Lo había pensado con detenimiento, no podía negarlo, reflexionando sobre las consecuencias de sus actos... Sobre todo las consecuencias que debería asumir de forma irremediable, cosas en las que Tedball no hubiera perdido ni cinco segundos.

187

Bertran amaba al Temple, era su vida y así había querido que fuera, y su único temor era perder aquella existencia. Pero la duda fue breve y no permitió que se alargara, siempre había sido demasiado práctico para perderse en filosofías. Sin embargo, su hermano Tedball…, él era un hombre bueno y generoso, sin rastro de malicia, sus motivos habían sido siempre profundamente espirituales y aquellos acontecimientos habían perturbado su ánimo siempre sereno. Era lo único que preocupaba a Bertran, arrastrar a su hermano a aquella locura y perturbar su espíritu sin remedio. Se levantó pausadamente y puso una mano en la espalda de su hermano.

—Voy a preparar algo de comer, Tedball, un poco de carne seca. Y creo que Orset aún tiene ese excelente pan de cebada.

—Mientras no le haya puesto algo de esas repugnantes setas de pesadilla… —contestó lacónico Tedball, provocando la carcajada del enano.

Peramea se hallaba en un extremo, dominando el Pla de Corts, en una breve planicie entre dos considerables peñascos, y de ahí procedía el nombre del pueblo: «Petra Media». En su parte septentrional, se alzaba el gran castillo de los condes de Pallars, edificado sobre la roca y presidiendo el lugar. La población estaba rodeada de murallas, formada en muchos tramos por las propias casas de los vecinos, defendida y aprisionada al mismo tiempo.

Guillem se removió en su camastro, le dolían todos los huesos y su mano palpó con delicadeza su rodilla derecha. La caída sobre una puntiaguda piedra y el dolor que se extendía hasta su cerebro, casi le convencieron de que se había partido la pierna en el momento más inadecuado, aunque sólo su rodilla había recibido el golpe. Estaba hinchada y tumefacta, mostrando una gama de color del morado al negro. Abrió los ojos con dificultad, cada día le costaba más despertarse. Entre la penumbra de la habitación, vio a sus compañeros todavía durmiendo: el Bretón acompañaba el sueño con sonoros ronquidos; Ebre parecía una serpiente enroscada y su cabeza desaparecía entre sus piernas; Dalmau respiraba con dificultad, boca arriba, tal como le habían dejado.

Habían tardado cinco largos días en llegar hasta allí, adaptando la marcha al estado de salud de Dalmau y a la lluvia incesante. Ni siquiera recordaba cómo habían salido del cañón de Susterris con vida, después de que media montaña hubiera caído sobre sus pobres huesos. El viaje había sido complicado y difícil, con innumerables paradas, y hasta llegar a La Pobla de Segur, Dalmau fue transportado por Jacques casi sin sentido. Y no sólo la tormenta y la salud de su compañero habían representado un obstáculo…, el Bretón andaba convencido de que Acard y el resto de su cuadrilla emprenderían también el mismo trayecto, y se obstinó en elegir los peores atajos, evitando las poblaciones y obligándoles a una vigilancia que rayaba en la demencia. En La Pobla de Segur descansaron un día porque Guillem pensó que Dalmau no podría seguir, su rostro macilento hacía temer lo peor. Sin embargo, en el transcurso de veinticuatro horas, tuvo lugar una recuperación casi milagrosa, y una voluntad inexplicable levantó al anciano de su postración. En sus ojos, brillantes a causa de la fiebre, se leía una determinación difícil de definir. Dalmau no abandonaría aquel maldito asunto aunque estuviera agonizando, pensó el joven, una fuerza sobrenatural le mantenía vivo, un sentimiento de culpa profundo que cubría cada palmo de su piel. Después de descansar durante todo aquel día, fue el primero en levantarse y preparar la marcha, andando a buen paso hasta el desfiladero de Collegats. A partir de allí, y a consecuencia del desbordamiento de ríos y barrancos por la lluvia, se desviaron para evitar la peligrosa garganta. Ascendieron por la sierra de Perecalç y por el pueblo del mismo nombre, atravesando en la oscuridad Cortscastell, temerosos de que Acard estuviera pasando la noche allí. El último tramo hasta Peramea fue una pesadilla. A pesar de su férrea voluntad, el cuerpo de Dalmau le abandonaba, incapaz de seguir el ritmo de sus pensamientos. Tuvieron que alternarse para prestarle ayuda, hasta que el Bretón volvió a cargárselo a las espaldas, inmune a sus quejas y protestas. Guillem se adelantó, embozado en la capa, para buscar en el pueblo un lugar para descansar sin que nadie les molestara. La visión de una abultada bolsa de monedas hizo el milagro con un vecino que, según decía, tenía que asistir a la vela de un pariente.

—Ya que tengo que asistir al velatorio y después al entierro,

189

podéis quedaros en mi casa, es un buen trato —exclamó ante el sonido de las monedas—. Dentro de tres días tendremos que bajarlo a Gerri de la Sal para enterrarlo. ¿Sabéis que no tenemos cementerio en el pueblo?... Hemos de bajar a nuestros muertos hasta allí. Pero eso sí, tenemos nuestro propio terreno y ellos el suyo, aquí nadie quiere ser enterrado junto a un vecino de Gerri.

Guillem asintió sin mucha convicción, no tenía intención de oír una larga lista de agravios comparativos entre pueblos vecinos. Cerró el pacto y contempló cómo el hombre y su mujer desaparecían tras haber dispuesto un pequeño hatillo con las cosas necesarias. Después fue a recoger a sus amigos, ocultos en las cercanías, y una vez instalados, volvió a salir en busca de información para calmar al Bretón, convencido de que la Inquisición les pisaba los talones. Se dirigió sin vacilar hacia una de las torres de defensa, en las murallas, los centinelas siempre eran una fuente inagotable de noticias.

—¡Menudo tiempo de perros! Deberían felicitaros por estar ahí, bajo esa lluvia infernal —exclamó con aire distraído y una débil sonrisa.

—No os lo podéis imaginar, llevo tres días amarrado a esta torre, podría dormirme de pie y nadie se enteraría. Y parece que no hay un miserable relevo... ¿Sois forastero? —El centinela era un hombre muy joven, casi un niño. Las constantes escaramuzas del conde de Pallars atraían a hombres de toda la comarca para luchar en sus filas.

—He venido para luchar en las huestes del conde, amigo mío, los soldados de fortuna como yo tenemos que aprovechar las ocasiones —dijo Guillem apoyándose en la muralla—, y parece que hay movimiento.

—Se está preparando algo gordo, tenéis razón —asintió el joven centinela—. Hace tres días, los hombres del abad de Gerri nos atacaron en Cartanís y dudo que nuestro conde deje pasar una cosa así. Tendréis trabajo de sobra por estas tierras...

—¡Eso suena bien, las trifulcas siempre llenan mi bolsa! —admitió Guillem—. Cuando os he visto, he recordado las aburridas guardias que me he visto obligado a hacer, demasiadas para mi gusto. La gente tiene la mala costumbre de presentarse a horas intempestivas...

—¡Cuánta razón lleváis! Aunque las dos últimas noches han sido tranquilas, creo que ya hay más gente forastera dentro del pueblo que fuera, y se rumorea que por ahí rondan los inquisidores, ¡Dios nos libre de ellos! Dicen que se han quedado en la iglesia de San Cristóbal, ya sabéis, en el camino de Pujol, muy cerca de aquí. De todas maneras, llevamos varios días en que los rumores son cada vez más disparatados, yo creo que es por la lluvia y por el entierro que se está preparando.

El aburrido y soñoliento centinela inició una larga explicación acerca del difunto, asesinado según él por los hombres del abad. ¡Se iba a montar una buena en el entierro!, aseguró. Guillem le dejó hablar con expresión atenta, aunque su mente tomaba un camino diferente y se detenía en la historia que le había contado el Bretón. Estaba dispuesto a ayudar a Dalmau en lo que fuera, no tenía ninguna duda de ello ni le causaba el menor escrúpulo. Se lo debía, había sido mucho más que un buen amigo, un maestro que se convirtió en un sólido soporte en tiempos muy duros para él. Después de escuchar un largo rato al centinela, se despidió con un cordial saludo, y con su complicidad salió fuera de las murallas. Necesitaba respirar el aire de aquella mañana, aprovechar la pausa en que la lluvia se había detenido silenciosamente, aunque no por mucho tiempo. El cielo era gris, cargado de humedad, y unos nubarrones oscuros avanzaban por el norte, señales claras de que la tormenta sólo se había retirado para recuperar fuerzas.

Dalmau creía que el Temple quería vigilarle porque no se fiaban de él, que los antecedentes de su familia, de su hermano, marcaban su nombre. Sin embargo, Guillem dudaba de que estuviera en lo cierto. Si la teoría de Dalmau fuera cierta, estaba muy claro que no le hubieran encargado aquella misión, no a él. Le conocían demasiado bien, y aquel trabajo era lo suficientemente ambiguo como para tratarlo de cien maneras diferentes. Ellos sabían perfectamente que Guillem no tendría la más mínima vacilación en situarse al lado de Dalmau, y que su lealtad estaría por encima de cualquier otra consideración. Y no olvidarían lo que en realidad era, un simple espía, un hombre de armas... El espíritu religioso de Guillem jamás entraba en contradicción con su trabajo, porque así había sido instruido desde muy joven. Ese mismo trabajo que le alejaba de la paz de

191

las Encomiendas y de la rutina de los rezos, siempre disfrazado y andando a la brega contra los enemigos de la orden. Ellos lo sabían. Guillem estaba convencido de que sus órdenes, un tanto confusas y casi siempre dudosas, se referían más a la protección que a la vigilancia. El Temple no deseaba que Dalmau emprendiera aquel camino solo, y a pesar de que la orden no pudiera inmiscuirse públicamente en el asunto, siempre había otros métodos a los que recurrir…, él, por ejemplo. Si *La llave de oro* existía, o si se trataba de una simple treta, era algo que debería descubrir en el camino, porque lo prioritario era Dalmau y su extraño viaje. Aparte de estas consideraciones, Guillem entendía a la perfección los motivos del señor de Gaussac, y posiblemente mucho mejor que Dalmau.

Un siseo agudo y molesto le despertó de sus pensamientos. Sin darse cuenta, se había adentrado por un estrecho camino perdido entre la vegetación, aunque todavía podía ver la silueta del castillo de Peramea. Se puso en guardia, observando a su alrededor y esperando la aparición de alguna alimaña molesta por su presencia. Un nuevo silbido dirigió su vista a la derecha del camino, un enano le estaba haciendo señas medio oculto por un matorral. Se acercó lo suficiente hasta que el siseo tomó la forma de su nombre: «¿Sois el de Montclar, Guillem de Montclar?».

Capítulo XII

Gerri de la sal

«Verdad y mentira son palabras que tienen una íntima relación, no sobrevivirían la una sin la otra, y están tan profundamente ligadas que hasta su significado las une. Acaso también lo estén la Justicia y la Venganza, porque aunque pretenden anunciar hechos diferentes, nunca he visto una sentencia que no contenga un peso razonable de represalia. En cuanto a la venganza como acto, siempre acostumbra a diferenciarse en relación con quien la comete. Será justicia para el poderoso, siempre ruin venganza para el villano o el infeliz. Dalmau podría hablaros durante horas, perdido en su voluntad de encontrar significado a simples palabras. Yo soy un hombre de hechos y me limito a adaptarme a la realidad de mis convicciones. Con esta sencilla norma me basta.»

JACQUES EL BRETÓN

*E*l Pallars Sobirà es una tierra regada por mil ríos que descienden de sus altas montañas formando múltiples brazos, como las venas y arterias de un cuerpo sabiamente repartidas. Durante siglos, sus gentes agradecieron la hostilidad de una geografía complicada para la conquista, rodeados de sus altos picos protectores y sus caminos siempre difíciles de transitar. El río Noguera Pallaresa parte esta tierra en dos mitades, abriéndose a los lados en afluentes y barrancos y dando paso a pequeños valles encerrados en su silencio. Su entrada, a través del espectacular desfiladero de Collegats, corre hermanada con las turbulentas aguas del río hasta la barrera de los Pirineos.

Incluso sus leyendas están impregnadas de la savia líquida que las alimenta, como la mítica ciudad de Pallars que, según la tradición, está hundida en el fondo del lago de Montcortés. Dicen algunos, que en los días sin sol, al asomarse a sus aguas, se pueden contemplar grandes edificios olvidados, calles y templos perdidos en el tono verde de sus aguas.

La última subida desde el pueblo de Baro a la ermita de Nuestra Señora de Arboló, había dejado exhausta a Orbria. Podía contemplar a lo lejos, el brillo del agua en las salinas de Gerri lanzando destellos minerales. De nuevo empezaba a llover y Orbria se levantó la capucha de su capa. A pesar de que la intensidad de la lluvia había disminuido, se sentía completamente calada hasta los huesos. La humedad parecía atravesar todo su cuerpo, y un crujido seco y desagradable surgía de sus rodillas a cada paso.

—Nos están siguiendo, tía Orbria. No tengo ni idea de cuántos pueden ser. —Adalais se encasquetó su viejo sombrero, ocultando su melena roja—. Tengo la sensación de no hacer nada más que robar la vida a esos malditos sicarios, nunca se acaban.

—Dijiste que eran tres. En el puerto de la Bonaigua, ¿recuerdas? A uno lo mató *Betrén* y los otros se separaron. —Orbria cerró los ojos—. Y uno encontró su fin en Sort… Según mis cuentas, Adalais, queda sólo uno.

—Eso es una pura conjetura, tía Orbria, no puedes saberlo. Quizás en Sort hubiera más hombres de Acard, no sé, están por todas partes.

—Sí, sí lo sabes, y yo también. Podría ser, tienes razón, pero no es probable. Acard no ha tenido tiempo de movilizar a nadie, te olvidas que desea llevar este asunto como algo particular, casi en secreto. No pedirá auxilio al primer obstáculo, teme que los hombres del Tribunal le arrebaten la gloria, y ni tan sólo tenemos constancia de que en La Seu sepan algo de sus triquiñuelas.

Orbria se levantó y miró hacia el camino que quedaba a sus espaldas. Después, con lentitud, buscó refugio en el pequeño porche de la ermita, indicando a Adalais que se acercara.

—Escucha, adelántate. Yo me quedaré un rato a descansar, necesito que mis pobres huesos se tranquilicen, estoy demasiado cansada para seguir. —Levantó los hombros en un gesto de indiferencia ante el estupor de la joven.

—¡Cómo que vas a descansar, acabo de decirte que nos siguen! —exclamó la joven, con el asombro brillando en sus ojos.

—Adalais, llevan años siguiéndome, muchos más de los que tú tienes. No debes preocuparte, estoy acostumbrada a estos menesteres, déjame en paz y sigue el camino. Me vendrá bien reposar unos minutos, te repito que estoy cansada y mis piernas se niegan a seguir… —Orbria hizo un movimiento con las manos, alejando a la joven—. Nos veremos en el lugar acordado, confía en mí.

—Te dejaré a *Betrén*.

—¡Ni hablar! —atajó Orbria con un grito—. No sabría qué hacer con él y acabaría haciéndome caer en este estrecho camino. Vete, Adalais, hazme caso y no discutas, sé de lo que estoy hablando.

La joven vacilaba, temía por la vida de la anciana. Sin embargo, observó el rostro alargado, los serenos ojos que le devolvían la mirada con una tranquilidad pasmosa, y se decidió. Tomó por las bridas al corcel negro y dio la vuelta, desapareciendo a paso lento en un recodo del camino. Orbria contempló su marcha con un suspiro de alivio, los esbirros de Acard eran la última de sus preocupaciones. Abrió su hatillo y dispuso en el banco, a su lado, una hogaza de pan y un trozo de queso tierno acompañado de la bota de vino y un racimo de uvas. Mordisqueó con desgana el pan, esperando, con la vista clavada en el panorama que se abría a sus ojos. La ermita de Nuestra Señora de Arboló estaba situada sobre un peñasco de considerable altitud que caía en picado sobre las aguas del río, formando una pequeña garganta donde el agua giraba vertiginosamente en forma de embudo. Una pequeña fortificación, que parecía abandonada, cerraba el conjunto. Seguía lloviznando, gotas heladas que se precipitaban desde algún cielo nevado, un espacio blanquecino y distante que nunca se mostraba. Durante media hora, Orbria se dedicó a estudiar con atención todo lo que la rodeaba, hasta que un esperado murmullo la hizo sonreír. Un hombre avanzaba por el camino, envuelto en una capa marrón, con los cabellos mojados y una expresión de cautela.

195

—Buenos días, buena mujer —saludó el desconocido—. ¡Hace un tiempo de mil demonios!

—Malo para viajar, tenéis toda la razón. Y mucho más para una vieja como yo… pero ¡qué le vamos a hacer! Tengo a mi pobre hermana enferma en Arcalís, no puede ni levantarse de la cama y sus piernas ya no pueden sostenerla. Y tanto viaje va a acabar conmigo… ¿Queréis comer alguna cosa?

—Bien, os lo agradezco. —El hombre miraba el trozo de queso con expresión hambrienta, sin que por ello dejara de observar el camino—. No sé, mi mujer se ha adelantado hace un rato, ¿sabéis?… Una joven con el pelo rojo, ¿acaso la habéis visto pasar por el camino?

—¡Oh sí, claro que la he visto, y hace un buen rato! Una joven muy agraciada, por cierto, tenéis mucha suerte. —Orbria cortó un trozo de queso y lo paladeó—. Os espera un largo viaje, buen hombre, vuestra mujer me preguntó cuál era el lugar apropiado para cruzar el río. Por lo que me explicó, creo que os habéis equivocado de camino y, con este tiempo, no os envidio, la verdad.

196

—¿Qué queréis decir?

—Bien, el barranco de Ancs queda en el otro lado del río… Y con este tiempo, el viaje al pueblo ha de ser una pesadilla, ¡Dios nos asista! Es una suerte que yo no lleve esa dirección, mis pobres piernas no resistirían aquella cuesta. —Orbria lanzó un profundo suspiro—. Le aconsejé que retrocediera, hay un pequeño puente a unos diez minutos en dirección contraria. Pero no me hizo el menor caso, y eso que parecía que llevaba mucha prisa. Tuve la impresión de que estaba muy enfadada… ¿Habéis tenido una pelea de enamorados? Espero que perdonéis la curiosidad de esta vieja.

—¡Oh, no, no, nada de eso!… Pero es posible que nos hayamos equivocado de camino, con este tiempo es fácil. —El hombre se sentó al lado de Orbria y aceptó un buen trozo de queso—. ¿Y queréis decir que si retrocedo hasta el puente del que me habláis, llegaría antes?

—Antes que ella, por supuesto —contestó Orbria con una sonrisa—. Y le daríais una agradable sorpresa. El camino a Ancs es muy pesado, os lo aseguro, no iría a ese pueblo ni que allí estuviera el remedio a mi enfermedad.

—No es una mala idea, os lo agradezco. Este queso es exquisito, de muy buena calidad, sois muy amable al ofrecérmelo. ¿Lo hacéis vos misma?

—No, no, soy muy torpe en estos menesteres. Mi hermana es la culpable de esta delicia, es una excelente cocinera, aunque ahora con su enfermedad no tiene ánimos para nada. Tomad, llevaos el pellejo de vino, os hará mejor servicio a vos, yo casi estoy en casa. Creo que aprovecharé que llueve poco para hacer el tramo final... ¡Ya he descansado demasiado! Y tomad, os suplico que os llevéis lo que queda de comida, vuestra mujer agradecerá un poco de alimento después de tanto viaje, os deseo suerte buen hombre, y que Dios os acompañe.

Orbria se levantó sin prisas, arregló su gastada capa y se apoyó en el bastón. Se despidió del esbirro con la mejor de sus sonrisas y emprendió el camino conteniendo la respiración, esperando oír en cualquier momento los pasos del hombre detrás de ella. No había sido una mala historia, pensó, un poco improvisada y sin demasiado tiempo para florituras, pero los hombres de Acard no se destacaban por su inteligencia. Siguió caminando lentamente, exagerando su cojera y controlando el deseo de girarse y contemplar el resultado de su engaño. Se detuvo y volvió a aspirar con fuerza, como si le fallasen las piernas, aprovechando un saliente de la roca del camino para apoyarse. Entonces dirigió su mirada distraída hacia Arboló y no vio a nadie, ni allí ni en el camino que seguía. No pudo evitar soltar una corta carcajada, le resultaba difícil aceptar que hubiera sido tan fácil, demasiado fácil. Y no estaba acostumbrada a las soluciones sencillas.

Se quedó allí un buen rato, a la espera, aprovechando la pausa de la lluvia que había vuelto a interrumpir su constante goteo. El rostro de Orbria expresaba una gran placidez, sus rasgos relajados la hacían parecer más joven y el pelo suelto, veteado en gris, se esparcía por sus hombros liberado de la prisión del pañuelo. Recordaba a su hermana mayor, Adalais, su risa fresca y contagiosa, los años de travesuras en la casa paterna... Aquel cuerpo espigado tan parecido al de su hija, la madre de Folquet, con la mirada perdida siempre en sueños. El recuerdo de Adalais viva, de Adalais riendo y bailando, de sus confidencias al anochecer. Ése era el mundo en donde

Orbria deseaba vivir, el mundo del que hablaba con Orset, el único amigo que sabía perfectamente a qué se refería, su pequeño amigo que había nacido con la buena estrella de no crecer nunca.

—Cuando llegue el momento, Orset, deseo volver a mi mundo, al lugar donde fui tan feliz. Y tú tendrás que ayudarme, preparar la exacta dosis de Garra del Diablo para mí... y dejar que me vaya. —Orbria se lo había pedido hacía unos meses.

—Vamos, Orbria, sabes muy bien que eso podría llevarte hasta la pesadilla, a momentos precisos a los que nunca desearíamos volver —discutía Orset.

—No, no lo entiendes, Orset, yo ya vivo en esa pesadilla. Y tú siempre dices que la Garra del Diablo nos lleva a nuestro propio interior, que pasea por nuestra alma y sólo nos muestra lo que hay en ella —insistía Orbria con obstinación—. Sabes que dentro de mí sólo existen los tiempos felices... y quiero volver a ellos antes de morir. Es lo único que me queda, Orset, mi memoria, allí poseo un terreno propio para seguir viviendo.

Su buen amigo la contemplaba con la inquietud en la mirada, intentado descifrar sus sentimientos. Siempre habían estado muy unidos, compartiendo una existencia de dificultades, y no necesitaban hablar para comprenderse. Orset, el hijo de Garsenda, aquella mujer siempre tan afectuosa con todos, lista para descubrir sus necesidades y atenderlas. Orbria todavía sentía el aroma que desprendía, a pan recién hecho y a tortas de centeno, a romero y flores frescas.

Se incorporó de nuevo, sacudiéndose invisibles motas de tierra de su capa. Era tiempo de reemprender el viaje, los recuerdos ya habían proporcionado la fuerza que necesitaba y pronto vería a Orset. Adalais la estaría esperando con la inquietud en su ánimo y no quería hacerla sufrir inútilmente.

—No hay tiempo que perder, Acard. Debemos trasladarnos a Gerri de la Sal inmediatamente, sólo nos faltaría encontrarnos en medio del tumulto de ese entierro que están preparando... —Ermengol recogía los papeles que había sobre la mesa.

—¿Qué le ocurre a ese estúpido de Gombau? —Como era

habitual, Acard parecía no escuchar a su compañero—. Creo que ha estado bebiendo en exceso, es como si se encontrara a cien leguas de distancia. No sé si es prudente fiarse de él, ni tampoco de Isarn. ¿Has observado cómo no nos pierde de vista?... Más bien parece que nos esté vigilando.

—Acard, olvídate de ellos y escúchame con atención. Los ánimos de los vecinos de Peramea están encrespados, los hombres del abad han matado a uno de los suyos, y es necesario partir antes de que empiecen a movilizarse. En cuanto a Gombau, creo que tienes razón, bebe demasiado, aunque nunca lo había visto en ese estado... —Ermengol hizo una pausa, Acard no estaría contento con sus noticias. Inspiró con fuerza antes de continuar—: He escrito al inquisidor general y le he explicado parte del asunto, a grandes trazos, desde luego, sin detalles que nos perjudiquen. Y no he comentado nada de nuestras sospechas acerca de esas muertes y...

—¿Qué estás diciendo? —le interrumpió Acard con un grito, su semblante estaba deformado por la ira—. ¡Pero cómo te atreves a tomar una decisión sin contar con mi autorización, te has vuelto loco, Ermengol, completamente loco! En cuanto lo sepan se abalanzaran sobre nosotros como buitres carroñeros. ¿Sabes cuántos de nuestros hermanos darían la mitad de su fortuna por saber lo que nosotros sabemos?

—Necesitamos ayuda, Acard, y con urgencia. —Ermengol empujó con suavidad a su compañero que le cortaba el camino—. Vamos, amigo mío, estamos metidos en problemas, en graves problemas, y estamos solos. Era la única solución posible y tú lo sabes. No podemos confiar en Gombau, ni tampoco en Isarn... ¡Los tiempos han cambiado, Acard!

—¿Por qué crees que siempre llevas razón, Ermengol? —Su figura alta y delgada se elevaba como una sombra amenazadora—. ¿Por qué consideras que mi opinión no vale nada? ¿Has pensado en cómo me siento con tus constantes alardes de superioridad?

—No es momento para discusiones, Acard. Debemos partir de inmediato y refugiarnos en el monasterio de Santa María de Gerri, y allí esperaremos a los hombres que nos mande el Tribunal. Este asunto se ha terminado para nosotros, está tomando unas dimensiones que nos sobrepasan, amigo mío. Lo he pen-

199

sado detenidamente y no tiene ningún sentido seguir como hasta ahora.

El sonido cristalino del agua se impuso al repentino silencio de los dos hombres. Las fuentes que manaban debajo de la misma iglesia de San Cristóbal entonaban una melodía con un solo compás que se repetía incansable. Los acusados rasgos de fray Acard se endurecieron, sus pómulos se elevaron hasta casi rozar el borde inferior del ojo. Dio dos pasos en dirección a Ermengol, situándose muy cerca de él.

—No, Ermengol, esto no se ha acabado —siseó entre dientes.

—Acard… —Ermengol retrocedió ante la cercanía del aliento de su compañero, buscando nuevos argumentos que le convencieran.

—No. —La simple negación sonó como un trueno en la iglesia—. Este asunto no se ha acabado, Ermengol, aunque nuestra relación tenga que pasar por ese duro trance.

—Amigo mío, no lo entiendes, tu vida peligra —intentó defenderse Ermengol—. ¡Se nos ha escapado de las manos, Acard! Estamos solos, sin ninguna protección, y muchos de nuestros hermanos han encontrado la muerte en momentos como éste, pensando que su valor era suficiente para enfrentarse a sus enemigos. Ha llegado la hora de confiar en el inquisidor, Acard, es el único capaz de sacarnos de esto.

—Tienes miedo, eso es lo único que te ocurre, temes perder tu miserable pellejo. —Acard soltó una seca carcajada que resonó en las paredes de la iglesia—. Llevamos demasiado tiempo juntos, Ermengol, y ha sido un error permitir que pensaras que eras tú quien llevabas las riendas, la mente calculadora que todo lo soluciona, el que todo lo ve y todo lo escucha. No, ¿me oyes? Cien veces no. Ahora soy yo quien te dirá lo que hay que hacer.

—Este asunto ha nublado tu mente desde que oíste el nombre de Adalbert de Gaussac. —Ermengol se negaba a dejarse intimidar, en su frente aparecieron unas marcadas arrugas, profundos surcos que la atravesaban de parte a parte—. Nunca fue un asunto del Tribunal, Acard, ¿no es cierto? Es algo tuyo, la continuación de tu venganza particular, y no te detendrás hasta darle muerte. Tu odio te ciega y no te permite ver la realidad, porque olvidas que lo más probable es que sea él quien acabe contigo.

—O sea, que según tu parecer, *La llave de oro* es una simple excusa, algo sin importancia… Sin embargo, no pensabas así cuando comenzamos todo esto. Dime, ¿qué es lo que te ha hecho cambiar, Ermengol, qué causa te empuja a actuar de esta manera? —Acard escupía sus preguntas con el rostro congestionado—. ¿Por qué razón me traicionas?

—Eso es una estupidez, sólo me limito a proteger tus espaldas como siempre he hecho, no lo olvides. —Ermengol intentó llegar a la puerta, pero las manos de su compañero agarraron su hábito.

—Es la soberbia quien habla por tu boca, Ermengol, ése es tu peor vicio. ¿Proteger mis espaldas?… —Acard temblaba a causa de la risa—. ¿Por eso te has pegado a la sombra de mi hábito durante todo este largo tiempo? ¿Por eso nunca has dado un paso para librarte de mí y me has seguido hasta las puertas del Infierno? No, no, no, amigo mío, has sido tú quien ha buscado mi protección, no te equivoques, por mucho que andes voceando tu superioridad y conspirando a mis espaldas. ¿Acaso crees que ignoro tus manejos con Gombau…, esos continuos cuchicheos de comadrejas?

—¡No sé de qué me estás hablando! —Ermengol había empalidecido.

—Desde luego que lo sabes, no tengo la menor duda. —Acard se sentó en uno de los bancos de la iglesia, estudiando el blanco semblante de Ermengol—. Has pensado que podrías manejar muchas cartas en una sola mano, siempre convencido de estar por encima de todos los demás. ¿Con quién has hecho un trato, Ermengol, y desde cuándo? ¿Con nuestros queridos hermanos del Tribunal o con el propio inquisidor?… ¿O has llegado al límite y has pactado con Adalbert?

—¡Te has vuelto loco, Acard, completamente loco! —Las palabras de Ermengol carecían de fuerza y su cuerpo parecía desplomarse, encogerse sobre sí mismo. Sus manos buscaron el soporte de un banco de la iglesia.

—¿Ésa será la acusación, la locura…, una locura que has compartido desde hace tantos años? ¡Qué pérdida de tiempo, Ermengol! —Acard seguía riendo, sus ojos lanzaban destellos de malicia.

—No lo entiendes, Acard, yo nunca te he traicionado, sólo

que... —Ermengol vaciló—. Quería apartarte de este maldito asunto, ésa es la única verdad. Estábamos a punto de conseguirlo todo, Acard, ¡todo por lo que hemos luchado! Hasta que apareció Bertran de Térmens con su maldita lista y el nombre de *La llave de oro* y... Fue el principio del fin, debes entenderlo, el riesgo era demasiado elevado para los dos, podemos perderlo todo.

—¿El riesgo para quién? —Acard no soltaba a su presa—. ¿Para el pobre e inteligente fray Ermengol, siempre al servicio de las causas nobles? Y ya que Acard está tan sumamente loco, que ha perdido todo atisbo de buen juicio, ¿quién quedará para llenar ese vacío en nuestra fiel causa, quién podrá mantener el peso insoportable de la batalla contra la herejía? ¡Ermengol, por supuesto, Ermengol es el único que puede confortar y sostener a nuestro gran inquisidor! ¡A quién me has vendido, maldita sanguijuela del demonio!

—Sólo les dije que estabas cansado, Acard, exhausto. Y lo entendieron... —balbuceó Ermengol—. Ésta es una batalla desigual y lo saben, la herejía tiene muchos caminos para mermar nuestras convicciones y agotar nuestro ánimo, ¿cuántos de nuestros hermanos han sufrido esa espantosa sensación? Son muchos años, Acard, debes entenderlo, y esa circunstancia nubla nuestro entendimiento y no nos permite discernir. Tu obsesión por Adalais de Gaussac te ha tenido encarcelado durante mucho tiempo y...

—¡Adalais de Gaussac está muerta, Ermengol! —interrumpió Acard a gritos—. ¿De qué demonios me estás hablando?

—¿De verdad crees que está muerta?... Porque por lo que yo sé, está presente aún en todas tus pesadillas. —Ermengol se levantó, alisando los pliegues de su hábito en un gesto habitual en él, después sus manos acariciaron los cabellos de sus sienes—. Adalais y su hermoso rostro, Acard, su mirada dulce y soñadora, aquella sonrisa que iluminaba la oscuridad y era capaz de penetrar en la penumbra, el grácil cuerpo de contornos tan suaves, ¿la recuerdas no es cierto?

—Por lo que puedo ver, Ermengol, no la recuerdo tan bien como tú. —Acard se plantó ante su compañero con la inquietud en su gesto—. El único que durante años no ha dejado de mencionarla has sido tú, y no hablas de mis pesadillas, sino de las tuyas...

—¡Todo lo que he hecho ha sido para apartarte de su espectro, Acard! —El tono de Ermengol ascendió en un grito agudo y extraño—. Esa bruja consiguió hechizarte y transformarte en lo que nunca habías sido, atormentó tu existencia desde el mismísimo umbral de la muerte y sigue haciéndolo, Acard, día a día… Y cuando creí que todo había terminado, apareció el maldito Bertran con su historia, arrastrándonos al pasado… ¡Era Adalais desde el fondo de su tumba, Acard, para llevarnos hasta ella!

Los agudos chillidos resonaron en la nave de San Cristóbal, ocultando el sonido de sus fuentes. Acard, con el asombro en el semblante, contemplaba a su compañero con estupor. Se desplomó en el banco de la iglesia con un gemido, apoyando la cabeza en sus manos.

—¡No podía contemplar impasible tu sufrimiento, Acard! —seguía chillando Ermengol—. ¡El recuerdo de aquella noche infernal estaba acabando contigo, gritabas cada noche susurrando su nombre y tus alaridos rompían el silencio, mi silencio!… ¡No podías olvidar cómo tomaste su destrozado cuerpo y lo lanzaste al fuego en medio de risotadas, Acard, lo volteaste cien veces y lo tiraste a las llamas!

Ermengol paseaba arriba y abajo, frotándose las manos al tiempo que intentaba alisar las solitarias guedejas grises que colgaban a los lados de su cara, con la mirada perdida y vidriosa. Acard contemplaba el nervioso movimiento, y una certeza imposible se abrió paso con fuerza en su mente. Finalmente sólo pudo balbucir, en voz muy baja.

—Fuiste tú, Ermengol… Yo vacilé hasta el último momento, huí de allí incapaz de soportar aquella orgía de sangre. ¡Fuiste tú!… Yo sólo podía ver a la niña con quien había jugado en mi infancia, sus ojos suplicantes… Tú me explicaste con detalle lo sucedido y no has dejado de hacerlo en todos estos años. Dios misericordioso, ¿quién va a protegerte ahora, Ermengol?

—Tus mentiras son una infamia que no me afecta. —El tono de Ermengol cambió repentinamente, su voz pausada se impuso de nuevo, un tono controlado que arrastraba las palabras—. Pero no me importa, Acard, en el Tribunal ya saben lo que tienen que saber. Ahora partiremos hacia el monasterio de

Gerri, allí estaremos bien, lejos del peligro. Gombau se ha adelantado en compañía de Isarn, nos estarán esperando.

Acard se levantó lentamente, sin dejar de observar aquella calma forzada que mostraba su viejo compañero, el dique que había alzado en breves segundos para contener el inconsciente que pugnaba por huir. No contestó, cogió la capa y se la puso sin prisas. Después, sin una palabra, salió de la iglesia. Ermengol exhibió una sonrisa extraña, sus labios se curvaron hacia el mentón en tanto sus ojos giraban en sus órbitas. Después siguió recogiendo sus papeles, sacudido por una risa intermitente que movía su cuerpo en una extraña danza.

La intención de Gombau de husmear en el pueblo de Peramea fue rápidamente interrumpida por un vecino convencido de que el esbirro era un espía del monasterio. Gombau no insistió, asustado ante el ánimo hostil de aquellos hombres que crecía peligrosamente. Por nada del mundo quería llamar su atención. Lanzó un silbido, avisando a Isarn, y ambos tomaron el camino que llevaba a la población vecina de Gerri de la Sal. Gombau no se encontraba bien, llevaba unos días en que un mareo intermitente le atacaba de golpe, sin previo aviso. Una especie de niebla aparecía ante sus ojos como si estuviera a punto de quedarse ciego, y una sensación helada se instalaba en la boca de su estómago. Tomó un breve trago de la bota de vino, el líquido le calmaba, y ahora no estaba Ermengol para arrebatársela de un manotazo. ¡El maldito Ermengol!… Últimamente aquel hombre estaba muy extraño, su conducta había cambiado, aunque Gombau no podía decir con precisión en qué sentido. Quizás eran sus órdenes contradictorias, o su discurso en ocasiones incongruente y confuso. No tenía manera de averiguarlo, pero estaba harto de sus superiores, inquieto por no saber lo que estaba pasando en realidad. En tanto Ermengol le ordenaba una cosa, Acard contraatacaba con la orden contraria… ¡Qué demonios les pasaba! Y no eran momentos para la disputa, de eso estaba convencido, el de Gaussac les estaba pisando los talones y Gombau era capaz de percibir su mortal presencia. ¿Y qué decir de aquella extraña obsesión de Ermengol con la señora de Gaussac?… Gombau no podía

comprender aquella obstinación de su superior, siempre obce-
cado en poner en boca de Acard sus propios pensamientos. De
lo que sí estaba seguro, era de que aquel comportamiento les
estaba perjudicando a todos. Siempre había admirado a Ermengol, un hombre al que jamás le temblaba el pulso en las situa-
ciones más difíciles y que tenía una seguridad envidiable. Muy
al contrario que Acard, que sólo hablaba, hablaba, hablaba…,
y cuando llegaba el momento de la verdad huía como un conejo asustado. Fray Ermengol tenía la intención de cargar sus
«errores» en la espalda de Acard, nunca había sido hombre de
grandes lealtades. Gombau lo sabía y estaba de acuerdo, era un
plan coherente y fácil. Sobre todo en los últimos tiempos,
cuando una mano anónima había hecho llegar al inquisidor
general informaciones peligrosas acerca de la vieja cuadrilla de
Acard. Al principio, Gombau sospechó que había sido el propio
Ermengol, pero empezaba a tener sus dudas… Aquella mano
anónima no se había detenido simplemente en enviar su veneno al Tribunal de la Inquisición, sino que se ampliaba lanzando sus blasfemias en todas direcciones: la información había
llegado al mariscal del rey y a las órdenes militares, formando
una tupida red de murmuraciones, como una espesa tela de
araña. No era que tales «difamaciones» faltaran a la verdad, sino que se presentaban mucho peores, si es que ello era posible.
Fray Ermengol no había tenido otro remedio que encauzar la
responsabilidad de aquellas atrocidades hacia Acard, y había sido una solución brillante, pero… Gombau movió la cabeza de
lado a lado, vacilando, era preocupante que Ermengol se tomara el asunto tan al pie de la letra, porque una cosa era cargarle
el muerto al infeliz de Acard y otra muy diferente creérselo a
pies juntillas. En ocasiones parecía que fray Ermengol deliraba,
con aquellos ojos extraviados, explicándole detalladamente
una realidad que no existía. Y Gombau lo sabía, había estado
allí, por ejemplo en el maldito asunto de Gaussac… Las meditaciones de Gombau se vieron repentinamente interrumpidas,
Isarn le estaba hablando.

—Esta historia no tiene ni pies ni cabeza, Gombau. Si el de
Gaussac está vivo, y si llevas razón en lo que está haciendo…
¿Qué impide que fray Acard movilice a todo el Tribunal para
darle caza? No lo entiendo, nada de esto tiene sentido.

Gombau salió de su ensimismamiento con esfuerzo, clavando la vista en su antiguo compinche, y retrocedió un paso, alarmado. En el rostro de Isarn, muy cerca del labio, una enorme pústula se abría rompiendo la carne. Con un grito involuntario y la boca desencajada, le llamó la atención señalando con su dedo la repugnante herida. Isarn lo miró asombrado, pasándose la mano por la cara.

—¿Qué demonios te ocurre? ¡Estás sudando como un cerdo! —El gesto de Isarn era hostil.

Al tiempo que hablaba, una parte de su boca estalló en otra llaga purulenta y en sus manos aparecieron manchas azuladas y grises. Gombau lanzó un alarido, retrocediendo, mientras en el rostro del viejo mercenario no cesaban de abrirse grandes boquetes sanguinolentos, sin que él pareciera notarlo.

—¡Gombau! ¿Qué demonios te ocurre?... ¿Estás enfermo? —La voz de Isarn atronó en los oídos del sicario, encerrada en una caverna que multiplicaba sus ecos.

La mano de Gombau corrió ligera en busca de su daga. Ante sus ojos, Isarn se descomponía y un penetrante e infecto olor a muerte le envolvió sin remedio. ¡Estaba muerto!, pensó con espanto, ¡como Sanç y el de Cortinada, surgía de la tumba para arrastrarlo al abismo!... Sus recelos y sospechas no eran producto de la animadversión que sentía hacia él, sino de la realidad: ¡estaba muerto y los había engañado a todos! ¿Cómo era posible un prodigio parecido, cómo había podido huir de la muerte y hacerse presente, tangible a sus manos? Un brazo descompuesto se alzó ante su rostro, los pedazos de carne colgaban inertes y el olor era irrespirable, un brazo que parecía acercarse a él. Gombau, presa del espanto, sacó la daga de su escondite y asestó un golpe seco, apartándose con rapidez. La expresión de Isarn, desfigurada, mostró un atisbo de sorpresa y se llevó las manos al pecho abierto. Su mano se alzó en un gesto de defensa, unos huesos afilados que intentaban detenerlo. Gombau, enloquecido ante lo que sus ojos veían, le acuchillaba una y otra vez sin detenerse, golpeando la carne viva que se negaba a regresar a su sepulcro.

—¡Vuelve al infierno del que has salido, maldito espectro de Satanás! —Los gritos resonaban en el camino, incesantes, repitiéndose una y otra vez.

El agotamiento le impuso una pausa, temblando y sudoroso contempló los restos desperdigados que una vez habían pertenecido al viejo mercenario. Nadie iba a arrastrarle a un sepulcro que no era el suyo, ni tan sólo aquella turba de muertos que se alzaban entre los vivos para acabar con su vida. Un nuevo alarido de terror rompió el aire cargado de humedad. Gombau, con los ojos desorbitados, retrocedía de espaldas buscando la huida. Un brazo se arrastraba hacia él, un brazo huérfano de su soporte que se acercaba con esfuerzo, solitario, con los dedos de la mano aferrados al polvo del camino, señalándole. El pecho roto de Isarn experimentó una sacudida y se levantó de golpe, cubierto enteramente de sangre, como una especie de títere movido por manos espectrales, sentado, girando la cabeza en un círculo perfecto hasta detenerse ante los enloquecidos ojos de Gombau. El tajo en que se había convertido su boca se abrió para lanzar una demoniaca carcajada, que lanzó a Gombau hacia una desenfrenada carrera cuesta abajo, gritando y chillando, en un alarido que rebotaba de roca en roca, como si la piedra pudiera captar el significado del mensaje.

207

En el camino de Peramea a Gerri de la Sal, unos arbustos se movieron al compás de la brisa. La expresión ceñuda de Guillem de Montclar, con la boca abierta por la sorpresa, asomaba tras el verde de la mata. A su lado, aunque unos centímetros más abajo, el rostro impasible de Orset contemplaba la escena. Dos cabezas más emergieron del verde salpicado de flores violeta, Bertran y Tedball se miraron en un mudo interrogante.

—Por todos los santos… —murmuró Guillem, incapaz de otra expresión más ingeniosa.

—Había visto esa misma mirada en Martí de Biosca, Orset, pero… —Bertran buscaba la expresión correcta, sus rasgos parecían de piedra—. Bien, Martí parecía estar en un sueño paradisiaco, a punto de elevarse al séptimo cielo, pero esto, esto… No tengo manera de describirlo.

—¡Es terrible! ¿Qué demonios ha visto Gombau para ser capaz de semejante carnicería, Orset? —balbució Tedball, aún llevado del horror de la escena.

—Los deseos de Martí de Biosca era muy simples, Bertran.

Podría jurar que lo único que anhelaba era una mujer hermosa con la que yacer eternamente. O acaso vivir en unas bodegas celestiales para siempre... —Orset habló pausadamente, pensando cada palabra, no estaba impresionado ante la carnicería que había contemplado—. Gombau es un asesino, toda su existencia es un mar de sangre y horror, quizás le asuste la muerte..., su muerte, para ser más exactos. No lo sé, muchachos, y tampoco tengo interés en averiguar lo que ha visto.

—¿Y todo lo que hemos contemplado es producto de esa Garra del Diablo de la que estás hablando? —Guillem se incorporó sobre la hierba, apoyándose en un codo.

Orset se limitó a asentir con la cabeza. A pesar de conocer las propiedades de aquella seta, había quedado asombrado por sus efectos. Bertran le había contado la muerte de Martí de Biosca, y también la del canónigo Verat. Orbria tendría que darle los detalles de la agonía del notario Vidal... No había duda de que tenía un poder extraordinario. Y entonces recordó las palabras de su buen maestro franciscano: «La *Amanita muscaria* es un bien de la tierra al que debemos tratar con respeto, Orset, un gran respeto. La razón de que el buen Dios lo pusiera en nuestras manos es un misterio que todavía no me explico. Tiene el poder de mostrarnos el alma y lo que hay en su interior... Y dime, Orset, ¿quién de entre nosotros tiene el coraje suficiente de contemplarla, de enfrentar nuestras buenas obras con los malos pensamientos que siempre se ocultan en algún rincón oscuro? Esa parte que queda en la penumbra, es aquello con lo que peleamos toda nuestra existencia para que no salga a la luz. Su visión puede enloquecer al alma que se cree más pura, amigo mío. Respeto, mucho respeto, porque hay cosas que jamás deben exponerse a la luz del día». Orset reflexionaba, con la vista clavada en los restos de aquel hombre, uno de los mercenarios que había acabado con la vida de su madre, Garsenda. No sentía piedad por él ni por la forma en que había muerto, sin embargo, no podía evitar un sentimiento de temor. Las palabras de su maestro franciscano resonaban en sus oídos y, aunque él mismo con su ayuda había probado una brizna de la Garra del Diablo, jamás hubiera supuesto que pudiera provocar una reacción como la sufrida por Gombau. Aquel hombre se había convertido en la representación de la locura.

—Y ¿cuándo le diste esa pócima? ¿Cuánto tiempo tarda en actuar? —Guillem insistía en sus preguntas.

—No tenía intenciones de darle nada, todavía no… —Orset le miró con sus rasgados ojos oscuros—. Pero me robó el pellejo de vino, y yo sólo quería largarme de allí. Era una disolución muy ligera… No estoy seguro de lo que tarda la Garra del Diablo en hacer su efecto, no siempre actúa de la misma forma, depende siempre del individuo que la toma. Y es diferente en todas las ocasiones en que la hemos probado, nadie experimenta la misma sensación, ¿sabes? Mi intuición me dice que muestra aquello que más temor nos produce, y acaso tenga algo que ver con los recuerdos que deseamos olvidar.

—Deberíamos seguir, no tenemos mucho tiempo que perder si Guillem ha de ir en busca de Dalmau y de los suyos. —El sentido práctico de Bertran difuminó el asombro todavía presente en los semblantes.

—¿Y cómo lo preparas?… —Guillem volvió a la carga, su curiosidad se imponía—. ¿Siempre lo mezclas con el vino?

—Con cualquier cosa, Guillem, el secreto está en la cantidad que se utiliza —respondió Orset con seriedad—. Y quise asegurarme, comprenderás que no había tenido la oportunidad de hacer grandes experimentos. Sólo tenía las indicaciones de mi maestro y, básicamente, me explicó su utilización ritual por parte de antiguas culturas. Había leído que lo usaban para ver más allá, traspasar el umbral de la conciencia y poder contemplar a Dios…

—¡Menuda blasfemia, Orset! —saltó Tedball con un gesto de enfado.

—Las costumbres de otros nunca son una blasfemia, Tedball, sólo una diferencia, lo cual no es exactamente igual. —El enano parecía molesto—. Y como tú, conozco a algunos que creen ver a Dios matando a sus semejantes y…

—¡Callaos de una vez, vuestras eternas polémicas es lo último que quiero escuchar! —Bertran los miró, furioso—. Déjalo de una vez, Tedball, vuelve a Tredós y olvídate de todo esto, yo me ocuparé.

Antes de que Tedball pudiera contestar a su hermano, una mano le tapó la boca y lo arrastró al suelo. Guillem avisó a los otros y todos volvieron a desaparecer entre la maleza, el soni-

209

do de los cascos de un caballo se acercaban. Cuatro pares de ojos observaban entre las matas, con el cuerpo pegado a tierra, sin perder de vista el camino. La figura alta y rígida de Acard se destacaba sobre su montura, sujetando las riendas con fuerza ante el relincho asustado del animal que levantaba sus patas delanteras, encabritado ante el obstáculo que se encontraba desperdigado en mitad del camino. El caballo dio varias vueltas, mientras Acard intentaba recobrar el control, sin apercibirse todavía de la causa del incidente. El dominico desmontó con la estupefacción en el rostro, contemplando los restos de su antiguo mercenario desperdigados en mitad del camino. Una exclamación se escapó de su garganta, en tanto retrocedía mirando a ambos lados del camino, buscando las riendas de su caballo. Su rostro expresaba una mezcla de estupor y pánico, a partes iguales, como si el espectáculo que se ofrecía a sus ojos fuera un fragmento de pesadilla que escapara de la realidad. Finalmente, atrapó las riendas, arrastrando al animal por el borde del camino, lejos de aquel ser irreconocible que había sido parte de su cuadrilla. Ni siquiera pasó por su mente el sencillo acto de piedad de santiguarse, de murmurar una corta plegaria por el alma de aquel infeliz. Acard, con el semblante demudado, montó de nuevo espoleando al animal e iniciando una loca carrera por el peligroso camino de bajada. Los faldones de su hábito volaban, ondeando, como si cien pájaros negros emprendieran la huida en un frenético revuelo de alas.

—¿Y dónde demonios está Ermengol?

La voz grave y pragmática de Bertran interrumpió el silencio, sin que sus compañeros pudieran responderle. Incapaces de reaccionar, todavía se hallaban pegados a tierra, sus miradas perdidas en el recodo por donde había desaparecido Acard de Montcortés.

Capítulo XIII

Camino de Esplà

«La duda oscurece mi existencia desde que tengo memoria, hasta el punto de ignorar qué parte de esa duda me pertenece. Crecí en la estricta observancia del Bien, un camino hermoso iluminado con la luz del sol, en donde todos los seres humanos eran como yo. Sin embargo, no era así y nunca fue de esa manera... Me sentí engañada, traicionada por aquellos a los que amé tanto, y la cólera ocupó un espacio en mi corazón. Hasta que me di cuenta de que había confundido lo que creía mentira con el más puro deseo de la Verdad. Ellos me enseñaron ese deseo como parte de mi voluntad y me dejaron, al mismo tiempo, la duda de su posible existencia entre los hombres.»

ADALAIS

*L*a lluvia arreciaba con fuerza, una cortina de agua que impedía la visión a dos simples pasos. Orbria se detuvo, empapada, con las manos extendidas ante sí. Oía el fragor de la corriente del río que subía peligrosamente de nivel, y daba las gracias a aquella providencial cuesta que la apartaba de un camino que se inundaba con rapidez. Podía intuir, más que ver, la masa oscura del pueblo de Gerri de la Sal al otro lado de las enfurecidas aguas. Se apoyó en un muro bajo de piedra, exhausta, pensando que el monasterio de Santa María debería de estar ya muy cerca, a pesar de que su vista no pudiera contemplarlo. No recordaba ningún otro lugar para guarecerse. Cerró los ojos con fuerza, concentrándose, no los necesitaba para nada en aquella situación, sino que debía hacer un esfuerzo para abrir su mente y situarse. Si la memoria no le fallaba, debía de estar casi ante el puente de piedra que comunicaba el monasterio con el pueblo, y aguzando el oído pudo oír con toda claridad el estruendo de la corriente estrellándose contra el único ojo del puente.

Respiró hondo, pausadamente, recuperando la poca energía que le quedaba, y volvió a abrir los ojos de nuevo. Sí, su mente no la engañaba, podía ver la empinada cuesta del puente, borrosa y gris, delante mismo de ella. Y en lo alto, en mitad del ángulo que conformaba el puente, una sombra oscura, con las piernas separadas y los brazos caídos a los lados. Su cabeza, echada hacia atrás, parecía balancearse de lado a lado recibiendo la lluvia que caía. Y reía... Orbria podía oír el apagado sonido de sus carcajadas. De improviso, la silueta oscura salió de su inmovilidad, sus carcajadas se transformaron en gritos y todo su cuerpo inició una extraña danza que hizo pensar a Orbria en las piruetas de un contorsionista. Los brazos del hombre golpeaban sus piernas y éstas intentaban saltar sin conseguirlo, como si estuvieran pegadas a la dura roca. La cabeza giraba sin sentido, tomando impulso, hasta golpearse con la barandilla pétrea del puente. Orbria notó que incluso había detenido su propia respiración, fascinada por aquel espectáculo inaudito, sin saber a ciencia cierta si el cansancio había hecho mella en ella y soñaba sin saberlo. Pero no se movió, no acudió en auxilio de aquella sombra, sin saber la razón de su poco caritativa conducta. Se quedó allí, paralizada, con la convicción de que el sueño la había vencido y de que la sombra en el puente intentaba transmitirle un mensaje de urgencia, un aviso que no sabía descifrar.

Gombau no tardó en llegar al pueblo de Gerri de la Sal. Una energía extraña daba velocidad a sus piernas, una fuerza que palpitaba en cada latido de su corazón y parecía elevar su alma. Se sentía eufórico, había conseguido desenmascarar al traidor Isarn, al mismo tiempo que solucionaba aquel desagradable asunto sin que le temblara el pulso. Ermengol se quedaría de piedra al comprobar que él sólo había desentrañado el misterio sin ayuda de nadie: ¡eran los muertos y no los vivos, la raíz del problema! Acard y Ermengol estaban equivocados desde el principio al creer que el infeliz de Adalbert de Gaussac era la causa de sus conflictos, pero... ¿creerían en sus palabras, confiarían en lo que acababa de descubrir?

Gombau se detuvo de golpe, el pueblo se extendía ante él. La pregunta volvió a sacudirle como un agudo dardo atravesando su mente: ¿creerían ellos que los muertos se paseaban entre los vivos en busca de venganza?... Deberían creerlo, no había otra solución que aceptar la verdad por muy desagradable que ésta fuera. Y él lo había visto con sus propios ojos, incluso había tenido que enfrentarse al espectro de Isarn para vencerlo. Era una buena noticia, sobre todo para Ermengol, aunque conocía su espíritu pragmático y la mueca de desprecio que surgiría en su semblante: «¿Y dime, Gombau, cómo se deshace uno de un muerto?». Lo preguntaría con sarcasmo, convencido de que el vino era la causa de sus palabras. Pero él ya tendría la respuesta a flor de labios, ¡había devuelto a Isarn al mundo de los aparecidos al que pertenecía, había conseguido apartarlo de la senda de los vivos de una vez por todas!... Contempló cómo el rostro de Ermengol sonreía, incrédulo, flotando en el aire a pocos centímetros de él: «¿Y cuál es el sendero que toman, Gombau, qué camino es ese que lleva de la muerte a la vida para atormentarnos?». Sacudió la cabeza con fuerza hasta que el redondo rostro de su superior desapareció entre la lluvia, borrando aquella sonrisa que tanto detestaba. ¡No tendría más remedio que creerle, estaba diciendo la pura verdad!

Consiguió con esfuerzo que los vecinos de Gerri de la Sal abrieran uno de los portones para permitirle entrar. El pueblo esperaba el ataque de los hombres de Peramea y se preparaba para el combate, pero el hecho de que Gombau se identificara como uno de los servidores de la Inquisición, calló las quejas de golpe y apartó a los centinelas, como si fuera portador de una terrible enfermedad. Avanzó en dirección al monasterio, atravesando la pequeña plaza de Sant Feliu, hacia el puente que le llevaría al otro lado del río, observando el ajetreo de los vecinos que corrían de lado a lado ensimismados en sus preparativos bélicos. Ascendió por el puente, un empinado triángulo de piedra, hasta llegar a su centro, contemplando la bajada que le lle-

213

varía al monasterio. Sentía la lluvia azotando su rostro, las ráfagas de viento que le balanceaban, y abriendo los brazos a la
naturaleza se sintió un hombre feliz, completo. «¡Gombau, el
vencedor de la muerte…! ¡Gombau, el único que conocía el camino para que los muertos volvieran al Infierno!» Las carcajadas sacudían su cuerpo sin que pudiera evitarlas, surgían de algún oscuro rincón de su alma, agolpadas después de tantos
años de encierro: «¡Gombau, el victorioso, el vencedor de tumbas y sepulcros!».

Deseó saltar de alegría y gritar hasta perder la voz, pero algo detuvo el gesto que su mente ordenaba. Perplejo ante la
negación de sus piernas a seguir su deseo, Gombau tardó unos
segundos en dirigir su vista hacia el suelo. Y cuando lo hizo,
su salvaje alegría se truncó en espanto, un horror incontenible
que borraba cualquier atisbo de victoria. Los brazos de Isarn
sujetaban sus piernas con una fuerza infernal, brazos que surgían de la piedra atrapando sus ropas, trepando y clavando los
afilados huesos en sus rodillas. Gombau aulló, un grito inhumano apagado por el fragor de la tormenta. «¿Acaso es posible matar a los muertos?», susurraba el rostro sonriente
de Ermengol, «¿estás seguro de haber descubierto realmente
el camino que lleva a la tumba?». Los labios del dominico se
curvaron en una mueca imposible que deformaba su rostro.
Gombau luchó sin descanso en un intento por apartar los restos de carne y sangre que se pegaban a él, por huir de lo que
más temía y odiaba, nadie iba a arrastrarlo a una tumba que no
llevaba su nombre. Exhausto y casi sin fuerzas, cuando había
conseguido desembarazarse de uno de los brazos de Isarn y lo
pateaba con furia, sus ojos captaron nuevas sombras que se
acercaban. Entre la cortina brumosa de agua, dos siluetas avanzaban con las oxidadas espadas en alto, Sanç y el de Cortinada
le contemplaban desde sus cuencas vacías, y una mueca, que
parecía sugerir una sonrisa, rompía sus rostros en un trazo oscuro.

La sal era un producto importante, un bien que convertía a
los hombres que la poseían en seres privilegiados y, sobre todo,
ricos. Su valor no se reducía al simple papel de condimento pa

ra hombres y animales, sino que sostenía su base alimentaria permitiendo la conservación de carnes y pescados. Y no sólo eso, también era importante para la preparación del proceso de pieles y cueros. La fuente de agua salada, en el extremo norte del pueblo de Gerri, era la base de su existencia. Largos canales de madera transportaban el precioso líquido hasta los estanques de evaporación, las salinas, donde reposaban al sol desde junio a septiembre. Tal producto era lo suficientemente importante para dar nombre a la población y convertir al monasterio de Santa María, propietario feudal de la riqueza, en uno de los más poderosos de la zona. Gerri era una señoría monástica, con derechos jurisdiccionales y territoriales muy delimitados, sólo dependiente de Roma a través del monasterio de San Víctor de Marsella. Esta situación de riqueza reportaba graves problemas con sus vecinos más importantes, y sus conflictos con el obispado de Urgell y con los condes de Pallars eran incesantes. Contra viento y marea, protegido por su independencia, el monasterio de Santa María de Gerri mantenía sus privilegios y, si era necesario, los defendía con las armas.

Acard de Montcortés entró en el monasterio con paso rápido y seguro, no tenía tiempo que perder, y la situación del pueblo, sumido en la excitación guerrera, no le favorecía. Un hermano le recibió con una mirada de curiosidad, instalándole en el locutorio, al tiempo que le comunicaba la llegada de una persona de La Seu que quería hablar con él urgentemente. Acard se sentó en una silla de alto respaldo, inquieto, ignoraba hasta qué punto llegaba la traición de Ermengol e intentaba calibrar con detenimiento cuál iba a ser la reacción de sus superiores. Abstraído, casi no se dio cuenta de la entrada de un dominico que se situó a sus espaldas.

—Que Dios esté con vos, fray Acard.

—¡Y que no me sobresalte con sus pasos silenciosos! —saltó Acard, levantándose de la silla con alarma.

—Vamos, mi buen amigo, esa excitación no es buena para vos. Me alegra veros y ardía en deseos de conoceros, he oído hablar mucho de vos, fray Acard. Soy el hermano Cerviá. —El hermano Cerviá hablaba con suavidad, mostrando una sonrisa angelical.

—No son necesarias tantas ceremonias, fray Cerviá, estoy

215

seguro de que vos tampoco podéis perder el tiempo en nimiedades. —Los rasgos de Acard se endurecieron, sin mostrar el menor rastro de simpatía.

—La cortesía nunca ha sido una menudencia, querido compañero, ayuda a soportar las penalidades con espíritu abierto y facilita la convivencia, siempre tan imprescindible en nuestra condición de hombres de Dios, ¿no os parece?

—En estos momentos creo que podríamos prescindir de ella, fray Cerviá. Los temas que me traen hasta aquí son de la máxima importancia y dudo que los circunloquios ayuden a solucionarlos. —El tono de Acard mantenía su dureza inicial.

—Bien, acaso tengáis razón. ¿Y cuál es el tema que os preocupa tanto, fray Acard? —Cerviá tomó asiento con lentitud, invitando a su compañero a hacer lo mismo con un leve gesto de su mano.

—Estoy enterado de los manejos de fray Ermengol a mis espaldas, no es necesario que disimuléis... —Acard hizo un esfuerzo por controlar su irritación, cuidando sus palabras y su tono—. Él mismo me lo ha confesado con grandes muestras de abatimiento.

—¡Alabado sea el Señor, fray Acard! —La expresión del dominico sorprendió a su interlocutor—. No sabéis la alegría que me dais, estábamos realmente preocupados por fray Ermengol. Aunque no os puedo negar que nuestra preocupación se extendía también a vos, vuestra actuación en estos últimos tiempos ha sido..., ¿cómo expresarlo? ¿Misteriosa, reservada, indescifrable?

Fray Cerviá seguía mostrando una cordial sonrisa, sus palabras no conseguían variar la expresión de su rostro. Era un hombre bajo y enclenque, sumamente delgado, con una prominente nuez que sobresalía de su largo cuello y que le daba la apariencia de un pequeño pájaro. Acard no podía disimular su asombro, esperaba una regañina en toda regla, y vacilaba en cómo reaccionar ante tanta palabra amable.

—Ermengol me ha confesado que, contraviniendo mi autoridad, había escrito al Tribunal en demanda de auxilio, que en su afán por sobresalir ha lanzado oscuras acusaciones contra mí, y que...

—Fray Acard, os ruego que os tranquilicéis antes de seguir

—atajó fray Cerviá con voz melosa—. Os diré, ante todo, la causa de nuestra preocupación, y vos me responderéis para que yo pueda informar con detalle a nuestro amado superior. Supongo que sabéis que corre por lugares poco recomendables un escrito anónimo en que se os acusa de hechos espantosos.

—¡Eso es una infamia, no puedo creer que algo tan deleznable sea considerado como, como…! —estalló Acard sin contener la cólera.

—No, no…, no me entendéis, mi querido amigo —volvió a cortar fray Cerviá, dejando a Acard con la palabra en la boca—. No se trata de lo que pensáis, fray Acard, os ruego que me permitáis finalizar. Bien, supongo que estaréis de acuerdo conmigo en el hecho irrefutable de que los tiempos están cambiando, y ello nos obliga a adaptarnos, ¿comprendéis?

Fray Cerviá hizo una larga pausa, observando con detenimiento el rostro de su interlocutor. El silencio los envolvió, creando en Acard una terrible angustia que intentó disimular por todos los medios. Sabía de antemano que era una simple treta muy utilizada en el Tribunal, abandonar a la víctima al vacío de su propio silencio, sin posibilidad de respuesta. Respiró hondo, esperando la continuación del discurso de su compañero.

—Veo que lo comprendéis perfectamente, fray Acard. No es el pasado lo que nos interesa de vos, ni la verdad o la mentira de esas graves acusaciones. Pensad por un instante, os lo suplico: ¿si tuviéramos que hacer caso a esa mano anónima que os acusa, no sería indispensable empezar a elaborar una larga lista de otros muchos como vos?… Pero aunque los tiempos cambien, la Iglesia no puede perder el tiempo en hechos pasados, amigo mío, porque es evidente que hubo razones de peso para nuestra actuación. No necesitamos excusarnos ni dar explicaciones, somos los mensajeros de Dios en este mundo. Y todos sabemos que éste no es perfecto.

Acard no salía de su asombro, observaba a fray Cerviá con atención, en un intento por interpretar sus palabras.

—No os entiendo, ¿adónde queréis ir a parar? Ermengol estaba muy preocupado por esas acusaciones y… —consiguió balbucear, incapaz de terminar su discurso.

—Eso está mucho mejor, querido amigo, ahora estáis dis-

217

puesto a escuchar, cosa que me complace. —Cerviá se inclinó hasta darle una palmada en la espalda—. Bien, sabemos por fray Ermengol que tenéis en vuestro poder una lista de herejes, gente muy importante en esta zona. Y también que existe la posibilidad de encontrar ese maldito escrito, *La llave de oro*, que supongo comprenderéis que interesa mucho a nuestro inquisidor general. Nuestra pregunta, querido amigo, es simple: ¿qué razón habéis tenido para ocultarnos una cosa así?

Acard enmudeció de repente, su mente trabajaba veloz: ¿qué era exactamente lo que Ermengol había comunicado a sus superiores? ¿Se trataba simplemente de ponerlos al día de sus investigaciones o había llegado más lejos? La duda le corroía, disminuía su campo de actuación y limitaba su posible conducta. ¿Debía demostrar que no estaba loco?

—Sólo se trataba de una simple precaución, fray Cerviá —empezó con cautela—. Debíamos comprobar la validez de nuestras fuentes. Vos sabéis que hay personas capaces de las historias más inverosímiles a cambio de un buen montón de monedas. Empezamos nuestra investigación con toda prudencia, sin precipitaciones, aunque Ermengol...

—Decidme, fray Acard, seguid. Os escucho con atención. —Cerviá se había inclinado hacia él, tan cerca que Acard podía oler su aliento. La táctica de las constantes interrupciones parecía complacerle.

—Lamento tener que deciros esto, pero mi compañero, fray Ermengol, ha sido causa de innumerables problemas desde que empezamos con este asunto. No deseaba seguir, ni siquiera investigar la autenticidad de nuestra fuente... Eso me sorprendió, os lo confieso, Ermengol siempre había sido para mí un complemento espiritual de gran valía. —Acard se detuvo, vacilaba, no estaba seguro de continuar. Con un profundo suspiro y con lágrimas en los ojos se decidió, era el gran papel de su vida—. Y entonces empezaron mis sospechas, fray Cerviá, terribles sospechas. Su comportamiento no hizo más que agravar mis conjeturas y aumentar mi sufrimiento.

—Os escucho, querido hermano, y os comprendo. No es nada fácil admitir que uno de nosotros se ha desviado de la senda. —El rostro de Cerviá era una máscara sonriente.

—Creo que por alguna razón que desconozco, Ermengol ha

hecho un pacto con el señor de Gaussac, el propietario del texto que nos ocupa. No sabéis las muchas penalidades por las que he pasado para aceptar esta simple posibilidad. —Acard se relajó en su asiento, las cartas estaban echadas.

—¿Sabéis que Ermengol asegura que vos no estáis en vuestros cabales? —Cerviá hizo la pregunta casi sin interés, observando a Acard que asentía con la cabeza—. ¿Que jura y perjura que habéis perdido la razón?

—Sí, lo sé, fray Cerviá… También me confesó esta horrible acusación. Pero os puedo asegurar que su arrepentimiento era sincero, fue culpa de su ambición desmesurada, de llegar a pensar que si se deshacía de mí, lograría un lugar destacado. —Las lágrimas seguían corriendo por el rostro de Acard—. Sé que es un atroz pecado, la ambición ciega nuestros sentidos, pero debemos tener misericordia, fray Cerviá, comprender las debilidades de nuestra alma y ser compasivos.

—Es posible que tengáis razón, fray Acard, pero comprenderéis que vuestro compañero ha perjudicado nuestros intereses con su conducta. Podemos ser compasivos y entender su ambición, todos nosotros podemos hacerlo. Sin embargo, es más difícil de comprender el perjuicio que nos ha causado. —Fray Cerviá se arrellanó en su silla, su sonrisa había menguado y una inesperada arruga cruzó su frente despejada—. Me ha alegrado oír vuestra explicación, reanima mi alma el comprobar que vuestra razón sigue en el mismo lugar de siempre, querido amigo… Pero, por el momento, os ruego que permanezcáis unos días aquí, en el monasterio. Tanto vos como yo, agradeceremos unos días de reflexión, un breve tiempo para poner en orden nuestras mentes.

—Sí, es posible, fray Cerviá, pero el tema que nos ocupa, *La llave de oro*, es de la máxima urgencia y no hay tiempo para meditaciones… El hilo de la investigación me ha llevado hasta este pueblo, hasta el mismísimo señor de Gaussac. —La emoción traslucía en las palabras de Acard.

—Calmaos, sé la razón por la que os halláis aquí. Sin embargo, he de deciros que el señor de Gaussac ya no está en Gerri de la Sal y…

—¿Cómo podéis saber una cosa así? —interrumpió Acard con la desesperación en la mirada.

219

—Lo sé, fray Acard, y eso es suficiente. —El gesto de su mano fue tajante, sin admitir quejas—. Permitidme deciros que en estos momentos no disponemos de los hombres necesarios, y ya he mandado aviso a La Seu para que pongan remedio a esta situación. El señor de Gaussac puede esperar, os lo aseguro, enfermo como está no avanzará con facilidad, y mucho menos a través del camino que ha escogido para la huida. Sus pasos le encaminan hacia Esplà, un lugar de difícil acceso, fray Acard.

Un escalofrío recorrió el cuerpo de Acard, de nuevo el viejo Adalbert se escurría de entre sus manos cuando lo tenía tan cerca. Pero calló, asintiendo con la cabeza a la sugerencia de fray Cerviá y forzando una triste sonrisa. Escuchó a lo lejos sus palabras, como si se hallara a cien leguas de distancia: alguien le llevaría a su habitación para que descansara y después vendría a buscarle para los rezos. Seguía aceptando con movimientos de cabeza todo lo que aquel lejano murmullo proponía, era mucho mejor que creyera que estaba vencido, resignado. No podía quejarse, no le había ido tan mal y casi tenía convencido a Cerviá de las malas intenciones de Ermengol. Y no había sido sencillo, ignoraba la situación con que se encontraría al llegar al monasterio, pero su facilidad para la improvisación se había impuesto a cualquier obstáculo... ¿O no era así? No tenía manera de averiguarlo, y conocía muy bien el funcionamiento del Tribunal y de sus hombres. Cabía la posibilidad de que fray Cerviá le hubiera dejado hablar libremente y que disimulara su propia opinión al respecto, le tiraba de la lengua para ver qué recogía en sus redes y después decidir qué era lo más conveniente de creer. Él mismo había actuado de la misma manera en innumerables ocasiones y era consciente de que la verdad no siempre era aconsejable para los propósitos del Tribunal. Además..., ¿de qué verdad se trataba, de la de Acard o la de Ermengol?... ¡Y qué demonios importaba, cuando el de Gaussac huía con toda impunidad! Acard volvió a sentarse, con la cabeza reposando en sus manos, rechazando la oferta de un hermano que se ofrecía para llevarle a sus habitaciones. No tenía ninguna intención de acabar encerrado en una celda, ni tampoco de permanecer unos días perdiendo el tiempo en aquel maldito monasterio. Tenía sus propios planes y ni todo el

Tribunal al completo lograría arruinarlos... Cuando tuviera *La llave de oro* en sus manos, olvidarían la peculiar manera que tenía de conseguir lo que quería, de eso estaba absolutamente convencido.

Dalmau apoyó los pies en el suelo, incorporándose con precaución de la cama. Le costaba despertarse, como si el sueño le mantuviera prisionero y no le permitiera abrir los ojos. Bostezó, dejándose llevar por la lasitud que dominaba todos sus miembros y mirando a Guillem que le estudiaba con preocupación.

—Estoy bien, muchacho, mejor que en mucho tiempo. Tengo la sensación de llevar dos días durmiendo... ¡Fíjate, ni siquiera puedo despegar los ojos!

—Es que llevas dos días durmiendo, Dalmau. Pensamos que era mejor dejarte descansar —apuntó el joven sin dejar de observarle.

—¡Por todos los santos, dos días! En toda mi existencia no había dormido tanto, me estoy convirtiendo en un holgazán, Guillem, no hubierais tenido que permitir esta desmesura. —Los ojos de Dalmau se abrieron de golpe ante la noticia.

—Lo necesitabas para poder continuar, Dalmau —terció Jacques entrando por la puerta acompañado de Ebre—. Además, durante este tiempo, este pueblo también ha dormido una extraña vela, preparándose para el entierro.

—¿Qué hay de nuevo por ahí fuera? —preguntó Guillem, apartando la vista de su anciano superior.

—Movimiento, empieza el movimiento, muchacho. Por lo que parece están despertando al mismo ritmo que Dalmau. —El Bretón dejó una bolsa, de la que sobresalía un considerable pedazo de pan, sobre la mesa—. Y forasteros, el pueblo se ha llenado de ellos en la última hora. Tienen todo el aspecto de ser hombres de armas, soldados del conde de Pallars.

—¿Se sabe algo del «problema» que nos traemos entre manos? —La voz de Dalmau bajó de tono.

—Me he encontrado a Bertran de Térmens, a Tedball y a Orset muy cerca de aquí —explicó Guillem—. Van camino de Gerri de la Sal, tras los pasos de Acard.

221

—¿Y todo va de acuerdo con el plan previsto?

—Cada uno ha seguido sus instrucciones, Dalmau, creo que es lo único que saben. Mucho me temo que nadie conoce con exactitud los detalles del plan de tu hermano, simplemente se dejan llevar. —Guillem dudaba.

—Bien, si es así cómo Adalbert lo proyectó, así será…, ¿qué te ocurre? —Dalmau captaba la vacilación del joven.

—Nada, nada…, sólo que nunca me había encontrado siguiendo las indicaciones de un difunto. Es difícil, Dalmau, pueden surgir complicaciones imprevistas, hechos que Adalbert no pudiera prevenir, ¿entiendes? Y me pregunto si una de estas sorpresas no puede hacer fracasar ese maldito plan… Por ejemplo, Ermengol no estaba con Acard, no saben dónde está, y se suponía que andaban pegados el uno al otro.

—Pero nosotros sí sabemos dónde está, Guillem, en San Cristóbal, muy cerca de aquí. —Dalmau estaba convencido—. Acaso las cosas vayan de esta manera, y aunque la información esté fragmentada no significa que no exista. Es posible que Adalbert distribuyera los datos por seguridad, dándonos un fragmento a cada uno y esperando que al reunirnos consiguiéramos descifrar sus intenciones. Y al mismo tiempo nos protegía, si uno de nosotros cae, poca cosa puede decir… ¿No crees?

—Toma Dalmau, es pan tierno, y estas peras están buenísimas. —Ebre, con la boca llena, había dispuesto la mesa con las viandas.

—¡Por fin una noticia feliz, Ebre, has conseguido despertarme de golpe! —Dalmau se movió como impulsado por un resorte oculto en su estómago.

—Confías mucho en tu hermano, Dalmau —insistió Guillem, sus dudas todavía eran sólidas.

—Completamente, muchacho. Le hubiera confiado mi vida sin un instante de vacilación. Adalbert siempre sabía lo que hacía y nunca se lanzaba al campo de batalla sin un perfecto plan de estrategia. Y que yo no sepa los detalles de ese plan, no disminuye lo más mínimo mi confianza en él.

Guillem pareció sorprendido por las palabras de Dalmau, la fe de su superior en las habilidades de su hermano era algo extraño. Nunca había sido una persona confiada, y el carácter de su trabajo disminuyó considerablemente tal virtud. El joven podía elaborar un informe completo al respecto, la desconfianza y los recelos de Dalmau siempre habían sido un eterno tema de discusión. Sin embargo, optó por el silencio, sentándose junto a sus compañeros para dar cuenta del abundante desayuno, tenía hambre.

—¿Y qué tenían *in mente* Orset y los suyos? —preguntó Dalmau.

—Ya te he dicho que iban tras Acard, camino de Gerri de la Sal. Y por lo que he entendido, todos tenemos que llegar hasta allí. —Un cierto malhumor impregnaba la respuesta de Guillem.

—Deberías dejarlo, Guillem, tú y Ebre estáis a tiempo de abandonar este maldito asunto. —Dalmau había captado la conocida hostilidad del joven cuando algo no le convencía.

—Ya hemos hablado cien veces del tema, Dalmau, no empecemos de nuevo, te lo ruego, no quiero discutir. —Guillem mordió un pedazo de hogaza—. Aunque es un tema recurrente en esta tropa tuya... Bertran intentaba convencer a su hermano Tedball para que volviera a la Encomienda de Tredós y abandonara el asunto. Y Orset, no sé, supongo que también tendrá a alguien para convencerlo de lo mismo. ¡Por cierto, se me olvidaba, Orset me dio este remedio para ti!

—¡Magnífico, Orset siempre ha sabido cómo aliviar mis males! —exclamó Dalmau, tomando el pequeño frasco que Guillem le ofrecía—. Y bien, muchachos, ¿cuál es el siguiente paso?

—¿Que cuál es el siguiente paso, Dalmau? —saltó Jacques con la sorpresa en el rostro—. Pero ¿no lo sabes?

—¿Qué maldito plan es este en que nadie sabe nada de nada? —estalló Guillem con un manifiesto enfado—. Dalmau, por el amor de Dios, se supone que tú eres nuestro guía en esta absurda historia.

—Si Orset y los suyos van hacia Gerri, nosotros también —respondió Dalmau sin perder la compostura, indiferente a la reacción de sus compañeros—. Bien, algo te habrá dicho Bertran, Guillem...

El joven dejó el tazón de leche sobre la mesa con el estupor en el semblante, mirando a Jacques que le devolvía la misma mirada de sorpresa. El enfado se le pasó de golpe superado por

223

una sensación de asombro y, por unos momentos, se quedó mudo.

—Dijo que lo mejor sería bajar a Gerri mezclados con el entierro, y que averiguáramos dónde demonios está Ermengol. Añadió que no tenía ni idea de cómo nos encontraríamos, pero que seguramente Dalmau sabría dónde…, y que no sería fácil entrar en el pueblo por la situación que posiblemente se crearía con los hombres del conde de Pallars —terminó con aire resignado.

—Bien, pues ahí lo tienes, ése es nuestro siguiente paso: llegar a Gerri de la Sal —aseveró Dalmau con convicción, sin dejar de comer.

—Guillem, *Riu* y yo, podemos ir hasta San Cristóbal para ver qué ocurre con fray Ermengol, ¿no os parece? Y después… —Ebre rompió el silencio con cautela. Guillem le había prohibido abrir la boca bajo las más graves amenazas, pero ni siquiera su intervención consiguió arrancar la perplejidad del rostro de sus compañeros.

La comitiva se había puesto en marcha entre redobles de tambores y el llanto desconsolado de las plañideras. El difunto jamás había conocido tantos agasajos en vida, y si hubiera existido la más remota posibilidad de contemplarlos, no habría creído que su pobre persona mereciera tanto alboroto. Había sido un campesino sin suerte, con la espalda doblada por el peso de la azada y la adversidad. Y nadie tenía la menor duda de que su muerte había sido puramente accidental, los hombres del abad de Gerri le habían confundido con uno de los soldados del conde de Pallars. La mala fortuna, que había guiado su existencia negándole cualquier posibilidad, le persiguió con saña hasta sus últimas horas.

La sencilla caja de madera, en donde hacía su último trayecto, se bamboleaba de lado a lado de forma peligrosa, llevada por soldados ebrios que a punto estuvieron de perder al difunto en un recodo del camino. Quizás el muerto, inmerso en su sueño, pensara que ni tan sólo en aquel momento la suerte le facilitaba una sencilla línea recta.

Jacques, *el Bretón*, sujetando con firmeza el brazo de Dalmau, meditaba perdido entre la multitud. No había sido difícil integrarse en la comitiva, había pasado la última hora observando desde su ventana cómo la muchedumbre se congregaba en la plaza de Peramea hasta desbordarla. Comprobó también que los integrantes del duelo eran una minoría: una mujer llorosa y un anciano parecían ser la única familia de aquel infeliz, y estaban atónitos ante la expectación que creaba la ceremonia fúnebre. La mayoría eran hombres del conde de Pallars, soldados o siervos, acostumbrados a defenderse del poder del monasterio de Gerri. Cuando empezaron a redoblar los tambores para iniciar el trayecto de la comitiva, Jacques tenía claro la naturaleza de aquel pequeño ejército. La caja del difunto abría la marcha, zigzagueando por el camino y, detrás de ella, la viuda y el anciano. A sus espaldas, una abigarrada multitud de hombres y mujeres enarbolando toda clase de utensilios agrícolas y armas.

Jacques y Dalmau aprovecharon el instante en que la comitiva pasaba por delante de su refugio para integrarse en ella, de la manera más disimulada posible. Aunque la prudencia no era necesaria, muy pocos entre aquel gentío conocían al pobre difunto. Como una culebra deslizándose sinuosa, la muchedumbre descendía por el camino, aunque a diferencia del reptil necesitara de un incesante clamor para avanzar.

—Dalmau, más vale que nos mantengamos en la retaguardia —murmuró el Bretón, cada vez más preocupado—. Las intenciones de esta gente están muy claras, esto tiene de entierro lo que yo de teólogo.

Jacques retrocedía lentamente hacia la cola de la comitiva, sin soltar el brazo de su amigo. El pueblo de Gerri de la Sal ya estaba a la vista, y sus salinas lanzaban destellos acuosos hacia los visitantes. No había acabado de sugerir a Dalmau la necesidad del retroceso, cuando una piedra de grandes dimensiones fue a dar en la caja del difunto. La multitud, como una sola alma, se desperdigó en todas direcciones gritando consignas y amenazas de muerte. El Bretón arrastró a Dalmau hacia un lado, evitando que fuera arrollado por cinco enfurecidas mujeres armadas con guadañas y encontrando refugio tras una roca del camino.

—Dios misericordioso, Jacques, jamás había asistido a una ceremonia fúnebre parecida —murmuró un sorprendido Dalmau.

—Entonces estás en desventaja, amigo mío, yo he visto va-

225

rias en mi vida e incluso peores. —Jacques apoyó la espalda en la piedra con un suspiro—. Esperaremos, Dalmau, es posible que se cansen y se tomen un respiro para reorganizarse.

Durante un largo rato, las piedras volaron en ambas direcciones lanzadas por manos expertas, en tanto los insultos y los exabruptos seguían el mismo camino. Una patrulla de los hombres del abad, armada hasta los dientes, salió de los portones del pueblo cargando contra todo lo que se movía, y la respuesta de los soldados del conde de Pallars no se hizo esperar. Una parte de la comitiva fúnebre, compuesta por mujeres y ancianos, desfogados ya de su cólera, reemprendía el regreso dejando a los hombres de armas la solución del conflicto.

Dalmau cerró los ojos, en un esfuerzo de concentración: era improbable que en los planes de Adalbert se hubiera previsto algo semejante. Sin embargo, su hermano sabía más que nadie de la situación en que se hallaba aquella tierra, los incesantes conflictos que enfrentaban al monasterio con los hombres del conde, desde hacía tantos años que nadie recordaba su inicio. Acaso lo hubiera tenido en cuenta, y si era así, no parecía que le hubiera importado lo más mínimo… Sonrió con calidez, daría la gloria por escuchar los sarcásticos comentarios de Adalbert acerca de aquella situación. Una gota de lluvia fue a caer sobre su cabeza, resbalando por su frente. Abrió los ojos y miró al cielo, negros nubarrones se acercaban amenazadores, avisando a quien quisiera ver que la pausa terminaba. No, pensó Dalmau con aire resignado, era imposible que Adalbert hubiera podido sospechar aquel cúmulo de desastres.

Dejaron los caballos a una prudencial distancia de la iglesia de San Cristóbal. Había sido su primera discusión desde buena mañana. Ebre mantenía que era mejor dejar las monturas en Peramea, ya que la proximidad de la iglesia era evidente. Sin embargo, Guillem no quería perder el tiempo, estaba inquieto por Dalmau, y la visión de la comitiva funeraria no había hecho más que aumentar sus recelos. Se deslizaron con cautela por los alrededores sin observar ningún rastro de vida.

—Déjame ir, Guillem, me llevaré a *Riu*… Me haré pasar por un pastor que necesita de un merecido descanso, no me pasará nada —rogó Ebre con mirada suplicante, quería hacer las paces, rotas de buena mañana.

Guillem pensaba. No había otra manera de descubrir el paradero de Ermengol que entrar en la iglesia, y se exponía a perder un tiempo precioso si no lo hacía. ¿Y si el dominico se hubiera marchado y aquella espera era ante una iglesia vacía?… También era posible que Ermengol le conociera, incluso que fuera el misterioso dominico que había pagado tan generosamente a Gombau, el ladrón de Ponts, para apartarlo del camino. Miró a Ebre con detenimiento, calibrando las posibilidades.

—Está bien, pero sólo cinco minutos. Te doy cinco minutos para comprobar que ese hombre está ahí dentro, y luego quiero que te largues lo más rápidamente posible. ¿Entendido?

Ebre se levantó, silbando al perro, que le siguió dócilmente. Paseó con lentitud acercándose a la iglesia, sin mirar atrás, convencido de que Guillem no le perdía de vista. Entró en el recinto, percibiendo el revuelo de una sotana negra en su interior, y sin dar muestras de advertir la presencia, se arrodilló sobre las losas de piedra en actitud recogida.

—¿Qué estás haciendo aquí? —Una voz chillona resonó en el templo.

—Rezando, estoy rezando… —balbuceó Ebre, contemplando la figura oscura que se acercaba.

—¿Quién eres, uno de los hombres del conde?

—No, señor, cuido de las cabras y ovejas de mi padre, y con ello ya tengo bastante.

Ermengol estaba transfigurado, una forzada sonrisa deformó su congestionado rostro hasta que logró controlar sus facciones. Se acercó al muchacho estudiando su reacción, con la sospecha flotando en el aire.

—Ya veo, eres sólo un niño, aunque sé que muchos rapaces de tu edad ya andan asesinando a pobres inocentes. —Hizo una pausa, aspirando con fuerza—. ¿Ya ha salido el entierro?

—¡Oh sí, señor, casi todo el pueblo ha bajado para la ceremonia!

—¡Menuda ceremonia!… —Ermengol se detuvo de nuevo—. ¿Y has visto a un religioso como yo entre la comitiva?

—No, señor, no había nadie parecido a vos, lo hubiera vis-

227

to. ¿Habéis perdido a vuestro compañero? —La pregunta surgió cargada de ingenuidad.

—¡Él me ha perdido a mí, muchacho, eso es lo que ha ocurrido! Y es lo peor que le hubiera podido suceder… Bien, ¿crees que es prudente bajar hacia Gerri de la Sal, me dejarán entrar en el pueblo? —Las nerviosas manos de Ermengol buscaron el refugio de sus cabellos.

—No es fácil, señor, los hombres del abad asesinaron al pobre hombre que entierran y los ánimos están exaltados…

—¡Asesinar! ¿Qué significan tus palabras? —saltó Ermengol con furia—. Si ese hombre ha encontrado la muerte, es evidente que algún crimen cometió contra el abad del monasterio, jovencito. Te aconsejo que midas tus palabras.

—Lo siento, no quería ofenderos, señor. Yo creo que siendo quien sois, nadie os impedirá el paso hacia el monasterio. —Ebre retrocedió un paso ante la cercanía del dominico.

—Eso está mejor, pero ¿cómo sabes quien soy?

—Eso es evidente, señor, sois un hombre de Iglesia. Nadie osaría alzar su mano contra vos… Sería diferente si fuerais un hombre del abad, entonces no sé lo que ocurriría.

—Sabias palabras, muchacho. Emprenderé la marcha cuanto antes, tengo muchas cosas que solucionar y son de la máxima urgencia.

Fray Ermengol recogió con rapidez una bolsa que yacía en el suelo, se envolvió con su oscura capa y salió sin despedirse. La imprevista salida, obligó a Guillem a retroceder con velocidad, resguardándose tras la sombra de un árbol. Los cinco minutos habían pasado y temía por la seguridad de Ebre, vacilando en dirigir su vista hacia el dominico o en mantenerla clavada en la puerta de la iglesia. El muchacho apareció en el umbral, con el perro pegado a sus talones, levantando la barbilla en un gesto que señalaba la figura de Ermengol que desaparecía por el camino.

Capítulo XIV

Monasterio de Santa María

«Nunca había pensado en ello. Guillem dice que soy un maldito mentiroso, pero sé que bromea y no tiene razón. Acaso alguna vez se me escapa una pequeña mentirijilla, para huir del castigo o de las obligaciones más pesadas. Y también por miedo, cuando estoy muy asustado. No sé cuál es la razón, pero parece que la verdad se me atragantara en la garganta y no quisiera salir. Sin embargo, sé que no está bien, porque tuve buenos maestros en Miravet y ellos me hicieron ver que no existe mentira que sea pequeña. Frey Beson me insistía mucho, y me decía que el engaño sólo sirve para traicionar a aquel que lo utiliza. Al principio no lo entendía, no sabía descifrar el sentido de sus palabras, pero ahora creo que lo comprendo. Sé que intentaba decirme que el mentiroso siempre se miente a sí mismo. Y tenía razón.»

EBRE

229

*E*l pueblo de Gerri de la Sal aún se hallaba enzarzado en su combate, en medio de un ruido ensordecedor, cuando Ermengol apareció al final del camino de Peramea. El temor a la batalla campal que se desarrollaba ante sus ojos dominó a la urgencia, y el dominico se apresuró a buscar un escondite seguro, en espera del momento más oportuno para entrar en el pueblo. Estaba exasperado y asustado a partes iguales, y una rabia creciente ascendía en oleadas por su pecho, ahogándole. ¿Dónde estaría Acard? Sabía de antemano que había cometido un fallo imperdonable, se había precipitado de manera harto imprudente, y lo único que había conseguido era estropearlo todo. Su único poder residía en dominar a Acard y en hacerlo de forma adecuada, sin que se diera cuenta, tejiendo una invisible tela de araña que lo inmovilizaba. Pero en el último momento y cuando estaba a punto de conseguir su meta, sin que pudiera explicárselo, una fuerza interior desconocida había estallado dentro de él sin previo aviso. Era el recuerdo de una piel suave que flotaba bajo sus dedos y que volvía una y otra vez para torturarlo. Aquella maldita bruja de Adalais de Gaussac le había envuelto en el mismo hechizo de Acard... ¡Y éste mentía y mentía sin descanso, inmune a su propia responsabilidad, cargando el peso de su espanto a sus espaldas! ¿Por qué razón juraba que había huido en el preciso momento en que la justicia caía sobre la bruja? ¿Por qué se obstinaba en falsear la verdad?

Ermengol respiraba con dificultad, la cólera formaba un cuerpo sólido y compacto en medio de su pecho que pugnaba por sobresalir haciendo estallar sus pulmones. Su mente divagaba atrapando el recuerdo de aquel rostro perfecto, de aquella sonrisa helada que le contemplaba, de sus propias manos acariciando la textura de seda de su piel... ¡No, no eran sus manos sino las de Acard! Se levantó de un salto, atónito, ajeno al peligro al que se exponía. Por un instante había confundido el fragor de la batalla que se desarrollaba ante él con gritos lejanos que chillaban en su cabeza: «¡Vamos Ermengol, atraviesa a esa infernal criatura, demuéstrale que un fraile es un hombre mejor que nosotros, adelante Ermengol!». Eran las voces de Isarn y de Gombau, de Sanç y del de Cortinada, como un coro de ultratumba que quisiera atraerlo al abismo. Aquellas estúpidas risotadas le volvían loco, y rebotaban en las paredes de su cráneo con un sonido estremecedor. Ermengol, de pie en el camino, lanzó un aullido inhumano que heló la sangre de los combatientes, como un animal herido que buscara en la huida la única posibilidad de redención. Corrió hacia los portones del pueblo de Gerri como una flecha, atravesando el campo de batalla, con un alarido sostenido que se alimentaba del aire encerrado en algún rincón de su cuerpo. Las espadas alzadas se detuvieron en el aire, las dagas se inmovilizaron en los puños que las sostenían, y azadas y guadañas oscilaron de lado a lado mecidas por una brisa extraña que salía de la garganta de Ermengol.

Y

Dalmau y Jacques, refugiados tras la roca, oyeron el grito que se elevaba muy por encima del estrépito de las espadas. En sus rostros apareció un gesto de alarma, ambos eran hombres de armas y no ignoraban que aquel largo chillido no tenía nada que ver con la refriega que transcurría a las puertas del pueblo. Era un sonido agudo, que penetraba en el cerebro como un puñal afilado y se perdía en el eco de las montañas que lo devolvían con indiferencia. Jacques se levantó con rapidez, tapándose la cabeza con la empapada capa, para situarse en un lugar estratégico que le permitiera averiguar la procedencia del alarido. Más abajo, ante los portones cerrados del pueblo, el tiempo se había detenido, y lo único que alteraba aquella inmovilidad eran las gruesas gotas de lluvia que arreciaban. Los hombres, enemistados durante años por problemas que sólo atañían a sus amos, se habían paralizado de golpe. Sus armas iniciaban un lento declive, atraídas hacia la tierra, como si ésta estuviera harta de la sangre mezclada en el agua. Uno de los hombres del abad se inclinó hacia un herido que gemía, lo cargó a sus espaldas y, sin una vacilación, se dirigió hacia una de las puertas cerradas. En un aviso que nadie había ordenado, los demás le imitaron recogiendo muertos y heridos, dividiendo sus caminos en direcciones contrarias como si nunca hubieran existido bandos enfrentados. Ni siquiera los capitanes de ambos lados se atrevieron a dar una orden contraria, conscientes de que la cortina de agua que caía sobre sus cabezas impedía saber con certeza contra quién se luchaba.

—Es el momento exacto, Dalmau… —susurró el Bretón al oído de su compañero—. No sé por qué razón se han detenido, pero bienvenido sea. Están abriendo las puertas para recoger a sus heridos y muertos, apóyate en mí, pensarán que somos unos de tantos en este desastre. ¡Vamos, muchacho, levanta ese ánimo!

—¡Orbria, Orbria despierta!

Orset sacudía a la anciana que parecía estar en trance, con los ojos abiertos y una expresión de asombro en el rostro.

231

—Le he visto, Orset, he visto a Adalbert bailando sobre el puente... —susurró en voz muy baja—. Me hacía señas, me saludaba moviendo los brazos.

—Orbria, no hay nadie en el puente, nadie, ¿me oyes? —Un gesto de preocupación se instaló en la frente del enano—. Sólo ha sido una visión, una pesadilla.

—¡Orset, mi buen amigo, por fin nos encontramos! —Los ojos de la anciana le miraban sin ver.

—Estás calada hasta los huesos y sabes que no es bueno para tu salud, Orbria. ¿Qué estás haciendo aquí, a quién demonios esperas?... ¡Por todos lo santos, muchacha! Hubieras tenido que detenerte, resguardarte de la lluvia y esperar a que amainara... Vamos, buscaremos un buen refugio, debes descansar, yo cuidaré de ti.

—Hacía mucho tiempo que nadie me llamaba «muchacha», Orset, ya estoy vieja para tal palabra... —Una débil risa asomó a sus labios.

Orset arrastró a la anciana con suavidad, mirando en todas direcciones con prevención, estaban muy cerca del monasterio... ¡El milagro era que no la hubieran descubierto antes, parada delante del puente como si estuviera paralizada! Pensó rápidamente, variando el rumbo, no podía conducir a Orbria por aquel camino, no estaba en condiciones. Se orientó hacia el este, buscando la cuesta que llevaba al pueblo de Bresca y alejándose de Santa María. Creía recordar que había un atajo muy cerca que los llevaría hasta el lugar de encuentro señalado, aunque aquel trayecto representaba un duro esfuerzo para la anciana. Pero no le quedaba otro remedio, debían alejarse de allí a toda prisa a pesar de la lluvia, no había tiempo para divagaciones.

—¿Adónde me llevas, Orset, vamos a bailar bajo la lluvia? —Orbria tenía dificultades y arrastraba los pies al andar.

—¡Maldita sea, Orbria, no me has hecho caso, nunca lo haces!

Orset empezaba a desesperarse ante la evidencia de que su compañera no podía avanzar. Sus diminutos ojos rasgados percibieron una forma oscura, una oquedad en una roca del camino que ofrecía un frágil refugio. Empujó a Orbria hacia el fondo del pequeño agujero y la abrazó en un intento de comunicarle el poco calor que le quedaba. Era inútil continuar sin poder ver el más mínimo trazo del sendero.

—Y te he hecho caso, Orset, hasta hace muy poco. —Orbria se dejaba mecer por su viejo amigo—. Pero no podía seguir, mis piernas no me obedecían y tenía miedo de no poder llegar hasta ti. Me detuve un segundo en el camino de Arboló, me tomé tu medicina y...

—Y añadiste polvo de la Garra del Diablo... ¿Por qué, Orbria, por qué? —interrumpió el enano con una mueca de tristeza—. Llegamos a un acuerdo, confié en ti y te proporcioné lo que querías, cosa que nunca hubiera tenido que hacer... Me juraste que no lo utilizarías para ti, Orbria, y te creí. Me has engañado, muchacha.

—No te enfades, Orset, te lo suplico. —Las lágrimas inundaron su hermoso y cansado rostro—. Estaba muy cansada y no sentía nada, sólo ese vacío oscuro que me devora por dentro, amigo mío, y que cada vez se me hace más insoportable... Me ahoga, Orset. Entonces pensé en Adalais, en mis padres y en mis pobres hijos... En ocasiones, su recuerdo me ayuda a seguir. Sólo quería estar con ellos, no tenía fuerzas para nada más. Y tienes razón, me tomé un poco de ese polvo que me diste, sólo un pellizco, pensé que me ayudaría a seguir, no era capaz de dar un nuevo paso.

—Orbria, Orbria... —Orset abrazó a su vieja amiga con fuerza, con una sensación de temor que crecía en su interior.

—Vi a Adalbert con toda claridad, Orset, me indicaba el camino. —La anciana no le escuchaba—. Ya te lo he dicho, bailaba sobre el puente, bajo la lluvia.

—Adalbert ha muerto, Orbria, sólo viste a la Garra del Diablo tomando su forma y mostrándote lo que tú querías ver. —Orset hablaba con dulzura.

—No, lo vi, te lo aseguro... Y si es cierto lo que dices y Adalbert está muerto, es que ha vuelto de su tumba para ayudarnos.

—Nadie vuelve del sepulcro, Orbria, lo sabes perfectamente. —Orset se asomó al exterior, la lluvia caía suavemente—. Vamos, muchacha, sólo un esfuerzo más y todo se habrá acabado.

—También vi a Adalais, es tan parecida a su madre... —Orbria temblaba, todo su cuerpo vibraba en una melodía extraña—. Por un momento, creí que ella había vuelto, que mi hermana venía a buscarme. Estoy tan confundida, Orset, la cabeza

233

me da vueltas. Y a pesar de mi cansancio, no siento el dolor en mis huesos, viejo amigo, no siento ningún dolor.

Orset ayudó a la anciana, cogiendo su mano y guiándola por el estrecho sendero. El enano no podía evitar que las lágrimas asomaran a su rostro, los años habían castigado duramente a Orbria, y temía arrastrarla a un abismo del que no podría salir. Aunque unos años mayor que él, Orbria había sido para Orset una compañera imprescindible, y juntos habían crecido compartiendo las más íntimas confidencias. Orbria nunca le había visto como a un enano, un ser deformado por algún capricho de la naturaleza, nunca había percibido que hubiera una diferencia en él que lo apartara de los simples mortales. Y Orset se había transformado a través de los ojos de Orbria: un muchacho bajito, de ojos oscuros y andar peculiar. Ella le comunicaba algo que le otorgaba normalidad, a pesar de ser consciente de sus limitaciones, su mirada le convertía en alguien valioso y amado. Orset, a su vez, todavía la contemplaba como aquella muchacha alegre que amaba bailar y bailar durante un día entero, descalza y con su larga melena negra al viento, que reía con sus bromas y corría para atraparlo en sus juegos. «Orset es bajito», decía Orbria ante cualquier comentario impertinente, «y tiene muchas ventajas, nunca lo encuentro cuando se esconde».

Orset mostró una triste sonrisa, pasando una mano por su rostro para secar las lágrimas mezcladas con las gotas de lluvia. Acaso ella tuviera razón, y el único refugio que les quedara fuera la memoria, su feliz memoria de tiempos mejores. Comprendía aquel poderoso sentimiento que anidaba en ella, lo entendía y lo temía porque le hacía sentir una profunda nostalgia, un horror creciente que provocaba que el odio creciera en él. Orbria quería volver a lo que ya no existía y su deseo poseía la fuerza de un huracán, pero al contrario que Orset, en ella no existía la más pequeña brizna de odio. No, Orbria había perdido demasiado, incluso el deseo de venganza había desaparecido devorado por su cansancio, y la desaparición de sus hijos había representado un mazazo sin solución. Su aparente fuerza era una coraza que no necesitaba con Orset, él entendía su dolor, era parte de él, su viejo amigo era el descanso que tanto anhelaba.

Y

Ebre, con la lengua fuera, corría detrás de Guillem por el estrecho sendero, seguidos por un incansable *Riu*. No habían escogido el camino de Peramea a Gerri por temor a cruzarse con Ermengol, con la convicción de que éste sólo tenía un destino: el monasterio de Santa María. Allí se suponía que el resto de sus compañeros ya se harían cargo de él, si es que habían llegado, aunque se tratara de una simple conjetura bastante discutible. En realidad, parecía que nadie supiera con exactitud lo que tenía que hacer, ni cómo llevarlo a cabo. Guillem habló con una mujer, una de las pocas que había quedado en el pueblo de Peramea, a causa de una visible cojera. Quería saber todos los caminos, atajos o veredas existentes en el lugar y que los llevaran en dirección a Gerri. Y sin una palabra de explicación había empezado a correr, gritando a Ebre que no perdiera el tiempo, abandonando a los caballos en un prado del pueblo. Y no habían perdido el tiempo hasta el momento, atravesando a toda velocidad Llerás, una pequeña aldea situada hacia el Mediodía, subiendo y bajando cuestas que se confundían entre la maleza. Guillem no se detuvo hasta que pudo contemplar el peñón de Cartanís y la torre que guardaba el camino, con la respiración entrecortada, las manos apoyadas en las rodillas y sin poder decir ni una sola palabra. Ebre se dejó caer de bruces en el suelo, en aquel momento, el lecho de puntiagudas piedras le parecía el mejor lugar del mundo.

—Creo que hay un puente, Ebre, o quizás una pasarela… —Guillem rebufaba como un caballo a punto de reventar—. Sólo hemos de pasar el río. Rodearemos Cartanís y volveremos atrás. No sería conveniente topar con los hombres del de Pallars, ni con los del abad, sólo nos faltaría encontrarnos en medio de una escaramuza, o que nos confundieran con lo que no somos. Una vez hecho todo esto, con un poco de suerte, nos encontraremos en el camino adecuado.

—¿Todo esto?… —Ebre miraba a *Riu* con fascinación. Lejos de parecer agotado, el perro movía rabiosamente la cola de lado a lado, a la expectativa, como si un olor invisible le resultara familiar—. Estoy a punto de morir de agotamiento, Guillem…, ¿adónde demonios vamos?

—Allí, y no digas palabrotas, chico… —Fue la corta respuesta del joven, señalando hacia arriba. Su mano, con el dedo extendido, se perdía en lo alto de una cima que se elevaba al otro lado del río.

El atardecer se reflejaba en la montaña, una claridad extraña y borrosa que atravesaba la niebla de la cumbre mostrando un verde uniforme y brillante.

—Y bien, fray Ermengol… ¿Qué nuevas me traéis?

Cerviá paseaba entre los huertos del convento de Santa María, admirando cada fruto y deteniéndose para palpar hortalizas y vegetales. Su delgado cuerpo se inclinaba con facilidad hacia judías y tomates, calabacines y pimientos, con breves exclamaciones de placer. Sus palabras eran la única indicación de que la presencia de Ermengol no era un simple espejismo.

—Me he retrasado, fray Cerviá, pero la situación… Supongo que sabéis que el pueblo está en armas. —Por un momento, Ermengol creyó posible que su hermano no tuviera la más mínima idea de lo que sucedía en el exterior.

—¡Ah, sí…! Algo me han comentado. Los hombres del abad están muy enfadados, por supuesto. Pero, decidme, ¿hay alguna nueva noticia de lo que nos atañe?

—Veréis, fray Acard ha desaparecido. —Ermengol no salía de su asombro ante la indiferencia de su hermano.

—¿Desaparecido?… ¡Oh no, no, mi querido amigo! No debéis inquietaros, vuestro compañero está aquí, en Santa María. —Una corta carcajada salió de los labios de Cerviá—. Y está perfectamente, por lo que he visto. Además, dentro de muy poco arribaran nuestros refuerzos tal como os dije, y el abad ha sido tan amable de prestarnos a sus perros, unos mastines formidables. Pronto empezará la cacería, fray Ermengol, no debéis preocuparos.

—¿Habéis hablado con Acard, os habéis dado cuenta de su estado? —La angustia teñía la pregunta de un tono lúgubre.

—Desde luego que he hablado con él, fray Ermengol. —Un gesto de perplejidad apareció en la mirada de Cerviá—. Y tengo que deciros que vuestras sospechas me parecen un tanto exageradas, la cabeza de Acard parece reposar en el lugar de siempre. Venid, sentaos y aprovechad esta pausa de la lluvia. ¿No creéis admirable este aroma de humedad que impregna la tierra?

—¿Y qué os ha dicho para convenceros tan fácilmente? —Ermengol hacía esfuerzos por controlar su nerviosismo, un molesto escalofrío recorría su espalda.

—Lo contrario que vos, naturalmente. —Una sonrisa se extendió en el seco semblante de fray Cerviá—. ¿Qué os esperabais? Cuando dos de nuestros hermanos entran en el pantanoso terreno del conflicto, sucede siempre lo mismo, fray Ermengol, deberíais saberlo. Y nosotros, pobres hijos del Creador, debemos escuchar con paciencia, separar el grano de la paja... Un trabajo arduo y difícil, vos lo sabéis.

—¿Estáis insinuando que no creéis en mis palabras? —Un hilo de voz apagado salió de la boca de Ermengol.

—¡No, por la misericordia de Dios, nadie os llama mentiroso! Es demasiado pronto para saberlo, ¿no creéis? En estos momentos, fray Ermengol, es imposible averiguar la verdad de vuestras afirmaciones o las de fray Acard. Sólo puedo constatar que existen dos versiones antagónicas: vuestro hermano asegura que vuestra ambición os ha convertido en un traidor; vos, por el contrario, mantenéis que él se ha vuelto loco. ¿No es así? Os suplico que me corrijáis si me equivoco.

Ermengol empezó a sudar, no conocía de nada a fray Cerviá, pero sabía perfectamente el mecanismo que éste ponía en práctica. Seguiría el manual paso a paso, con absoluta frialdad, y se entrevistaría con ambos hasta la saciedad, sin descanso. Y después los confrontaría, cara a cara, durante el tiempo que hiciera falta... Si algo poseía la Inquisición en cantidad, era tiempo. ¿Cómo convencerlo de que la verdad estaba de su parte?

—Pero fray Cerviá... ¿Qué va a pasar con Adalbert de Gaussac, con *La llave de oro*, con...?

—Mi querido amigo, nos sobran hombres preparados, a Dios gracias. Ninguno de nosotros es imprescindible, por eso nos vemos obligados a ser seres especialmente humildes, obedientes a la voluntad de nuestros superiores. ¿Cómo podríais llevar a cabo vuestro trabajo en esta situación? Eso sería imposible en estos momentos, fray Ermengol, os habéis enemistado con vuestro compañero, con el único soporte que os puede guiar.

237

Al igual que Acard, necesitáis de la meditación. Y nosotros, infelices jueces, precisamos de la inspiración divina para averiguar dónde se esconde la verdad.

—¿Dónde está Acard, fray Cerviá?... Creo que debería hablar con él. —Ermengol recuperó una pequeña parte de su aplomo. Necesitaba hablar con Acard, convencerlo, de lo contrario quedaría atrapado en las mismas redes que había tejido con tanta delicadeza.

—¿De verdad deseáis verlo, qué podéis conseguir de un loco? Porque vos así lo consideráis, creéis que ha perdido la razón, es la base de vuestra acusación, querido hermano. —Cerviá le observó con el mismo interés que contemplaba una de las hortalizas—. Bien, os complaceré, desde luego, no veo que haya perjuicio en vuestro deseo, fray Ermengol.

Cerviá se apartó lentamente, atravesando con el mismo paso las huertas que rodeaban Santa María. Una vez dentro del monasterio, solicitó a uno de los frailes que llevaran a su presencia a fray Acard. Ermengol le seguía con el rostro desencajado.

—Espero, fray Ermengol, que guardéis las formas. Si la verdad os acompaña, recordad que nunca ha sido beneficioso mentar la locura a un trastornado, os ruego prudencia, y sobre todo caridad cristiana. —Las palabras de Cerviá tenían un ligerísimo tono irónico que Ermengol no pareció captar.

El fraile encargado del recado volvía a toda prisa, un cierto asombro asomaba a sus ojos.

—Lo siento, fray Cerviá, no encuentro a fray Acard. Estaba en el locutorio, y no ha querido moverse de allí a pesar de mis ruegos por llevarle hasta una de las celdas. He mirado en la iglesia, en el claustro y...

—Os lo agradezco, hermano. —Fray Cerviá, en cambio, no estaba sorprendido. Su sonrisa perdió intensidad y en su mirada apareció un brillo extraño—. Y bien, querido fray Ermengol, ¿adónde creéis que ha ido vuestro compañero de religión?

La fuente de Comacalent brotaba de un sencillo caño de madera, escondida en una acentuada vuelta del camino de ascenso a la cima de Esplà. Altos árboles y una espesa maleza, alimentada por las últimas lluvias, protegían la intimidad del lugar, y el sonido del agua creaba un espacio circular que invitaba a la reflexión.

Bertran caminaba a largos pasos por el reducido espacio, apartando a manotazos los arbustos que le impedían la agitada marcha. Su alto y flexible cuerpo en movimiento contrastaba con la pasividad de su hermano, Tedball, que sentado en una piedra observaba sus frenéticas andanzas.

—Cálmate, Bertran, todavía no hay razón de la que preocuparse. —Su intención era tranquilizar a su hermano, aunque consiguió todo lo contrario.

—¡Calma, maldita sea Tedball, algo va condenadamente mal!

—Todavía es pronto, no creo que Adalais se demore mucho. Y los demás estarán al caer, Bertran. Olvidas que la situación en Gerri habrá...

—¿Adalais?... ¿Qué tiene que ver esa chica en todo esto? —interrumpió Bertran, volviendo al lado de su hermano en dos zancadas.

—¡Qué pregunta más estúpida, está claro que ella tiene mucho que ver en todo esto..., es la hija de Adalbert! —Tedball clavó la vista en Bertran, parecía incómodo.

—Creí que estaba fuera de este asunto, nadie me dijo ni una palabra de ella. Escúchame Tedball, todo esto no tiene ni pies ni cabeza, algo va mal, muy mal. ¿Cuáles eran tus instrucciones exactas? —Bertran se acomodó al lado de su hermano, la inquietud le dominaba.

—¿Mis instrucciones? —Tedball vacilaba. Repentinamente, se dio cuenta de que ignoraba por completo la función de su hermano en el plan, y también desconocía el papel que jugaban todos los demás—. Bien, en realidad, mis obligaciones tienen que ver más con la muerte que con la existencia de Adalbert. Me rogó que cuando le llegara la hora, me hiciera cargo de su cadáver y le procurara el final que él deseaba. También me dijo que me encontrara contigo en un lugar determinado... Te ayudé a cavar, ¿recuerdas? A desenterrar a esos dos desgraciados.

—¿Y...? —Bertran esperaba.

—Y nada más, eso fue todo. Adalais me comunicaría su muerte y traería su cuerpo hasta Tredós. Yo me encargaría de trasladarlo y de organizar la ceremonia de su entierro. Desde

239

luego, me dijo que en el camino me encontraría con vosotros, especialmente contigo y con Orset, ya te lo he dicho... Ésa es la única vez que Adalbert vino a verme para hablar conmigo, y ya entonces parecía muy enfermo.

—¡Dios todopoderoso, Tedball, y no se te ocurrió comunicarme esta simple información! —Bertran se levantó de un salto, encarándose a su sorprendido hermano—. ¿Para eso llevamos los últimos dos años discutiendo de temas tan oscuros, de la justicia, la venganza, la verdad?... ¡Por todos los demonios que habitan en el Infierno!

—No te alteres ni me grites, Bertran, ni sueltes blasfemias. Yo estaba convencido de que sabías perfectamente lo que yo tenía que hacer... Si hemos de ser sinceros, Adalbert habló mucho más contigo que conmigo, nunca me explicó nada de Acard o de Ermengol, eso me lo contaste tú. Y por cierto, ¿cuáles son tus instrucciones?

Tedball abandonó su sillón de piedra para acercarse a su hermano. Bertran tenía la mirada perdida en algún punto de la masa vegetal que los rodeaba, una profunda arruga cruzaba su frente como un canal que la partiera en dos. Tedball insistió en su pregunta sin hostilidad.

—Dime, Bertran, ¿qué se supone que tenías que hacer?

—Tenía que partir hacia La Seu... —murmuró con voz ronca—. Después de engañar a Martí de Biosca y de emponzoñar su vino con la Garra del Diablo. Tras contemplar cómo se despeñaba por el barranco, seguí el camino y me encontré con Orbria. Allí, en La Seu, también me encargué de alterar el vino del canónigo Verat, y Orbria lo hizo con el notario Vidal... Y luego ya lo sabes, me encontré contigo, desenterramos los cuerpos de los malditos sicarios y los llevamos hasta la casa donde se encontraba Acard. Después recuperamos a Orset y... —Bertran enmudeció.

—¡Dios santo, Bertran!... ¿Y qué debíamos hacer llegados a este punto? —inquirió Tedball con el rostro ceniciento.

—Mis instrucciones han terminado, pensé que Orset o tú sabríais qué demonios había qué hacer a continuación. Durante estos años, Adalbert pasaba por la Encomienda del Mas-Déu y hablaba conmigo, pero no planteó nunca nada concreto, más bien parecía que se sentía solo y con ganas de hablar... Hace unos meses, apareció Orset para decirme que Adalbert estaba muy enfermo, me entregó un frasco de Garra del Diablo y me mandó a La Seu. Dijo que ésas eran las instrucciones de Adalbert, que el «plan» se ponía en movimiento.

—¿Y qué instrucciones tiene Orset? —Tedball sintió un oscuro presentimiento que le helaba el alma.

—No lo sé, Tedball, no tengo la menor idea. Me limité a seguirlo, sin preguntar. —Los dos hermanos se miraron fijamente, paralizados por la duda.

—¿Y qué vamos a hacer con Acard y Ermengol? —Tedball parecía lanzar la pregunta al aire, sin esperar respuesta.

Bertran dio un fuerte puntapié a una piedra, reemprendiendo sus agitadas andanzas, con las manos en la espalda y la cabeza gacha. Nada de lo que había oído tenía sentido, y temía el momento de las respuestas si llegaba la hora de interrogar a los integrantes de aquella extraña ceremonia. ¿Qué demonios pretendía Adalbert?... Un segundo después, oyó por boca de su hermano la misma pregunta instalada en su mente.

—Dime, Bertran, ¿qué es lo que Adalbert pretendía?

—Sólo me comentó que le gustaría «volverlos locos por el camino», eso me dijo la última vez que lo vi. Parecía convencido de que sólo la locura podía llevar a alguien a cometer tantas atrocidades, y que el problema residía en que eran incapaces de asumir su propia demencia. Peor todavía, que creían estar cuerdos... Ese día habló mucho acerca de la enajenación de esa gente, parecía obsesionado, como si me hablara desde una distancia enorme. Tuvo al pobre Orset durante años buscando algo adecuado, hasta que encontró la Garra del Diablo. Sin embargo, no lo sé con certeza, Tedball, siempre creí que deseaba encontrar algo de justicia, a pesar de que él siempre hablaba de la locura...

—¿Justicia? —Tedball intentó una media sonrisa—. No, tranquilízate Bertran, no voy a empezar un largo discurso acerca de conceptos morales o religiosos. Estaba pensando en esa frase de Adalbert: «Volverlos locos por el camino». Ésa es una extraña manera de equilibrar la balanza, ¿no te parece?

—Ahora soy yo quien no entiende nada... ¿De qué hablas, de qué demonios de balanza? —De golpe, un repentino cansancio se apoderó de Bertran.

—Sólo sé que ese camino del que hablaba Adalbert, quizás

241

sea parte de mis obligaciones. Debemos emprender la marcha, Bertran, y sin perder tiempo. —Tedball se incorporó desentumeciendo sus brazos.

—¡Te has vuelto loco, hay que esperar a los demás! —saltó su hermano sin poder contenerse.

—¿Esperarlos era parte de tus instrucciones? —Tedball seguía con su triste sonrisa—. Me temo que no, Bertran, por lo que me has dicho, tú ya has cumplido la parte del trato, ahora sólo tienes que seguirme o regresar al Mas-Déu, ésa es otra de tus posibilidades...

—¡Y eso qué significa! —Bertran estaba confuso, por primera vez en su vida se sentía perdido.

—Sólo sé lo que Adalbert me permitió conocer, tal como hizo contigo y con los demás. —Tedball puso una mano en la espalda de su hermano—. Piensa un poco, muchacho, las instrucciones que te dieron han sido cumplidas, ¿qué se supone que debes hacer ahora? ¿Por qué razón sigues ahí, esperando algún designio divino? Si la idea de Adalbert era enloquecer a esa gente, juraría que ya has puesto tu granito de arena, Bertran, y es probable que nos hayamos convertido en involuntarios sembradores de semillas de locura. Y ahora, mi querido hermano, lo único que nos falta es dejar crecer esa semilla.

—Sigo sin entenderlo, Tedball. —Bertran le miraba desorientado.

—Porque eres un hombre de acción, muchacho, y tu idea de justicia acaso no sea la misma que la que impulsaba a Adalbert. Eres tú quien siempre ha exigido un tributo de sangre por el asesinato de nuestros hermanos, quien clamaba venganza en silencio... Tú has comprendido las palabras de Adalbert en el sentido que más necesitabas y, sin embargo, eso no cambia el secreto de sus intenciones. —Tedball le hablaba con dulzura—. Eres un buen hombre, Bertran, mucho mejor de lo que te crees. Pensaste que Adalbert quería lo mismo que tú. Y no creo que te equivocaras en descifrar su deseo, sino en la manera de llevarlo a cabo. ¿Entiendes?

—No, no entiendo nada. —Bertran seguía cabizbajo—. Y no creo que debamos dejar a los otros abandonados a su suerte.

—¡Nadie va a abandonar a nadie, por los santos celestiales, Bertran! Pero ignoras en qué dirección Adalbert ha llevado a los demás, no puedes saberlo, ni tan sólo puedes asegurar que sus instrucciones sean llegar hasta aquí, con nosotros. Orset nos ha dejado para encontrar a Orbria, Adalais no aparece y nuestros compañeros del Temple no están aquí... ¿No crees que acaso tengan instrucciones diferentes?

Bertran dudaba, las palabras de su hermano estaban cargadas de razón. Se daba cuenta de que no sabía más de lo que ya había hecho, y después de cumplir con su parte se sentía vacío, decepcionado. Hizo un esfuerzo por recordar las palabras exactas de Adalbert, de su plan..., pero ¿qué sabía de aquel extravagante plan? Nada. Sólo que una pequeña comitiva se había puesto en marcha siguiendo unas pautas marcadas, encontrándose y dividiéndose, sin que nadie conociera su destino final. Era algo irónico, pero la locura que sembraban parecía haber contagiado sus propias conductas... Todos ellos se habían lanzado a un camino sin conocer su destino final, ni tan sólo sabían qué era lo que se exigía de ellos. Asentía lentamente con la cabeza, como si una delgada compuerta se abriera en su mente y aportara un resquicio de luz. De golpe, todo su cuerpo se tensó, el sonido de unos ladridos cercanos movilizó sus músculos.

—Los locos nos persiguen, Bertran, creo que ha llegado el momento de ponernos en marcha —murmuró Tedball con sarcasmo—. Y lamento decirte que ésta es una parte del plan que desconozco por completo, aunque me temo que nuestras semillas están creciendo a toda velocidad.

243

—¡Te has vuelto completamente loco, Jacques!

—¡Maldita sea, Dalmau, cállate y ayúdame! —La voz del Bretón tronó.

Dalmau y Jacques habían logrado entrar en Gerri de la Sal mezclados entre un grupo de heridos. En los portales de la plaza de Sant Feliu, junto a la iglesia, se había instalado una especie de hospital de urgencia para atender a los hombres del pueblo que, cubiertos de sangre, avanzaban con dificultad. Los soldados y frailes del abad continuaban en silencio hacia el puente, camino del monasterio. En un acuerdo tácito, cada cual cuidaba de sus propios heridos. El Bretón, arropado en su capa, arrastraba a su compañero en dirección al puente de piedra y, tras pasarlo, cambiaba de dirección para alejarse del monasterio. El río estaba creciendo rápidamente y empezaba a inundar el camino de la ermita de Arboló. Con cautela, llegaron a un terreno elevado donde se extendían una parte de las salinas. El Bretón inició una actividad frenética arrastrando un par de gruesos troncos, cuidadosamente apilados en un rincón, y arrancando largas tiras de hiedra. Sus movimientos eran rápidos y eficaces, y, en breve tiempo, una peculiar embarcación se hallaba dispuesta casi al nivel de la orilla.

—Te lo repito, te has vuelto completamente loco. No tengo intenciones de ahogarme en esta ruina. ¿Es que no has visto que el río está a punto de desbordarse? —A Dalmau le temblaba la voz.

—¡Pues que se desborde, maldita sea, por todos los diablos…! ¡Y el que no lo entiende eres tú y tus condenados líos! —Jacques era inmune a los despectivos comentarios de Dalmau—. ¿Es que no comprendes que es nuestra única salida? No podemos pasar cerca del monasterio, Dalmau, ¿no has oído los ladridos?… Esa gente ha soltado a sus perros, animales y humanos, y empiezan una bonita cacería. ¿Y quién crees que será su pieza favorita?… Sin lugar a dudas, alguno de tu grupo de conspiradores, o Guillem, o Ebre.

—No es necesario que andes gritándome, Jacques, todavía no estoy sordo. Pero me parece una auténtica locura meterse ahí, en esos troncos medio podridos, con el río rugiendo como una bestia inmunda. —Dalmau seguía a distancia de la improvisada embarcación.

—Pues verás, muchacho, si tienes otra genial idea te escucharé con toda atención. Pero si no es así, más vale que te calles y «embarques» en esta ruina, como la llamas. Porque se suponía que al llegar aquí, tus amigos estarían esperando para llevarnos a ninguna parte… ¡Qué maldito plan de los demonios es ése, Dalmau! —El vozarrón de Jacques se imponía al fragor del aguacero.

—Nunca dije que hubiera alguien esperando, ¡y deja de gritar! Yo sólo tengo que llegar a Esplà, Jacques, ésas son mis instrucciones, no sé nada más. —Dalmau, poco acostumbrado a hablar a gritos, empezaba a perder la voz.

—¡Pues sube de una condenada vez, es la única manera de

adelantarnos a esos malditos perros! —aulló el Bretón fuera de sí—. Nos dejaremos llevar por este mar embravecido, Dalmau, hasta pasar el monasterio. Ya anochece y nadie va a fijarse en nosotros... Después, intentaremos aproximarnos a la orilla de nuevo y seguiremos adelante.

—Nos ahogaremos sin remedio —balbució Dalmau, con la vista en las negras aguas que subían de nivel.

—¡Pues que así sea si nuestro Creador opina que ha llegado nuestra hora, Dalmau! Y te aseguro que será mucho mejor que pasar un par de días, o el resto de nuestra vida en una mazmorra de la Inquisición.

Dalmau puso un pie en los troncos, resignado y con el rostro lívido. Los maderos se balancearon hasta hacerle perder el equilibrio y caer de bruces sobre ellos. Jacques no permitió que se levantara, colocándose en la misma posición y pasando uno de sus fuertes brazos sobre su espalda, ambos acostados sobre su estómago y agarrados con fuerza a la hiedra que sujetaba los dos maderos. De un puntapié, el Bretón se lanzó a la corriente que pronto los atrapó en sus rápidos, girando vertiginosamente y ocultando un agudo alarido de Dalmau. En unos instantes, desaparecieron tragados por el crepúsculo.

245

Capítulo XV

La Garra del Diablo

«Ése es un tema que sólo incumbe a unos pocos escogidos por Dios, porque es a Él, nuestra Verdad Suprema, a quien corresponde determinar tal elevado concepto. Y esos pocos gozan de su Divina Inspiración para siempre, guiando al infeliz rebaño por la única senda. Dicha Verdad no interesa a la gente simple porque sus mentes no han sido preparadas para la Revelación, incluso por su propia naturaleza tienden a la tiniebla de la Mentira. En mi larga experiencia como inquisidor, podría deciros que las almas de baja condición son las que mienten por vicio o costumbre, sin entender el error en el que viven. Y ha sido el Misericordioso quien ha puesto en nuestras manos la vara para corregir sus falsedades y enderezar sus torcidas inclinaciones. No es tarea fácil, nuestro Señor nos exige un duro trabajo como guerreros contra el Mal, y a él nos aplicamos con todas nuestras fuerzas porque ésa es su Voluntad.»

ERMENGOL DE PRADES

*O*rset se deslizó con cautela a través de la maleza, arrastrándose por el barro. Desde allí podía observar cuanto acontecía en el monasterio de Santa María sin ser descubierto. Había una gran actividad en el sendero que llevaba hasta la iglesia, y hombres y frailes se mezclaban mostrando parecidas armas y la misma gravedad en sus semblantes. Observó con detalle las edificaciones que formaban la gran construcción monástica, buscaba el lugar exacto donde estaban ubicados los establos. Había dejado a Orbria de nuevo en el pequeño agujero, consciente de que la anciana no tenía fuerzas para avanzar y dispuesto a encontrar una solución para ayudarla. En aquel momento echaba de menos a sus fieles mulas, cómodamente instaladas en un amplio establo de Talarn y bajo los cuidados de su amigo. Pero había sido la mejor solución para ellas, ¿qué culpa tendrían de sus conflictos humanos? Ahora estaba dispuesto a robar uno de los animales del abad, costara lo que costara. Sumido en sus meditaciones, dio un respingo al contemplar en la lejanía la figura de Ermengol de Prades. El dominico salía a hurtadillas del pórtico de la iglesia, mirando subrepticiamente en todas direcciones. Con paso ligero, se perdió en una construcción que Orset ya había identificado con los establos, en tanto a sus espaldas, una silueta flaca y baja de uno de sus hermanos de religión le observaba desde el pórtico con una amplia sonrisa. Orset se movilizó, reptando con ayuda de los codos e impulsándose con sus cortas piernas, sin perder de vista los establos. Vio salir de allí a Ermengol llevando de la brida a un caballo, sin montarlo todavía, adoptando una postura disimulada al tiempo que guiaba al animal hacia el camino que transcurría bajo el monasterio. Cuando el dominico se perdió en la penumbra, Orset aceleró el paso, medio agachado, corriendo hacia los establos. Nadie pareció apercibirse de su presencia, y ni siquiera los animales que allí descansaban dieron muestras de inquietud. Escogió un pequeño burro que dormitaba en un rincón, olvidado entre los elegantes alazanes del abad, y musitó unas palabras a su oído. El animal se mostró agradecido por su presencia, siguiendo sus indicaciones dócilmente y encantado ante sus caricias. Orset se detuvo unos instantes en la puerta y, tomando una bocanada de aire, salió con paso rápido, sin correr, medio oculto tras el cuerpo del animal.

247

—Orbria, ya he llegado, no debes preocuparte, ya estoy aquí. —Sus palabras eran un murmullo bajo.

No hubo ninguna respuesta. Orset palpó la pared en busca de la grieta, el anochecer caía con rapidez y su vista no distinguía el lugar exacto del escondite. Finalmente, su mano reconoció el relieve de la roca, asomó su cabeza y habló en tono bajo. Pero el silencio era el único habitante del oscuro agujero. Orbria había desaparecido.

Y

—Eso no es un puente, eso no es nada… —La voz de Ebre adoptó un tono próximo al espanto.

Dos gruesas sogas se perdían en la noche, mecidas con fuerza por el viento que surgía de las propias aguas del río, y una especie de polea lanzaba inquietantes silbidos a cada balanceo. Ebre, en cuclillas sobre una roca, temblaba de miedo.

Rodear la torre de Cartanís les había hecho perder una hora entera, obligándoles a descender hasta el río a una distancia más alejada de lo que Guillem suponía. A oscuras, con el único resplandor de una luna que empezaba a menguar, la lluvia declinaba en finas gotas heladas. Y allí no había puente ni nada parecido, sólo aquellas cuerdas que aguardaban a los desesperados que intentaran cruzar a la otra orilla.

—No te pongas nervioso, Ebre. Si lo piensas con detenimiento, esta oscuridad nos favorece, no habrá manera de ver lo que hay ahí abajo. —Guillem, con el rostro inmutable, oía el fragor de los torbellinos del agua.

—Eso no me importa, ni me tranquiliza…, aunque no lo vea, sé que está ahí. Y este río está muy rabioso, puedo oírlo. —Ebre vacilaba.

—¿Tienes una idea mejor?

Ebre negó con un violento golpe de cabeza, intentando captar las facciones de Guillem en la oscuridad.

—Escucha, chico, nos deslizaremos los dos por esa polea. Y no voy a dejarte caer, eso ya lo sabes, es la única solución, Ebre. ¿O prefieres pasar a nado? —La voz de Guillem era un murmullo seductor.

—¡No aguantará nuestro peso! —La queja era ya un chillido.

—Sí aguantará, Ebre, son cuerdas de calidad, acostumbradas a trasladar mucho peso. Vamos, chico, eres tú quien se aburre con la vida de convento. —La ironía intentaba calmar los ánimos—. Y ya sabes que puedes cambiar tu existencia y volver a los rezos en Miravet, aunque éste no sea el momento adecuado para retirarse.

Guillem empujó con suavidad al muchacho, sujetando la polea con una de sus manos. Le ordenó que se sacara el cinturón y se atara con él a su cintura, a la vez que le indicaba cómo colocar las piernas, aferradas en torno a su cadera. Sintió temblar el cuerpo de Ebre contra el suyo, como una hoja de encina sacudida por un temporal, y con un suspiro de resignación comprobó la mejor manera de asegurar sus manos en el oscilante transporte. En el momento en que se dejaba caer sobre las enfurecidas aguas, un impresionante relámpago abrió el cielo sobre sus cabezas, iluminando el vertiginoso trayecto. El agudo chirrido de la polea al deslizarse por las cuerdas atenuó el sonido del trueno, chasqueando a cada tramo en tirones irregulares que encogían el ánimo de los involuntarios viajeros. Un golpe helado atrapó las piernas de Guillem, una fría bestia que le devoraba y le atraía, y necesitó de todas sus energías para sacar sus piernas de la corriente que le arrastraba, encogiéndose a su vez y luchando con el peso de Ebre que resbalaba.

El impacto contra una roca de la otra orilla les pilló desprevenidos, sin tiempo para sujetarse en una de sus aristas, como una coz que les devolviera a la corriente. Ebre manoteaba en el aire, sólo sujeto a Guillem por el cinturón, mudo ante el horror de precipitarse en el vacío. Los gritos de Guillem en demanda de calma no fueron atendidos, mientras se impulsaba con todas sus fuerzas para llegar de nuevo hasta la roca. Finalmente, sus dedos se cerraron en torno a una anilla de metal, un soporte de hierro clavado en la roca y pegado a la piedra húmeda como si fuera parte de ella.

—¡Ya basta, Ebre! —gritó Guillem con todas sus fuerzas—. ¡Deja de moverte como un poseso, vas a conseguir que nos estrellemos contra la corriente! ¡Agárrate a ese hierro, por todos los infiernos, maldita sea!

Ebre despertaba de la pesadilla con los ojos cerrados, extendiendo una mano ciega hacia la piedra. Los exabruptos de Guillem consiguieron que el muchacho reaccionara, logrando alcanzar el soporte metálico. Ebre se movió con inseguridad, rodeando la roca y llegando a tierra firme.

—¡Por los clavos de Cristo, Ebre! —Guillem respiraba entrecortadamente—. Empieza a pensar en cambiar de trabajo, chico, vuelve a los rezos, al convento, a sembrar cizaña… ¡Por poco acabamos en mitad del río! ¿Qué demonios te ocurre?

Ebre no contestó, todavía estaba temblando por la experiencia. Se arrastró por el lodo, alejándose de las aguas, sin con-

249

seguir atrapar un solo soplo de aire y tosiendo sin parar. Guillem, a sus espaldas, daba rienda suelta a todo el vocabulario obsceno que conocía, más propio de un mercenario que de un miembro de la milicia templaria. Un nuevo relámpago estalló en el cielo, alumbrando sus empapadas siluetas y arrojando luz a sus horrorizados semblantes. Un sonido diferente, gutural, se abrió paso entre los dos, una tensa carcajada reprimida que se transformó en atronadora risa. Guillem se reía a mandíbula batiente en tanto contemplaba a su escudero.

—¡Por todos los santos, Ebre, deberías verte, pareces una gallina mojada y maloliente! —Con los brazos en jarras y chorreando agua, Guillem no podía controlar su hilaridad.

Un imperceptible temblor sacudió a Ebre, aquellas muestras del peculiar humor de Guillem siempre lograban contagiarle, a pesar de sus esfuerzos para que eso no ocurriera. Su ceño fruncido vacilaba, reacio a colaborar en el alborozo. Y cuando ya estaba a punto de sucumbir, unos angustiosos gritos que atravesaban el aire llegaron con toda claridad hasta ellos. Guillem desapareció de su vista de golpe, tragado por la oscuridad. Por unos momentos, inquietantes presagios se apoderaron del muchacho, amenazadores fantasmas que habitaban en el río se alzaban para llevarlos hasta el fondo de sus aguas y... Un nuevo grito volvió a traerlo a la realidad, alguien vociferaba su nombre acompañado de maldiciones.

Ebre se movió con cautela en la oscuridad, hacia el lugar en donde resonaban las maldiciones, asegurando el pie a cada paso para no resbalar en el barro. Guillem, con medio cuerpo sumergido en la corriente, aferraba con desesperación unos maderos que flotaban a la deriva. Remolinos de espuma cubrían su cabeza, que sólo sacaba para aullar su nombre, y después era tragada de nuevo por la violenta corriente. El asombro del muchacho fue auténtico cuando captó la presencia de dos figuras borrosas, sujetas a los troncos, extendiendo sus brazos hacia Guillem y luchando para no ser arrastrados por los furiosos remolinos.

Acard no había dejado de correr desde su huida del monasterio. Sus piernas flaqueaban a causa del ritmo que se había impuesto, sin otra obstinación que marchar tras los pasos de

Adalbert de Gaussac. No había otro motivo tan poderoso como aquél para emprender la acentuada cuesta que llevaba a la cima de Esplà. A lo lejos, oía los ladridos de los perros y los gritos perdidos de los hombres que los azuzaban. Sin embargo, nada de aquello le importaba, ni tampoco las graves consecuencias que su huida podía acarrearle. Una convicción más fuerte que las peores amenazas palpitaba con ferocidad en su interior. No podía dejar de pensar en aquel gélido personaje que pretendía erigirse en su juez, fray Cerviá, uno más entre aquellos que pretendían robarle la gloria de su hallazgo. Porque no había duda de lo que pretendían, ansiaban robarle *La llave de oro* y todo lo que significaba… Y estaban dispuestos a todo: a desacreditarle y a encerrarle en una oscura mazmorra, a convertirlo en un loco que confundía la realidad. Pero eso no sucedería, él se encargaría de demostrarles quién era en realidad Acard, evidenciaría su inteligencia ante aquella turba de codiciosos que sólo buscaban su ruina. Además, no había necesitado de mucho tiempo para descubrir que Cerviá no le creía y estaba de parte de Ermengol, aceptando su versión de los hechos sin una sombra de duda. ¡Ermengol! El pensamiento de su antiguo amigo le colmó de ira y acrecentó la velocidad de sus pasos. Su traición le hería como una flecha que le atravesara el alma de parte a parte, había confiado en él y se había dejado llevar como un ciego que precisa de un lazarillo…, y ¿qué recibía a cambio? ¡Traición y sólo traición! Ermengol nunca había merecido su afecto, el amor de hermano que siempre le había demostrado, la protección prestada día a día.

—Os suplico ayuda, buen hombre, socorredme.

Una débil voz que surgía entre la maleza resonaba entre el sonido de la llovizna. Acard se detuvo, no estaba seguro de lo que oía, la brisa que movía las ramas se convertía en murmullos apagados que no entendía. La voz resonó de nuevo, a su izquierda, esta vez con claridad. Acard vaciló, no quería perder su precioso tiempo, pero la curiosidad le guió hasta el lugar de donde procedía el susurro. Un estrecho sendero oculto por las hierbas mostraba su irregular trazado, perdiéndose en la oscuridad. Un bulto reposaba en el suelo, una silueta que permanecía sentada, gimiendo. El dominico se acercó con prudencia, tocando con la mano una tela áspera.

251

—¿Quién sois, qué hacéis en mitad de la lluvia? —El tono seco y desprovisto de interés se mostró sin esfuerzo.

—He resbalado, señor…, creo que me he roto algún hueso, no puedo moverme. —Entre las sombras, Acard contempló unos ojos oscuros que le miraban sorprendidos.

—¿Y qué pretendéis que haga, buena mujer? ¿A quién se le ocurre salir con este tiempo? A vuestra edad es una imprudencia hacer semejantes cosas, no puedo imaginar qué razón os ha empujado a tomar este camino con este endiablado tiempo. —Acard no cedía y se incorporó para reanudar la marcha.

—Espera, espera, sé quien eres… ¿Acaso no me reconoces, Acard?

Acard volvió a detenerse. La voz de la anciana había cambiado su tono, ya no era un lastimero gemido, sino una inflexión grave y profunda. Algo se removió en su memoria, todavía confuso.

—Nunca fuiste un hombre generoso, Acard, ya desde niño se podía contemplar en lo que te convertirías. Siempre le dije a Adalais que no confiara en ti, pero ella sentía afecto por tu persona, aunque desconozco la razón que la movía a ello.

Acard se inmovilizó, un sudor helado le recorría el cuerpo, una delgada soga húmeda que le ataba al pasado. Reconocía aquella voz.

—¿Orbria? —murmuró con el temor aprisionando su garganta.

—Veo que aún eres capaz de recordar, Acard. Has cambiado, los años no te han favorecido en nada. —Orbria se removió en el suelo, apoyando sus manos para incorporarse con lentitud.

—¿Qué haces aquí, de dónde demonios sales? —Un matiz agudo envolvió la pregunta.

—Lo mismo que tú, aunque no salga del mismo infierno del que procedes, Acard. ¿O acaso no buscas a Adalbert? —Una lenta sonrisa apareció en los labios de Orbria—. Ha muerto, Acard, has llegado tarde…, aunque su espectro baila y me muestra el camino. ¿Lo ves tú, danzando en la lluvia?

—¡Mientes, maldita mujer, sólo sabes mentir! —Acard encaró a la anciana, su mentón lanzado en su dirección—. Sé lo que os traéis entre manos, lo he sabido desde el principio, tu nombre encabeza una lista que está en mi poder desde hace meses. Y tu presencia aquí sólo me demuestra la verdad de mis afirmaciones.

—¿La verdad, Acard, qué sabes tú de la verdad? —Orbria reía, bajaba del sendero cojeando, apoyada en su bastón—. ¡Los ves, ahí, tras tus espaldas! Han venido a buscarme, Acard, y creo que también te buscan a ti.

—¡Pero es que te has vuelto completamente loca! —Incrédulo, Acard miró en todas direcciones, penetrando en las sombras que les rodeaban—. Tu camino pronto va a terminar, Orbria, deberías ser sólo cenizas desde hace mucho tiempo.

—¡Adalbert, Adalais, estoy aquí, esperadme! —El grito atravesó los tímpanos de Acard que se llevó las manos a la cabeza.

Orbria avanzaba por el camino con dificultad, con los ojos clavados en las tinieblas de la noche. Acard la siguió a una prudencial distancia, sin acercarse, notando cómo se erizaban los cabellos de su nuca. Se agachó con la ira en la mirada, recogiendo una piedra del suelo. No tenía tiempo que perder con aquella vieja enloquecida, ya no le servía de nada, y pronto los mastines del abad darían cuenta de ella. Su brazo derecho salió disparado con fuerza, acompañando a la piedra en un corto trayecto y dejándola libre, volando en dirección a la cabeza de Orbria. Se oyó un crujido seco y hasta la lluvia pareció detenerse de golpe. Orbria caía, girando su cabeza hacia Acard, y todo en su rostro reía sin una muestra de dolor ni sufrimiento.

Acard se acercó a ella, rebuscando en la bolsa que había caído al lado de la anciana y tirando su contenido al suelo. Con un gesto de malhumor, pateó los enseres de Orbria, recuperando un pellejo de agua del que bebió un largo trago.

—Ya no lo vas a necesitar para nada, Orbria, y a mí me servirá para llegar hasta Adalbert. —Se inclinó hacia ella hasta rozar su oreja, perdiéndose en su mirada—. Voy a encontrar a Adalbert, ¿me escuchas? Y terminaré de una vez lo que empecé hace años. Y no sólo eso, vieja loca, tu maldita *Llave de oro* será mía, y después de mostrarla a quien interesa, la convertiré en cenizas.

—Verás a Adalbert, Acard, puedes estar seguro. Y también verás a muchos de los que ya no tienes memoria, te lo juro. —Un delgado hilo de voz manaba de los labios agrietados de Orbria.

Ni siquiera se dio cuenta de que Acard desaparecía en un

253

recodo, ya no le interesaba. El dolor del vacío desaparecía y entre la bruma asomaban rostros familiares: Adalbert se acercaba bailando, llevaba de la mano a la hermosa Adalais que le sonreía. Sus padres mostraban sus rostros tras las hojas bajas de un castaño, y sus pequeños bajaban corriendo por el sendero en busca de sus brazos. Orbria se levantó sin esfuerzo, el sonido de su risa atravesaba la noche, su negra melena suelta flotaba en el viento y sus pies descalzos corrían, girando y girando, en una extraña danza que sólo ella conocía.

A 1.532 metros de altura, la alargada planicie de Esplà se extendía como un lagarto dormido sobre los verdes bosques de Pentina. Empezaba a amanecer, una luz blanquecina empapada de humedad lanzaba extraños destellos amarillentos, y retazos de espesa niebla envolvían árboles y piedras. La figura de un enorme caballo negro con su jinete se destacaba entre los jirones de neblina, inmóvil, atrapada ante el panorama de la sierra de Boumort. Grandes montañas se unían, descendiendo hasta los barrancos, elevándose de nuevo en un desafío que retaba al cielo, ocultas entre la niebla que formaba nubes transparentes y grises.

Un suave golpe en los flancos del animal inició un lento trote, emprendiendo el recorrido de la alargada geografía de la cima. No había una sola alma y ni tan sólo el rumor de los pájaros mostraba un signo de vida. Adalais contemplaba el lugar, la sombra oscura que salía de la bruma convertida en la pequeña ermita de Santa María de Esplà. Detuvo a *Betrén* y desmontó, acercándose a la imagen de la mujer que sostenía a un niño en su rodilla izquierda y la miraba sin expresión.

—No hay nadie —comentó la joven dirigiéndose a la imagen, sin esperar respuesta—. Esperaba encontrar a Tedball, o quizás que Orbria llegara antes que yo. Pero nadie me dijo que encontraría compañía, sólo me indicaron un camino y me ordenaron seguirlo. Debería estar acostumbrada a la soledad, ¿sabes?… Y acaso sería lo único que te pediría si confiara en la posibilidad de que mi deseo fuera cumplido: que el dolor de esa soledad desapareciera, que una ráfaga del viento del norte se lo llevara lejos de mí. ¿O es un castigo por algún crimen que todavía no cometí?... Mira esto, contempla el paisaje que te rodea, hasta las propias rocas crecen envueltas por las raíces de los árboles, su superficie está cubierta de pequeñas plantas que se adhieren a la piedra para evitar su soledad. Y sin embargo, ni tan sólo me ofreces este frío afecto. En mi alma no existe nada, no hay fuentes ni ríos, ni rocas ni árboles, sólo esta niebla transparente y opaca a la vez que lo cubre todo.

»Me gustaría agradecerte algo, cualquier cosa que me obligara a arrodillarme ante ti en acción de gracias. Tedball me diría que agradeciera la vida, el favor de alumbrarme a este mundo... Padre, por el contrario, aseguraría que no es necesario molestar a los seres celestiales con nuestros mezquinos problemas, que debemos alejar a Dios de nuestros conflictos antes que convertirlo en un simple gallardete de nuestros intereses... —Adalais sonrió con dulzura—. Aunque sí se me ocurre algo para agradecerte en estos momentos: esa pasajera sensación de ser escuchada por alguien, a pesar de que parte de mí duda de esa posibilidad. No sólo estáis lejos de nosotros, vuestra naturaleza os hace lejanos a todo lo que nos importa, y es posible que no tengáis ninguna culpa de ello. ¿No somos nosotros mismos quienes os otorgamos tal condición?

Betrén levantó la cabeza, rebufando. Inquieto ante la tardanza de su jinete, sus patas golpeaban el suelo. Adalais se dio la vuelta para observarlo, para disfrutar del placer de su elegante estampa. Acarició las negras crines murmurando suaves palabras en su oído y montó de nuevo. Era tiempo de emprender el camino, no podía esperar más, y era posible que nadie estuviera citado en tan extraño lugar. Dirigió a *Betrén* hacia el oeste, buscando el camino que descendía de la cima de Esplà en dirección a Solduga, un camino fantasmal perdido en la creciente neblina.

255

Orset trotaba por el sendero confiando en que el burro fuera capaz de adivinar su trazado. No veía nada, y no tenía otro remedio que encomendarse a los instintos del animal en plena noche. Descendía a un buen ritmo, sin notar los arañazos que las plantas con espinas causaban a sus cortas piernas, sólo sentía una creciente inquietud por la suerte de Orbria. De improviso, el animal se detuvo, vacilando, esperando a que su jinete orientase su dirección. La estrecha vereda que habían seguido hasta el momento, desembocaba en un camino más amplio que ascendía hacia la izquierda en una empinada cuesta. Orset espoleó al burro sin lograr que éste se moviera y, dada su experiencia con los animales, comprendió que algún obstáculo indefinido impedía el trayecto del animal. Descendió, sujetando la cuerda que le hacía las veces de improvisada brida, y avanzó unos pasos arrastrando los pies en busca de algún tronco caído. Su bota golpeó un bulto informe que yacía en el suelo. Palpando con las manos, Orset repasó un cuerpo inmóvil, reconociendo en sus dedos el familiar contorno de Orbria.

—¿Orset?… —Un murmullo casi inaudible brotaba del rostro ensangrentado—. Te esperaba, mi buen amigo, quería despedirme.

—¡Orbria, Orbria…, no hables! —Un sollozo quebró el silencio de la noche que desaparecía entre las primeras difusas luces. Orset abrazaba a la anciana meciéndola entre sus brazos.

—Ellos están aquí, Orset, han venido a buscarme, te dije que así sería. —Orbria intentó levantar la cabeza sin conseguirlo—. Vi a Acard, Orset, se llevó el agua. Te mentí, mi viejo amigo, perdóname… Estuve bebiendo de esa misma agua, la mezclé con la Garra del Diablo, me hacía tan feliz, Orset…

Un largo suspiro acompañó el nombre de Orset en un murmullo que se apagaba. La sonrisa quedó fijada en el semblante de Orbria y su cuerpo se relajó en los brazos de su amigo, abandonándose a sus recuerdos. Él se quedó allí, fundido con el cuerpo sin vida de la anciana, intentando ver entre las sombras los sueños de Orbria, sus sueños.

Acard ascendió por la amplia curva que daba paso a la cima de Esplà, sorprendido por la rapidez con que lo había conseguido. Se sentó en una piedra y bebió un largo sorbo de agua, había sido una imprudencia huir del monasterio sin pensar en las provisiones necesarias. Sin embargo, el Creador, siempre tan previsor, había puesto en su camino a la maldita hereje de Orbria cargada con todo lo que él necesitaba, y sólo podía agradecer su divina providencia. Había sido una grata sorpresa, a pe-

sar de que la anciana constaba en la lista de Bertran de Térmens, Acard no había pensado ni por un momento en encon-
trarla. Su objetivo era Adalbert y nada variaba ese rumbo, los
demás integrantes de la maldita lista podían irse al mismísimo
Infierno, que era el lugar de donde procedían... ¡Y para eso estaban sus compañeros! ¿O acaso creían que iba a hacer todo el
trabajo? Se sentía eufórico, lleno de energía, ni tan sólo la espesa niebla que le rodeaba lograba inquietarle. ¡Él, Acard de
Montcortés, estaba a punto de culminar la obra de su vida y
nada lo impediría! Se levantó de nuevo, esta vez con cautela.
Aunque existía la posibilidad de que Adalbert no hubiera llegado, no quería correr el riesgo de asustar a su presa para que
huyera fácilmente. Era necesario extremar la prudencia, aquella molesta neblina dificultaba su visión. Se movió con agilidad, el cuerpo inclinado hacia delante en un intento de pasar
desapercibido. Oía los sonidos con una claridad estremecedora
que le asombraba, nunca antes su oído había captado aquella
extraordinaria variedad de murmullos: el débil aleteo de una
tórtola removiendo en su nido estallaba en la mente de Acard
con un estruendo ensordecedor. Estaba maravillado ante aquella nueva percepción que Dios le regalaba para llevar a cabo su
tarea, porque estaba seguro de que no podía ser otra cosa que
un regalo del Cielo, de la confirmación absoluta de que nuestro
Señor en persona estaba a su lado. Acard nunca había dudado
de su capacidad para desentrañar los misteriosos caminos que
Dios ponía a su alcance.

De improviso, su recién descubierta percepción notó una vibración especial, el suelo temblaba a causa del galope de un caballo. El ruido acompasado, largo, como un golpeteo regular
que estremecía cada brizna de tierra comunicándole su mensaje. Aún estaba lejos, pensó con una sonrisa, el tiempo suficiente
para encontrar un cómodo escondite entre la niebla que se pe-
gaba a sus huesos. Avanzó despacio, con seguridad, alguien le
había dicho que existía una pequeña ermita en la cima, ¿y qué
mejor lugar para ocultarse de miradas indiscretas? Vio la construcción de piedra difuminada entre los retazos transparentes,
como si el Señor abriera una puerta entre la niebla y le mostrara el camino. Extendió una mano hasta tocar la fría textura, siguiendo una invisible línea grabada en la piedra, hasta llegar a

257

la pequeña puerta y entrar. Dentro se respiraba un vaho helado que surgía de la roca, y breves nubes translúcidas parecían haberse colado en su interior. La imagen de una mujer que sostenía a un niño le miraba con la indiferencia tallada en sus rasgos. Acard dejó que su espalda resbalara en el muro hasta sentarse, empezaba a notar el cansancio, y en sus enrojecidos ojos apareció una especie de bruma lechosa que le impedía ver con nitidez. Se los restregó con fuerza, ya le había sucedido una vez durante el trayecto, pensando que una repentina ceguera nublaba su vista. Sin embargo, como en la anterior ocasión, la recuperó y se dio cuenta de que la imagen había variado su postura inicial. Acard hubiera jurado que uno de los brazos de María reposaba en su regazo, pero en aquel preciso instante aquel brazo parecía elevarse, la mano cambiaba su gesto y sus dedos se cerraban, con la excepción del índice que se alzaba paulatinamente hacia él. El niño, sentado en las rodillas de la madre, giraba su cabeza con un crujido seco. Los ojos de Acard parpadearon hasta quedar abiertos, fijos ante la maravilla que acontecía. El suelo donde reposaba tembló ligeramente, obligándole a incorporarse alarmado y a dirigir sus pasos hacia la puerta. La imagen de María abandonó su postura sedente, levantándose de golpe, en tanto el niño gateaba con rostro angelical hacia él, deteniéndose para señalar el suelo con una sonrisa. Las grandes lajas de piedra que cubrían el suelo de la ermita empezaron a separarse con un peculiar ruido, expeliendo finas volutas de humo por sus hendiduras abiertas. Acard retrocedía con el terror marcando cada una de sus facciones, sus pies vacilaban ante la presión que subía del suelo y removía cada piedra con breves chasquidos humeantes. María volaba hacia él, sin tocar el pavimento, con el dedo acusador extendido, en tanto el suelo reventaba en medio de llamaradas rojizas. Cien brazos ascendían por las grietas, los dedos arañando la tierra húmeda que se deshacía en medio de un olor nauseabundo. María llegó hasta Acard abriendo sus brazos, aprisionándole en un abrazo que le ahogaba, mientras el niño le observaba con atención, jugando con las llamas y sonriendo en la madera que le daba forma. Acard lanzó un aullido salvaje, el fuego lamía sus pies y prendía en su hábito sin que pudiera liberarse. A través de la puerta, la niebla entraba en formas alargadas y cien rostros sobresalían de ella, riendo, imitando los gritos de Acard que se revolvía entre las llamas. Sentía cada palmo de su piel ardiendo, en un fuego que carecía de humo para no ahorrarle el sufrimiento. Cuando el calor reptaba ya por su rostro y quemaba sus cabellos, Acard descubrió que la gracia divina le había abandonado. Dios, en sus múltiples quehaceres, estaba ocupado en asuntos más graves.

—¡Dios misericordioso! ¿Qué es esto? —La voz de Tedball estaba teñida de espanto.

Bertran y Tedball habían pasado parte de la noche acurrucados bajo el tronco de una encina, helados y tiritando, en espera de las primeras luces del alba. Los gritos les despertaron de golpe, con un temor supersticioso que les envolvía al mismo ritmo que la niebla. Eran chillidos que parecían surgir de las profundidades de un abismo, una voz rota en mil notas disonantes que recorrían los agudos más intensos. Bertran se movilizó de inmediato, mirando la pálida cara de su hermano, y emprendió una veloz carrera hacia el lugar de donde procedían los gritos. Tedball le siguió, sin perder de vista la silueta de la espalda que le precedía. Ambos entraron en la ermita casi al mismo tiempo, unidos por una helada sensación de miedo que les atenazaba la garganta. Cuando sus ojos se acostumbraron a la penumbra, el miedo se convirtió en pánico, haciéndoles retroceder temblando.

—¡Dios mío, Bertran, Dios mío! —Tedball parecía incapaz de encontrar otra palabra—. ¿Quién es? ¿Qué ha sucedido?

Bertran, con la espalda pegada al muro, no podía apartar los ojos del panorama que se ofrecía a su vista. Un cuerpo horriblemente retorcido se hallaba en el suelo, su piel convertida en el más negro carbón; sus manos sobresalían de la masa carbonizada como si fueran parte de otro ser, pálidas y rosadas, sin rastro del fuego infernal que había acabado con aquella vida. Bertran se inclinó con un gesto contenido de repugnancia, sacó un pañuelo y cogió un objeto que pendía del cuello del cadáver: un gran medallón dorado con las enseñas de la Inquisición brillaba en su mano.

—¿Acard? —musitó en una pregunta que no encontró respuesta—. Pero, pero ¿cómo, qué…?

El recinto de la pequeña ermita aparecía en perfecto orden,

259

la imagen de Nuestra Señora sentada en su trono, con el Niño en su rodilla, les contemplaba con expresión enigmática. Bertran buscó los restos del fuego inútilmente, no había rastros de madera quemada por ningún lado, ni aparecían manchas ni tizne que diera explicación al suceso.

—Creo que lo han quemado en otro lugar y han traído sus restos hasta aquí, no tengo otra explicación. —Bertran no parecía convencido.

—Más bien parece que una lengua de fuego se haya cebado en él, ¡por todos los santos!… —Tedball cayó de rodillas, incapaz de entender lo que sus ojos veían—. ¿Bertran, crees que…?

—No, rotundamente no, nadie de nuestro grupo sería capaz de esto, Tedball. ¡Ni lo pienses siquiera!

En el exterior se oían unas voces discutiendo. Bertran despertó de la pesadilla en que se hallaba sumido, incapaz de seguir hablando, incapaz de la más breve oración por aquellos restos carbonizados. En su memoria, los restos despedazados de sus hermanos menores volvían a su lugar. Cada trozo retornaba al sitio que le correspondía y daba forma a las familiares siluetas que se recomponían lentamente, sin esfuerzo. No se movió hasta que pudo contemplarlos con toda claridad, sus jóvenes y ágiles cuerpos montando en sus caballos, los mismos animales que Tedball había adiestrado con tanta paciencia. Observó cómo se alejaban entre la niebla, escuchando sus risas, el gesto de despedida de sus manos.

Y entonces reaccionó, la voz de Guillem de Montclar se oía con toda nitidez. Dejó a su hermano y dio la espalda a lo que quedaba de Acard de Montcortés en silencio, pensando en la pequeña comitiva que se había puesto en marcha hacía meses. Llegaba la hora del encuentro.

Un burro de andar cansino atravesaba la niebla como un espectro, avanzando sin rumbo fijo. Su frío hocico topó con la espalda de Ebre, mordiéndole una mano con un airado rebuzno y dando un susto de muerte al muchacho. Aquel clima desagradaba a Ebre, que no soportaba el frío ni aquel ambiente en donde parecía un ciego incapaz de percibir la más mínima sombra. La niebla calaba sus huesos en una lenta avanzadilla gélida que reptaba por su interior, helándole por dentro, sin que taparse con tres vueltas de su capa solucionara nada. Tiritaba sin cesar y sus dientes habían iniciado una especie de baile desenfrenado, chasqueando los unos contra los otros, en un movimiento compulsivo totalmente ajeno a su voluntad. Y estaba cansado desde el principio, los días de descanso en la Encomienda de Gardeny no habían servido sino para llenar su estómago. Pensó que existía la posibilidad de que Guillem tuviera razón, de que no sirviera para aquel «trabajo», como el joven lo llamaba. Pero ¿qué demonios de trabajo era aquél?... En muchas ocasiones, Guillem sabía menos que él, o ambos no sabían nada de nada. Era como andar entre aquella niebla helada que no permitía ver más que lo que tenías ante las narices, siempre temiendo que apareciera un espectro de forma difusa para acabar con tu vida. Ebre estaba deprimido y aburrido, desde el inicio de aquel viaje no habían hecho más que seguir a Dalmau como dos perros guardianes, y su única distracción, *Riu*, había desaparecido en las cercanías de Cartanís. Acaso habría encontrado a un nuevo amo, o peor..., quizás un caballo lo hubiera pateado, o un soldado borracho hubiera acabado con él. Su cabeza estaba llena de malos presagios, y su espíritu supersticioso no veía más que las garras de los muertos surgiendo de la bruma para arrastrarlo a tumbas líquidas. En realidad, cuando había acudido a la llamada de Guillem en el río, estaba convencido de que aquellas siluetas oscuras que se amarraban a los troncos eran pérfidos seres de agua dispuestos a ahogarles. Ver a Dalmau y a Jacques *el Bretón*, en estado lamentable, arrastrarse fuera de la corriente había sido una grata sorpresa. ¿Qué demonios pretendía toda aquella gente rondando por todos lados, perdiéndose y vagando como ánimas en pena en busca de quién sabe qué? Porque la verdad, era que nadie sabía a ciencia cierta qué era lo que buscaban en medio de aquel desierto brumoso que los envolvía... Ni siquiera Guillem tenía la más remota idea de lo que se llevaban entre manos.

261

Cuando el burro apareció a su espalda y le lanzó un mordisco en la mano, Ebre pegó un chillido que retumbó entre las montañas, alargándose en un eco interminable. Y si algo consiguió, fue contagiar su pánico a aquella pequeña tropa desorientada.

—¡Qué sucede ahora, Ebre! ¡Ebre! ¿Dónde demonios estás? —La voz alarmada de Guillem resonó en la planicie de Esplà, unida a la del Bretón.

—¡Un burro, un maldito burro me ha mordido! —contestó el muchacho, atónito ante el pelaje lanudo del animal que le contemplaba entre rebuzno y rebuzno—. Ha surgido de golpe, entre la niebla, me ha asustado.

—Soy yo, no os asustéis, no pasa nada…, soy Orset. —Una agotada voz surgió de los traseros del animal, el enano salía de la niebla con dificultad.

—¡Orset, viejo amigo! —Dalmau estaba feliz—. Creí que te habíamos perdido. Aunque si he de confesarte la verdad, todos andamos un poco extraviados… ¿Y Orbria, sabes algo de Orbria?

Los ojos de Orset se llenaron de lágrimas, sin contestar, señalando el cuerpo que yacía atravesado sobre el animal. Dalmau se llevó las manos a la cabeza, conteniendo el llanto, acercándose y abrazando a Orset.

—¡El Señor la tenga en su gloria, Orset, ya no sufrirá más! ¿Cómo ha sucedido?

—Fue Acard, el condenado Acard… —musitó Orset, y pasó a contar a la pequeña concurrencia los hechos que habían desembocado en la muerte de su amiga. Todos le escucharon en silencio, congregados en torno al animal, intentando comunicar un poco de calor a sus cuerpos.

—Ese hombre ya no perjudicará a nadie más. —La voz tronó a su derecha, grave y sin inflexión.

Bertran avanzaba hacia ellos con el rostro demudado y pálido. Y a sus espaldas se abrió una estrecha rendija entre la niebla, mostrándoles la ermita de Santa María de Esplà, sus piedras casi grises fundidas con el color blanquecino que predominaba.

—Acard ha muerto. ¿Alguno de vosotros tiene algo que ver con su muerte? —La pregunta contenía el mismo aire gélido que los envolvía.

Capítulo XVI

La llave de oro

«Conozco esa eterna discusión, la he oído en múltiples ocasiones: Verdad o Mentira, y todo lo que su significado conlleva. Nunca nadie me convenció acerca de su verdadera naturaleza, aunque es probable que mi trabajo acentúe mi escepticismo. Lo único que puedo añadir al debate, es que hay una Verdad que acompaña siempre al vencedor, como si se tratara de una parte legítima de su botín. Y esa certeza nunca me ha conmovido. Nadie es dueño de mi pensamiento, y lo que yo crea al respecto tiene poco que ver con los gritos de victoria, ése es un botín por el que no siento ningún interés. Sin embargo, ¿qué más puedo decir, si mi vida depende siempre de la convicción de mi engaño? Quizás en el fondo de mi alma sí existe una parte de verdad, escondida entre los pliegues de mis creencias, sin que su posesión me obligue a odiar a quien crea lo contrario. Soy un soldado del Temple, defiendo los intereses de mi orden como mejor puedo y de la única manera que me enseñaron, y en ocasiones mi única verdad es la duda.»

GUILLEM DE MONTCLAR

*A*gazapado tras unos altos matorrales, el sonido de la conversación llegaba a fray Ermengol de forma incoherente. Palabras sueltas que volaban mecidas por la niebla y llegaban hasta él, nombres que lograban tensar los músculos de su cuello en un vano intento de ver lo que la bruma ocultaba: Orset, Orbria, Acard... ¡Acard! El nombre de su superior le hizo dar un respingo: ¿acaso se encontraba entre aquella tropa de herejes o le habrían capturado?

Había huido a toda prisa del monasterio, aprovechando la conversación que fray Cerviá mantenía con el abad, mientras él se mantenía en un segundo plano, arrastrando sus pies hacia la puerta de salida. No pensaba quedarse allí para ser juzgado como un simple delincuente…, era exactamente lo que había captado del comportamiento de Cerviá. Ante la polémica, éste prefería mantener su opinión oculta, esperando que los interrogatorios le iluminaran y le mostraran con toda crudeza la raíz del conflicto. Y Ermengol no tenía intenciones de arriesgarse, no antes de pasar cuentas con Acard. Era imprescindible hacerlo, su versión acerca de él era una obscenidad que no pensaba pasar por alto. Siempre había sido un espejo para él, la cristalina superficie donde Acard podía mirarse sin el temor de sus pesadillas y podía recuperar la nobleza de sus actos. Sin embargo, Sin embaargo, había utilizado el inmaculado reflejo a la inversa, sin importarle los perjuicios que ocasionaba, para situarse en el lado contrario del espejo para envilecerlo. Intentaba cargar sus culpas en su pobre hermano de religión que sólo existía para ocultar sus pecados más oscuros.

264 Ermengol reprimió un grito de rabia que se deslizaba por su garganta y se apretó contra el frío suelo. Toda cautela era poca en aquella extraña situación y debía medir cuidadosamente sus pasos. Un solo error más y sus hermanos inquisidores caerían sobre él con el peso de las mismas leyes que él había aplicado con tanta dedicación. Y sólo había una solución posible: detener a Acard, borrarlo, eliminarlo, hacerlo desaparecer de su existencia. Su locura era un obstáculo para su vida, podrían creerle y arruinar su carrera en unos instantes. Todo el esfuerzo de aquellos duros años se vería envenenado por las palabras de Acard, ensuciado por sus viles insinuaciones.

Oyó cómo aquel grupo de herejes emprendía la marcha y su conversación se alejaba en la distancia, hacia el oeste. Ermengol se incorporó, respirando con jadeos entrecortados, y se encaminó hacia el centro de la planicie donde aquella gente se había detenido durante tanto tiempo. ¿Qué habría allí para merecer tanta atención? Sus ojos intentaban penetrar la espesa niebla, despacio, calibrando cada paso, cuando apareció ante su vista la pequeña ermita de Esplà. ¡Allí estaba la razón! Un refugio para protegerse de aquel tiempo inclemente, mientras él pasaba la noche a un lado del camino, muerto de hambre y de frío. Avanzó hacia el muro en silencio, cuando algo viscoso y blando rozó su espalda y la golpeó. Ermengol se giró con el terror en su mirada.

—¡Tú! Pero ¿qué haces tú aquí…? ¡Creí que habías huido como un conejo asustado!

Un camino descendía desde la cima de Esplà hasta el pueblo de Solduga, pasando por el Cap de Roques, unas formaciones de riscos que dominaban el paisaje. El vuelo del águila dorada, con sus enormes alas extendidas, acompañaba a la comitiva que avanzaba con dificultad. Tedball se había erigido en el único guía existente que sabía con certeza adónde se dirigía, los otros se limitaban a seguirle dócilmente.

Había sido un extraño encuentro. La brusca pregunta de Bertran de Térmens a los recién llegados, acerca de la muerte de Acard, había dejado al grupo templario con la boca abierta.

—Como saludo me parece un tanto impertinente, Bertran. —A Dalmau no le había gustado el tono acusador y sus profundas ojeras se acentuaron—. ¿Qué significa esa estúpida pregunta? Acaso tenemos cara de asesinos.

—Está bien, Dalmau, llevas razón, acepta mis disculpas. Pero ahí dentro está lo que queda de Acard de Montcortés, hecho una bola de carbón. He pensado que alguien le había prendido fuego, porque aún no ha llegado la hora en que pueda ver cómo uno mismo logra algo semejante. —El tono de Bertran mantenía su hostilidad.

—¡Pero qué demonios te pasa! —saltó el Bretón a punto de estallar— ¿Crees que nosotros le hemos preparado la hoguera? ¡Definitivamente has perdido el sentido, ni siquiera conozco a ese bastardo!

—¡Haya paz, caballeros, que aunque no lo parezca, creo que todavía estamos en el mismo bando! —Guillem intervino, alzando sus manos en un gesto conciliatorio—. ¿O es que algo ha cambiado y no nos hemos enterado?… Porque sería de agradecer que alguien me explicara con detalle de qué demonios va todo esto.

—¡Que te lo explique Dalmau! Siempre ha sido el pico de oro de la familia —estalló Bertran a gritos.

—¿Yo? Pero ¿qué tengo que explicar? —Dalmau les miraba perplejo, incapaz de entender el repentino estallido de sus compañeros.

La tensión acumulada de los últimos días hacía mella en el pequeño grupo, unos y otros mantenían una mirada hostil, con los nervios a flor de piel y prestos a saltar a la más mínima provocación.

Tedball salió de la ermita sin prisa. Miraba a sus amigos con la tristeza en el rostro, dirigiendo una señal de advertencia a su hermano que aconsejaba calma.

—Ya está bien, Bertran, tranquilízate. Debemos enterrar lo que queda de ese hombre, es nuestra obligación cristiana y…

—¡Que se lo coman los buitres, que igual se indigestan! —bramó Bertran interrumpiéndole.

—Bertran, ya es suficiente, te lo suplico. Yo también he recordado a nuestros hermanos pequeños, y cómo fueron asesinados. —Tedball hablaba con gravedad, con la vista clavada en su hermano—. Pero hay algo que me diferencia de Acard y deseo seguir con esa diferencia. O sea, que aunque tenga que hacerlo yo solo, enterraré a este infeliz, y después rezaré una oración por su alma. Perder el control en estos momentos y dejarnos llevar por la cólera no nos ayudará, ninguno de nosotros ha tenido nada que ver con esta espantosa muerte, Bertran, y tú lo sabes.

Las palabras de Tedball, en un tono suave y sereno, actuaron como un improvisado calmante. Todos bajaron la cabeza como si la reprimenda fuera para cada uno de ellos y, silenciosamente, empezaron a actuar. Buscaron un terreno libre de piedras y, utilizando unas ramas como palas, excavaron en el duro suelo. Una manta vieja sirvió de mortaja para recoger los carbonizados restos, y Bertran y Jacques descendieron el cadáver a la fosa recién abierta. Los demás se afanaron en cubrirlo de tierra, y Tedball, tal como había prometido, se arrodilló junto a la sepultura y empezó a recitar el oficio de difuntos. Uno tras otro, a regañadientes, se unieron a él.

—Bien, os agradezco a todos vuestra ayuda, sé que no ha sido fácil; perdonar nunca lo ha sido. —Tedball se incorporó—. Ahora seguiremos nuestro camino… Sé que ninguno de vosotros sabe nada más que ayude a iluminar nuestra situación, y que ello es causa de nerviosismo e inquietud. Todos habéis cumplido ya con vuestras instrucciones, con la parte que Adalbert os confió, pero falto yo...

Una algarabía de preguntas se levantó entre la comitiva, interrumpiendo a Tedball, que suplicó silencio.

—Si hay alguien tras nuestros pasos, cosa muy posible, os veo dispuestos a facilitarle el trabajo con vuestros gritos... Os he dicho que me falta por cumplir parte de mis instrucciones, es lo único que sé... Y ya que estáis todos aquí, supongo que Adalbert deseaba que nos reuniéramos para finalizar todo esto.

—¿Para finalizar el qué? Tedball, por Dios —clamó Dalmau con voz desmayada.

—No estoy seguro, Dalmau, no estoy seguro de nada. En este asunto, todo es lo bastante oscuro para adelantar teorías... —Tedball contempló los rostros escépticos que le rodeaban, e intentando cambiar de tema añadió—: ¿Qué debemos hacer con el cuerpo de Orbria, Orset, quieres enterrarlo aquí?

El enano, que hasta entonces se había mantenido al margen de las disputas, pareció pensar detenidamente.

—No quiero dejarla aquí, Tedball, pero no sé si la distancia que hemos de recorrer es muy larga. El frío es una ayuda, pero... Orbria querría estar con los suyos. Porque al fin y al cabo, todos vamos a otro entierro, ¿no es cierto, Tedball? —Orset los miraba con un destello de ironía.

Una expresión de estupor se apoderó de los presentes, exceptuando a Tedball que inclinó la cabeza asintiendo con gravedad.

—Sí, Orset, tienes razón, Orbria debe estar en el lugar que le corresponde, junto a los suyos.

Ermengol corría con el corazón palpitando, sus latidos sacudían su cabeza en un espasmo de horror. Nunca había sido perseguido hasta entonces, ya que su experiencia se basaba en representar el papel contrario. Había sido un cazador implacable, sin permitir que ninguna pieza lograra escapar a su incesante acoso. Ahora de nada le servían sus dotes de cazador de hombres y su rostro expresaba la desorientación más absoluta, en aquella cacería él era el trofeo principal. Corría y pensaba, con la frente perlada de sudor, nunca había previsto que uno de sus propios hombres pudiera actuar de aquella manera.

En la planicie de Esplà, su sorpresa había sido mayúscula ante la súbita aparición de Gombau. El sicario mostraba un aspecto sucio y desharrapado, sus ojos estaban inyectados en sangre e incluso una repugnante baba se escapaba de sus labios al hablar. La lluvia había pegado sus cabellos en torno a la cabeza, formando un casco de mugre que enflaquecía sus facciones.

—Vaya, vaya, nuestro amigo Ermengol sigue husmeando sin rendirse —tronó Gombau entre carcajadas—. ¿Acaso buscáis a vuestro buen amigo Acard, mi muy honorable señor?

—¿Dónde te habías metido, miserable cobarde? —Ermengol se apartó ante el fuerte aliento de Gombau—. Creí que habías huido después de asesinar a Isarn, maldita estirpe del demonio. ¿Cómo fuiste capaz de algo así?

—¡Ya estaba muerto, descubrí que estaba muerto, y ni tú ni Acard os disteis cuenta! —Gombau se tambaleaba acercándose al dominico—. ¡Lo he descubierto todo!

—¡Es que todo el mundo se ha vuelto loco! ¿Qué estás diciendo, qué se supone que has descubierto? —Ermengol siguió retrocediendo hasta pegar su espalda a la pared de la ermita, un incipiente estremecimiento subía por sus entrañas.

—Que es una conspiración de los muertos, ¡eso he descubierto! Los muertos que tú perseguías, Ermengol, todos aquellos a los que nos obligaste a asesinar. ¡Tus malditos muertos me buscan para arrastrarme a la tumba, y después vendrán a por ti! —Los gritos se mezclaban con sus estridentes carcajadas.

—¡Ya es suficiente, Gombau, estás borracho! ¿Dónde está Acard, sabes dónde está? —Un helado escalofrío recorrió el pecho de Ermengol, contemplaba a aquel hombre completamente enloquecido sin moverse, paralizado por un miedo cerval.

—¿Acard, quieres a tu querido Acard? —El rostro de Gombau se acercó hasta rozarle una mejilla—. Pues bien, cumpliré tus órdenes como siempre. Voy a buscarle, así podrás contarle lo que piensas de sus «pesadillas», y le explicas con todo detalle lo que hiciste con su amiga Adalais.

Ermengol lanzó el puño contra el sicario con todas sus fuerzas, sin conseguir atraparlo. Gombau había desaparecido entre grandes risotadas, dando saltos entre la niebla. Se apoyó contra el muro, le faltaba el aire y una angustiosa sensación de ahogo le hacía boquear en busca de consuelo. Su cuerpo se deslizó lentamente hasta caer sobre la tierra húmeda, estaba exhausto, incapaz de entender lo que ocurría a su alrededor. No era sólo el vino lo que turbaba aquella mente, era algo más lo que deformaba sus facciones hasta convertirse en la expresión real de la demencia. ¡Aquel hombre estaba trastornado! La certeza de la afirmación se abrió paso en la mente de Ermengol, como la luz de una llama penetra en la oscuridad. ¿Estaba Gombau con Acard, no le habían capturado los herejes?... El cúmulo de preguntas le asfixiaba, paralizado y sin respuestas a las que recurrir, y sin embargo, su mente le enviaba un urgente mensaje: ¡debía reaccionar y hacerlo con la máxima rapidez! Con esfuerzo se llevó las manos a sus sienes, alisando los grises cabellos desparramados. Pero ¿qué era lo que debía hacer?

Perdió la noción del tiempo, ignoraba si llevaba allí horas o instantes, cuando oyó las carcajadas de Gombau que se acercaban de nuevo. Se incorporó a duras penas, pensando en cómo deshacerse del sicario y mandarle de vuelta al monasterio, pero sus pensamientos se detuvieron de golpe ante la imagen que surgía de la neblina. Gombau se acercaba arrastrando algo oscuro que parecía deshacerse entre sus manos, zarandeándolo ante sí y bailando. Ermengol afinó la vista, intentando adivinar sus intenciones, aunque todos sus presentimientos no le prepararon para lo que se avecinaba.

269

—¡Aquí tienes a Acard, mi noble señor, un poco quemado por tus traiciones, pero dispuesto a escucharte atentamente!

Gombau enarboló lo que parecían unos restos humanos carbonizados, tirándolos a la cara de Ermengol, que lanzó un grito agudo. Se apartó de un salto, tropezando con una piedra y dando de bruces contra el suelo, mareado por el penetrante olor de putrefacción quemada. El rostro de Gombau se acercó de nuevo a él, tendiéndole una mano grisácea y acariciando con ella sus mejillas.

—¿Lo ves? Ya he encontrado a Acard, y él está contento de verte, Ermengol. ¿Ves sus manos?... Sólo desean acariciarte y perdonarte. —Gombau cayó a su lado, con las blandas y rosadas manos de Acard jugando en sus dedos—. Te lo he dicho, Ermengol, lo he descubierto todo y ya no puedes engañarme... ¡Todos vosotros estáis muertos y odiáis que yo siga con vida! Por eso habéis organizado esta maldita treta, para cogerme.

Empecé a sospechar cuando Sanç y el de Cortinada vinieron hasta Tremp, fuisteis muy inteligentes, pero no tanto como yo. Y ya he terminado con todos, Ermengol, los he devuelto a su pútrida tumba... A todos, excepto a ti.

Ermengol se levantó con el rostro desencajado, sus ojos desbordaban de sus órbitas. Emprendió una veloz carrera, buscando con la mirada el camino por el que había desaparecido la comitiva de los herejes. No había otra salida, no podía volver al monasterio, no podía regresar a nada de lo que conocía... Corrió con desesperación, huyendo de aquel diablo que había ascendido a la tierra desde lo más profundo para buscarle. A sus espaldas, Gombau comenzó a vociferar con la voz rota, señalándole con los huesudos dedos de Acard: «¡Corre, corre, Ermengol, pronto te ataparé!».

Adalais aligeró a *Betrén* de la silla y de los arreos, ocultándolos entre unas matas, y acarició su oscura piel. Después, con un suave cachete en el trasero, le dejó ir. *Betrén* trotó unos pasos, girando la hermosa testuz hacia la joven, con la vacilación del protector que duda de la fortaleza del protegido. Adalais le sonrió.

—¡Vamos, muchacho, aprovecha el momento, corre, ahora no puedes venir conmigo! —gritó dando palmas con las manos.

Betrén escuchaba con atención, los brillantes ojos fijos en su joven jinete. Sacudió la cabeza en una especie de gesto afirmativo, con su negra melena lanzada en una cascada de cabellos que volaban como plumas al viento, y emprendió un trote ligero y seguro, perdiéndose en la estrecha vereda. Adalais contempló la esbelta figura y después dirigió su mirada al cielo. El gris dominaba el firmamento en una sola e ilimitada nube, y el ambiente estaba cargado de una humedad densa que arrancaba olores de tierra mojada de la misma piedra. Había dejado de llover sin que la promesa de un simple rayo de sol se mostrara con timidez, la niebla aún persistía en los tramos altos en alargados fragmentos vaporosos. Adalais paseó por el filo del profundo cañón del Barranco del Infierno, un tajo impresionante en la montaña, hecho como si una gran espada hubiera caído del mismo cielo a una velocidad vertiginosa. Se dirigió hacia una formación de piedras unos metros más arriba, buscando hasta encontrarlo un agujero en la roca, disimulado por la propia configuración del peñasco. Se inclinó y entró, arrastrándose de rodillas unos dos metros y desembocando en una pequeña gruta que le permitió incorporarse de nuevo. En la pared contraria se abría un boquete oscuro que se perdía en las profundidades, y un intenso olor a humedad vacía la impregnó de pies a cabeza. La joven se sumergió en él palpando la pared, atenta a no resbalar por la pronunciada bajada de roca resbaladiza. Sus manos encontraron una soga adherida al muro y, más abajo, en el suelo, un paquete cuidadosamente envuelto. Lo desenvolvió y extrajo dos antorchas, encendiendo una de ellas y colgando la segunda a su espalda. Después dejó el envoltorio en el mismo lugar, tal y como lo había encontrado. Sin una vacilación desapareció por el túnel, firmemente agarrada a la soga que conducía al fondo de aquel pozo. Las llamas de la tea golpeaban las paredes en un círculo perfecto, disminuyendo de intensidad a medida que avanzaba, hasta que sólo quedó un punto luminoso que descendía hasta desaparecer.

271

—¡Quietos, parad un momento y callaos! —Guillem se había detenido.

Acababan de pasar la pequeña aldea de La Espluga, una extraña población construida dentro de la misma roca, incrustada en unas peñas que la ocultaban. Sólo se oían los balidos de las ovejas encerradas más arriba, entre la alargada cueva que escondía la aldea.

—¿Qué pasa ahora? —Tedball miraba al joven con inquietud.

—Si os calláis, os lo diré inmediatamente. —Guillem ladeaba la cabeza, sus finos oídos captaban un sonido peculiar—. Alguien nos está siguiendo.

—¿Estás seguro? Desde que abandonamos Esplà no he oído a los perros… —intervino Dalmau, estaba al límite de sus fuerzas y agradecía aquella parada aunque no estuviera dispuesto a reconocerlo. Su rostro parecía encoger, pegándose a los huesos en un último esfuerzo.

—Completamente seguro, Dalmau, alguien nos está siguiendo y sin mucha precaución. Creo que deberíamos dividirnos.

—¡Voy a atrapar a esos malnacidos! —El vozarrón de Jacques resonó en un eco.

En un gesto de decisión, que imitó Bertran, ambos iniciaron la marcha en dirección contraria, con el rostro cruzado por una sombra de malhumor y hostilidad.

—¡Alto ahí, muchachos, no me parece la mejor idea! —Las palabras de Guillem detuvieron sus pasos en seco—. Jacques, eres el menos indicado para desaparecer, Dalmau va a necesitar muy pronto de tus piernas y de tu fortaleza. Escuchad, ya que hemos llegado hasta aquí, merece la pena que empecemos a pensar con la cabeza... ¿Estás de acuerdo conmigo, Bertran?

Dalmau se desplomó resbalando hasta el suelo, su semblante estaba pálido como la cera; gruesas gotas de sudor llenaban su frente. Bertran volvió a su lugar en la comitiva junto a Jacques, que corrió en auxilio de su compañero.

—Creo que sólo es necesario que uno de nosotros emprenda una pequeña investigación —continuó Guillem, una mueca de preocupación atravesaba su frente—. Sería un riesgo en estos momentos volver a la división del grupo. No pongo en duda que al principio fuera necesario, no importa la razón ni la conozco, pero ahora... Mi intuición me dice que ahora es importante mantener compacto el grueso de nuestro grupo, hay algunos de nosotros que necesitan ayuda. Y no me refiero sólo a Dalmau...

Guillem observaba a Orset, firmemente aferrado al burro que transportaba el cuerpo de Orbria y mudo desde que habían salido de Esplà. Éste le devolvió la mirada con un gesto de asentimiento y todos quedaron en silencio unos instantes, sin energía para discutir.

—Creo que tienes razón, iré yo —murmuró Bertran con voz grave.

—No, Bertran, creo que sería una decisión equivocada. —Guillem atajó un principio de protesta que se desvaneció rápidamente—. Te guste o no, perteneces al grupo original que empezó todo esto y debes continuar. No sé qué es lo que deseaba Adalbert de Gaussac ni lo que pretendía, pero creo que todos vosotros debéis permanecer unidos en estos momentos. Es sólo un presentimiento, lo sé, no tengo argumentos razonables para convenceros, pero sólo os puedo decir que mis presentimientos nunca me han engañado hasta ahora.

Tedball se sentó junto a Dalmau, facilitándole agua del pellejo que llevaba y visiblemente preocupado por su estado. Como en una señal invisible todos se relajaron, unos reposando la espalda en el lugar más cercano, otros sentándose en el suelo. Orset aflojó la presión sobre la soga que sujetaba al animal, hasta el momento no había sido consciente de la fuerza con que lo arrastraba y, al mirarse la mano, observó que sangraba tiñendo de rojo el dogal. Con un suspiro, dejó la cuerda y se sentó al lado de Bertran.

—Es curioso, Guillem, pero comparto ese presentimiento —comentó Tedball—. Desde que hemos dejado la cima de Esplà, algo me dice que algunos de nosotros no deben separarse ahora, nuestro grupo de origen debe permanecer unido sin fisuras ni discusiones.

—Bien, entonces iré yo… Soy el único, junto a Ebre y quizás Jacques, que no comparte la memoria que os une. Y esa memoria es, desde el principio, el único mortero que une esta extraña historia, ¿no os parece? Mi demora no puede significar nada, no he tenido instrucciones de Adalbert en ningún sentido, ¿comprendéis? De alguna manera, estoy fuera…

La pequeña asamblea asentía en silencio, perdido cada uno de ellos en sus propias emociones. Ni tan sólo el Bretón puso objeciones al comprobar el estado de Dalmau, y sólo los grandes ojos de Ebre le miraron en una muda súplica.

—No, Ebre… —Guillem se acercó a él, apartándolo del resto—. Escucha, tenemos un grave problema. ¿Ves a Dalmau? No va a aguantar mucho, Ebre, se está muriendo. Su cuerpo aguanta sostenido por su obstinada mente, nada más… Necesito que estés con él, por si yo no puedo llegar a tiempo. Te lo suplico, sé que es duro, pero te pido que me sustituyas llegado el momento. No es un favor fácil de pedir, Ebre, y no lo haría en otras circunstancias…

Ebre enmudeció, sus ojos se llenaron de lágrimas ante las palabras del joven. En un gesto inusual, Guillem le abrazó, sabía por propia experiencia el dolor de la ausencia de los seres queridos y dudaba de su capacidad para asumir la pérdida de Dalmau, no quería pensar en ello a pesar de las evidencias.

—Debes ser fuerte Ebre, necesito toda tu fortaleza en estos momentos. Yo debo proteger el camino que Dalmau ha elegi-

273

do, conseguir que llegue a su destino sin que nada ni nadie lo impida —susurró sin dejar el abrazo.

Soltó al muchacho con suavidad, Ebre restregaba sus ojos para borrar el rastro de las lágrimas. Su moreno semblante expresaba una nueva determinación.

—Estaré con Dalmau, Guillem, cuidaré de él. Y te esperaremos, sé que no llegarás tarde, nunca lo haces. —La confianza del muchacho fluía en cada una de sus palabras.

Guillem se dio la vuelta con un nudo en la garganta, contemplando a sus ensimismados compañeros. Dalmau le sonreía, con una mano alzada en señal de despedida. Un color marfileño avanzaba por su piel y sus ojeras parecían crecer a cada paso, devorando los suaves rasgos de su rostro.

Gombau se deslizaba por el camino como una serpiente que buscara el calor de la tierra quemada por el sol. Veía a Ermengol correr delante de él, con los hábitos volando como en un concierto de cuervos en busca de carroña, dejando fragmentos de su negra sotana en las zarzas del camino. El sicario no tenía prisa, quería disfrutar de la cacería como en tiempos pasados, jugando al gato que se entretiene con su víctima antes del último zarpazo. Ermengol se lo merecía, no hubiera sido justo acabar con él sin el placer que ambos compartían por las batidas... Aunque tenía que aceptar que el papel de Ermengol en aquellos momentos había cambiado, y acaso no fuera todo lo feliz que el momento exigía... ¡Qué maravillosos recuerdos! Gombau suspiró con satisfacción, ¡habían sido la mejor cuadrilla al servicio de la Iglesia! Pero la muerte había cambiado aquella inmejorable relación, sus compañeros siempre la habían temido, incapaces de aceptar el simple hecho de morir. ¡Eran los mejores preparando tumbas y los peores en ocuparlas! Eso es lo que ocurría, se negaban a admitir su propia naturaleza mortal.

Se agazapó rápidamente tras un seco matojo, Ermengol se había detenido derrumbándose en el suelo. Gombau soltó una contenida carcajada, el maldito fraile tenía hasta el alma exhausta y no podía con ella, jamás en su vida había corrido tanto y tan desesperadamente. Pero podía esperar, ya había aprendido lo suficiente acerca de los muertos que se negaban a morir, aunque era un hecho sorprendente que un espectro sintiera el cansancio... Gombau pensó unos momentos, era una duda importante y a buen seguro una maldita treta para engañarle. Sin poder contenerse ante la evidencia de su reflexión, soltó una espeluznante carcajada que resonó como un trueno, al observar cómo su antiguo compinche se levantaba de un salto y emprendía su loca carrera. No había duda posible, los espectros nunca sentían el más mínimo cansancio, no estaba en su naturaleza.

Guillem, cómodamente instalado en la gran peña de La Espluga, a varios metros de altura, vio pasar a fray Ermengol como una exhalación. Había inspeccionado la gran cueva de arriba abajo, encontrándose con el único clamor del rebaño de ovejas y con la convicción de que sus escasos habitantes estarían atareados en sus propias labores del campo. La pequeña iglesia de Santa Coloma, incrustada en un lado de la balma de piedra, se había convertido en la mejor torre vigía. Desde allí observó cómo sus compañeros se dirigían en dirección al Barranco del Infierno, aquella impresionante garganta que cortaba la montaña en un tajo decidido. Iban uno tras otro en ordenada fila, con Ebre convertido en lazarillo de Dalmau, que se inclinaba hacia el suelo como si no pudiera con su propio peso. A los escasos veinte minutos de espera, apareció la silueta del dominico corriendo por el estrecho camino, como si le persiguieran mil demonios enfurecidos. ¿Perseguido?... Guillem no pudo evitar una mueca de asombro, se suponía que aquel fraile les perseguía a ellos, ¿de quién huía aquel hombre? Perplejo, no pudo dejar de admitir que en aquella historia todo se resumía en imprevistas sorpresas que nadie podía vaticinar, hasta llegar al increíble punto en que un honorable miembro de la Inquisición corría como un loco, solo y sin la más mínima precaución. Controló sus deseos de seguir tras él y sacudirlo hasta que soltara toda la información que pudiera serle útil, cosa que representaba cualquier cosa por estúpida que fuera. Sin embargo, pudo más su curiosidad y su instinto de supervivencia: ¿quién demonios era el perseguidor? Su sorpresa fue aún mayor cuando, tras los pasos del dominico, apareció un hombre que parecía

275

bailar en el camino, con dos manos putrefactas colgando del cuello. ¡Gombau, el ladrón de Ponts, el hombre que había intentado asesinarle y que decía estar al servicio de un fraile predicador! Guillem se giró de golpe, con la espalda apoyada en la peña, en un intento de controlar su estupefacción. Nunca había intervenido en un caso que le procurara tanta confusión. ¿Qué hacía aquel ladronzuelo persiguiendo a fray Ermengol de Prades? ¿Qué demonios pintaba en aquel turbio asunto?

Después de una pendiente interminable que parecía llevarla hasta el mismo centro del Infierno, Adalais desembocó en una enorme gruta natural. El agua caía en una cascada por un estrecho canal que partía la cueva en dos mitades casi simétricas. La roca mostraba un color rojizo con amplias vetas negras que dibujaban extraños trazos metálicos. La luz de la tea iluminó las paredes, mostrando soportes de hierro colocados ordenadamente, y en cada uno de ellos había su correspondiente antorcha. Adalais las prendió con deliberada lentitud, y la amplia estancia rocosa pareció resplandecer sin prisas, recuperando una claridad antigua, centelleando en la oscuridad las franjas metálicas de las vetas adheridas a la piedra. Contempló entonces que lo que le había parecido un estrecho canal de agua que descendía de las alturas, se convertía, al final de la cueva, en un pozo considerable por el que caía con estrépito el agua acumulada. Saltó al otro lado del estrecho canal, alejándose del fragor que se precipitaba por el oscuro boquete, y continuó su ritual encendiendo todas las teas que encontró hasta el final de aquella hilera interminable. Fue entonces, cuando se dio la vuelta y contempló la cueva en toda su inmensidad, cuando entendió por fin las intenciones de su padre.

Un enorme túmulo de piedra blanca se hallaba en el centro de aquella parte de la cueva, sostenido por cuatro impresionantes leones que abrían sus fauces en una advertencia callada. Una mujer de piedra yacía sobre la tapa del sepulcro, dormida, con los ojos cerrados y una enigmática sonrisa en su rostro pétreo. Su belleza se recortaba delicadamente en cada suave rasgo, que un anónimo escultor había tallado con admiración evidente. Adalais se acercó lentamente, sobrecogida, hasta quedar a pocos palmos de la mujer de piedra, sin poder apartar la vista de aquel semblante tan familiar. Como si fuera un espejo de agua sobre el que se reflejara, Adalais admiró su propio rostro. Entre las blancas manos de la imagen, un escudo protegía su pecho y las relucientes armas de los Gaussac resplandecían, devolviendo destellos de piedra a las preguntas que lanzaban las antorchas.

Ermengol no tuvo más remedio que detenerse, no había otra opción que entrar en el cauce del barranco y seguirlo en su infernal descenso. El barro le cubría casi por completo, a causa de sus continuadas caídas en el enfangado camino que le había llevado hasta allí. Las carcajadas de Gombau se oían muy cerca, a sus espaldas, y la brisa llevaba el rumor de sus pasos irregulares. El agua helada paralizó sus piernas, como un augurio que encogía su cuerpo y lo empequeñecía hasta desaparecer. Ermengol respiró con fuerza, intentando controlar el terror que le dominaba, arrastrando las rodillas en un movimiento mecánico que alteraba la corriente. Miró a sus espaldas en un vano intento de hallar una vía de escape que le llevara lejos de aquel lugar, lejos de aquel maldito asesino que buscaba su perdición. Pero sólo encontró la recortada silueta del sicario que le contemplaba con una ancha sonrisa, los brazos en jarras, en tanto las mustias manos de Acard oscilaban en su pecho. Retrocedió paso a paso, en una dura pugna con el agua que retenía sus piernas, a la vez que parecía empujarlo.

Gombau saltó al barranco lanzando espuma líquida sobre su antiguo superior, sin dejar de observar todas sus reacciones. Saltaba a su izquierda simulando cortarle el paso con aspavientos, o a la derecha, lanzándole muecas obscenas

—Has de volver a tu tumba, Ermengol, no lo entiendes. No debes pasearte entre los vivos confundiéndolos... ¿Qué vas a conseguir con eso? Yo te lo diré: nada, no conseguirás nada, tu mundo ya no es éste, acéptalo, el tiempo de tus correrías ha terminado y todos aquellos que lo formaban han desaparecido de la faz de la tierra.

—Gombau, tranquilízate, cometes un error imperdonable. —Ermengol hablaba con suavidad, alargando las sílabas, en un último intento de supervivencia, controlando el temblor que le

277

sacudía—. Yo no estoy muerto, ¡mírame! Mi corazón palpita al igual que el tuyo, y ambos deseamos lo mismo.

—¡Lo único que yo deseo es devolverte al lugar que te corresponde, porque sólo así conseguiré seguir vivo!... Y ése no es exactamente tu deseo, Ermengol, sólo quieres llevarme al infierno del que procedes. —El sicario mezclaba sus gritos con palabras lentas y susurrantes.

Ermengol retrocedía, con lágrimas en los ojos, su mirada dividida entre el hombre que le amenazaba y el precipicio que se abría a sus pies, muy cerca. El barranco caía en picado, sus aguas crecidas por las lluvias; y de su fondo surgían remolinos de espuma que rugían como bestias malheridas. En el filo del abismo, el dominico vacilaba por la fuerza de la corriente sin nada a lo que pudiera sujetarse, y ni tan sólo su fe parecía una soga lo bastante fuerte. Un destello imperceptible iluminó su mirada, abrió los brazos extendiéndolos, sintiendo cómo el frío le entumecía cada retazo de piel.

—Está bien, Gombau, acércate... ¡Ven a por mí! Muéstrame el camino de mi tumba. Pero antes he de confesarte algo que te asombrará y que debes saber: has descubierto nuestro plan y con él nuestra auténtica naturaleza, eres un hombre inteligente y sabes que estamos muertos, pero ¿acaso conoces cuál es la verdadera razón por la que hemos vuelto? —Ermengol hizo una larga pausa, estudiando a su contrincante con una sonrisa. Gombau frunció el ceño, la risa había cesado de golpe, y entonces Ermengol continuó—: Es una razón poderosa, Gombau, y sólo sabes una pequeña parte. Cierto es que hemos venido a buscarte, aunque no por el motivo que presupones. No hemos sido nosotros los que hemos huido de la muerte, sino tú... ¡Tú también estás muerto, Gombau, por esa única razón hemos venido a buscarte!

Gombau lanzó un alarido escalofriante, arrojándose contra Ermengol con la rabia en el rostro. El impacto los lanzó al vacío, y durante unos pocos segundos pareció que emprendían el vuelo, abrazados con una fuerza irresistible. Pero fue una sensación pasajera, pronto ambos cayeron en un interminable trayecto, diez metros más abajo, estrellándose contra la corriente con un estruendo que rebotó en las paredes del estrecho desfiladero.

Guillem dudó un instante, con la mirada perdida en el fondo, acercándose al abismo por el que habían desaparecido. Una cabeza sobresalió de la corriente, aullando y braceando con desesperación. No podía identificar a su dueño, la distancia era demasiado grande para reconocer de quién se trataba y, al mismo tiempo, Guillem no podía arriesgarse a que uno de ellos saliera con vida. Dalmau debía morir en paz, sin que nadie amenazara su destino. Con una profunda inspiración se lanzó al vacío, como una rígida flecha que apuntara con sus pies al remolino que se formaba más abajo. Un frío glacial cubrió su cuerpo, nadando y pateando con desesperación para encontrar una bocanada de aire puro, en tanto la corriente le golpeaba de lado a lado y el agua, convertida en un martillo sólido, le machacaba, arrastrándole hacia una roca de considerables dimensiones. En un esfuerzo sobrehumano, su rostro sobresalió del agua aspirando todo el aire posible, para luego esfumarse en un remolino que desaparecía en la piedra.

Adalais se incorporó sobresaltada, un grito apagado parecía resonar en algún lugar de la cueva. Había perdido la noción del tiempo, incluso creía haberse quedado dormida, sumida en un sueño donde su madre le mostraba un camino secreto. Se levantó y cogió una de las antorchas, avanzando hacia el pozo por el que se despeñaban las oscuras aguas, y sólo entonces percibió una abertura muy cerca de él. Entró con la tea extendida ante ella, con una sensación extraña, como si siguiera soñando y una mano blanca guiara sus pasos. Era un pasadizo bajo que la obligaba a andar inclinada, con una suave pendiente que giraba a la izquierda en una curva cerrada. Salió a un recinto húmedo que le permitió incorporarse, alumbrando un lago subterráneo del que no veía los contornos, sólo el sonido del agua resbalando en todas direcciones, como una melodía improvisada que cambiaba de notas con rapidez.

De entre la neblina blanca que cubría parte de la superficie, un hombre surgía del agua con un grito interminable. El cabello castaño ondeaba hacia atrás chorreando gotas líquidas, mecido por una brisa invisible, dejando al descubierto un rostro de facciones cuadradas y atractivas. El cuello bronceado emergía en medio de la blanca neblina, y sus ojos del tono de la tierra húmeda la miraban fijamente, sin ver, perdidos más allá de su presencia. Adalais reconoció al hombre de su sueño y un grito salió de su garganta, al mismo tiempo que un puñal se elevaba de las aguas a espaldas del desconocido. Una mano amarillenta que flotaba en el aire, con el metal del arma lanzando destellos plateados convertidos en haces de niebla.

Su grito provocó la reacción del hombre que se giró con inusitada rapidez, deteniendo con su brazo la trayectoria del puñal y desapareciendo en un torbellino de aguas revueltas. Adalais contuvo la respiración, corriendo hacia el lugar en donde el sonido del agua parecía girar y girar formando círculos concéntricos. De repente, las aguas se abrieron lanzando su espuma gris, y el cuerpo del hombre de su sueño se alzó hasta la cintura, con la respiración entrecortada y jadeante. Nadó hacia ella, ganando la orilla con esfuerzo y sobresalió del agua, clavando la vista en sus ojos. Su rostro aparecía ensangrentado, una fina línea roja atravesaba una de sus mejillas deteniéndose en el labio. Adalais estaba paralizada, sin saber el límite que separaba la realidad del sueño, de su sueño.

—¿Quién sois?... Me habéis salvado la vida —murmuró el joven, todavía jadeando.

Adalais no contestó, su mirada se perdía en las ondulaciones del lago subterráneo en donde había aparecido un cuerpo humano, girando cabeza abajo, su mano todavía empuñaba una daga. Otro bulto oscuro se acercaba flotando, como si no pudiera resistir la distancia que los separaba. El rostro perplejo de Ermengol contemplaba el techo de la cueva, con las manos extendidas a los lados y sus opacos ojos aún mostrando el horror ante la evidencia de su caída. Guillem siguió la mirada de la mujer, fascinado por los giros de los dos hombres, atrapados en un mismo círculo que tomaba velocidad. En pocos segundos, desaparecieron tragados por las aguas.

—Me llamó Guillem de Montclar, señora, y busco al señor de Gaussac.

Capítulo XVII

In memóriam

—Queridos amigos, el buen Dalmau, con el que compartí mi infancia, me ha pedido que hable en su nombre en esta cere-monia para despedir a Adalbert, su hermano. Adalais, en su condición de dignataria de su fe, de perfecta cátara, ha llevado a cabo un hermoso ritual que todos respetamos en recuerdo de nuestro añorado compañero y de todos aquellos que reposan con él.

Tedball hizo una larga pausa, contemplando a cada uno de los presentes que le escuchaban con atención. Había sido un día de emociones intensas: la visión del impresionante mauso-leo de Adalbert perdido en la gran cueva, la imprevista llegada de un Guillem empapado con sus nuevas noticias acerca del fin de Ermengol, la aparición de una Adalais serena y dispuesta a asu-mir sus obligaciones… Todo había contribuido a que Tedball se viera abocado a un mundo de sentimientos del que se había alejado hacía ya mucho tiempo. Aunque lo peor, lo que le ha-bía golpeado en lo más profundo, había sido ver con impoten-cia a Dalmau llegando al fin de su agonía. El anciano había re-sistido aquel viaje de pesadilla sin que nadie creyera que fuera capaz de realizarlo. Lo contempló ahora con ternura y devolvió la frágil sonrisa que éste le dirigía. Dalmau yacía ante el sepul-cro de Adalbert, cubierto con las capas de sus compañeros, que intentaban abrigarle del frío final. Tedball inspiró hondo y con-tinuó.

—No sé si seré digno de la confianza que Dalmau me otorga, él fue mi guía en un tiempo en que mis pasos eran vacilantes, y tanto Bertran como yo jamás podremos agradecer su valiosa

281

ayuda. No es fácil lo que me pide, porque nunca fue fácil hablar de Adalbert, e incluso en estos momentos, sólo puedo intuir parte de sus intenciones. Nunca fui un hombre de armas a pesar de mi condición de templario, así lo escogí y así fui aceptado, porque mi temor siempre fue grande… Aunque no fue el miedo a morir en el campo de batalla, sino otro mucho peor: el espanto ante la posibilidad de causar la muerte a otro semejante fue lo que me llevó a buscar la paz de mi corazón lejos del ruido de la espada. Muchos de vosotros no habéis vacilado en empuñar las armas para defender la fe en las tierras de Palestina, y no es algo que pueda reclamaros ni tampoco juzgar. Sólo tengo mi voz, con la que hoy quiero hablaros y abriros mi corazón. He visto los campos en donde transcurrió mi infancia empapados en sangre, he visto a mi gente enloquecer del dolor más intenso que se puede causar a un ser humano, he visto a niños quemados en piras que clamaban defender a Dios… He visto la locura de los hombres y, en un tiempo, creí enloquecer yo mismo. Mis recuerdos están teñidos de horror y, sin embargo, a pesar de ello, nunca creí que nada pudiera llenar ese vacío de mi alma, la venganza no me devolvería a mis hermanos, ni mis palabras serían capaces de transmitir una luz de sensatez en medio de la demencia. Me alejé y acepté ese vacío, mi mirada se perdió entre los verdes prados de la Vall d'Aran, hasta que Adalbert me pidió un único favor: quería morir entre los suyos, y sus instrucciones me dirigieron hasta este lugar donde debía enterrar su cuerpo. Y así lo hice, y en el camino volví a encontrarme con la locura de los hombres, como si la sangre derramada no hubiera servido de nada. Acaso Adalbert también lo deseara, y por esta causa consiguió reunirnos, quizás esperaba que pudiéramos reflexionar juntos… Está claro que ninguno de nosotros sabía la función de los otros, y me pregunto ahora si Adalbert la conocía… o si simplemente nos había puesto en un camino extraño, como peregrinos que ignoran su destino. Ya nada podemos hacer para que su voz nos guíe, cumplimos todo aquello que nos pidió y ahora sólo nos resta despedirnos de él en paz y seguir con nuestra existencia. Mis hermanos, Artal y Eimeric, seguirán a su lado en este nuevo desafío… La hermosa Adalais y sus hijos le recibirán con los brazos abiertos, y Orbria…, ella volverá al mundo que le arrebataron junto a todos ellos.

282

Tedball se acercó al sepulcro y pasó una mano suavemente por él. Después se aproximó a Dalmau y lo abrazó, se despidió de todos uno a uno, y con una triste sonrisa desapareció por el túnel que llevaba al exterior. Su marcha provocó un inesperado abatimiento general que se acrecentó con la partida de Bertran, que siguió a su hermano. Orset, con el rostro desorientado, se disponía a imitarlos cuando Guillem le detuvo y buscó un lugar apartado en la cueva.

—Quiero hablar contigo, Orset.

—Sí, lo esperaba…, tengo que entregarte algo antes de partir.

Los saltones ojos de Orset estaban húmedos y emocionados. Depositó un paquete envuelto en tela en las manos del joven. Éste lo estudió con seriedad, desenvolviendo el delicado tejido: un libro, bellamente encuadernado en piel, mostraba una llave de oro incrustada en su tapa.

—¡*La llave de oro*! —exclamó Guillem admirado—. Nunca creí que existiera, estaba convencido de que era una leyenda, una excusa para atrapar a Acard. Pero… ¿por qué me lo entregas a mí?

—Es parte de las instrucciones de Adalbert. En realidad debía entregarlo a Dalmau, pero… —Orset calló, contemplando al anciano—. Creo que tú harás con él lo mismo que haría Dalmau. El Temple será su próximo guardián, eso es lo que deseaba Adalbert, que no terminara alimentando las llamas de la Inquisición.

—Sé que no hay razón que te obligue a responderme, Orset, pero ¿cuáles eran tus instrucciones? —Había un rastro de ironía en el tono del joven—. Siento curiosidad, y no puedo evitar la sospecha de que Adalbert no ha sido, en gran parte, el inductor de ese extraño y caótico plan. Cuando la confusión anda suelta, siempre hay un exceso de manos en el mismo pastel.

—Adalbert preparó este sepulcro para los suyos durante años, fue una obsesión, temía que la Inquisición volviera a desenterrarlos y los quemara de nuevo, ¿comprendes? Después, entre otras cosas, preparó todo cuidadosamente para que a su muerte pudiera reposar con ellos… —Orset hizo el gesto de marcharse, pero Guillem le detuvo.

—¿Entre otras cosas? —insistió

—¿Crees que fui yo quien redondeó ese maldito plan, o acaso que no existía más proyecto que enterrar a Adalbert? Deberías haber escuchado más atentamente a Tedball, Guillem. —Orset se encogió de hombros, mostrando su ancha sonrisa de rana—. Cuando alguien abre el baúl de la locura, nadie sabe si en realidad está cuerdo. Todos enloquecemos de una manera u otra, y en ocasiones aumentar esa enajenación es muy sencillo.

—¿Con tu Garra del Diablo? —inquirió Guillem

—No lo has entendido, muchacho, la Garra devolvió sus sueños a Orbria. Sólo asoma lo que hay… —dijo Orset de forma enigmática—. ¿Y quién es responsable de lo que contiene el alma humana? Yo te lo diré: cada uno de nosotros, Guillem, nosotros llenamos ese recipiente. La Garra da paz a Dalmau en su agonía, ahora, porque en él ya existe esa paz…

—Tú proporcionaste la pócima a esa gente que enloqueció, Orset, y dudo que entrara en las instrucciones que Adalbert te dio. Tú y alguien más, posiblemente Bertran.

—¿Y qué si fue así como ocurrió, Guillem? —Orset le miraba fijamente—. ¿Qué puede importarte ahora? ¿Qué va a cambiar?… Tus sospechas son sólo eso, simples recelos para excusar tu ignorancia. No entiendes el funcionamiento de esta maldita historia y estás acostumbrado a solucionar tus trabajos con respuestas exactas a todas las preguntas. En este caso, las respuestas son complejas, no pueden encerrarse en un trozo de pergamino.

—Yo vi la expresión de Gombau cuando se lanzó al vacío llevándose por delante a Ermengol… —Guillem vacilaba.

—¡Pero no viste la expresión de mi madre cuando fue violada y golpeada salvajemente, ni el rostro de Adalais, ni…! —Orset enmudeció un instante, controlando su ira—. Quédate con tus dudas y sospechas, joven Montclar, no habrá nada que pueda turbar mi sueño.

—¿Qué sospechas? No confundas mi curiosidad, Orset. —Guillem se encogió de hombros, estrechando la mano del enano—. Ten presente que soy el menos adecuado para dar lecciones de justicia, y mucho menos a aquellos que puedo entender perfectamente. Soy un simple fisgón de la naturaleza humana.

Orset se dirigió a la salida de la cueva, lanzando una sarcástica ojeada a Guillem. El joven retrocedió hasta donde yacía Dalmau, acompañado de Adalais, Ebre y Jacques. La muchacha se incorporó después de dejar un beso en la frente del anciano.

—También yo debo partir, Guillem de Montclar, me espera un largo viaje. Os agradezco la ayuda prestada… Os queda aún un duro trayecto, aunque sea breve, prescindir de aquellos a los que amamos es la peor prueba que Dios nos manda. —Adalais sonrió a Dalmau en un gesto de despedida—. Él desea quedarse a solas con vos, ya se ha despedido del muchacho y del Bretón.

Llegaba el momento que Guillem tanto temía, que había alejado de su mente desde el día en que llegó a la Encomienda de Gardeny. Jacques arrastraba a Ebre hacia el negro boquete de la salida, casi sin girarse, sus facciones parecían talladas en la misma piedra del sepulcro. Guillem se sentó en el suelo, tomando la mano de Dalmau.

—¿Guillem…? —susurró el anciano—. Te esperaba… ¿Se han ido todos? Tengo que hablar contigo.

—No vas a desembarazarte de mí tan fácilmente, viejo león. —La voz tembló en el aire.

—Escúchame con atención, Guillem, y no me interrumpas como es tu costumbre. No tengo tiempo para polémicas inútiles, de esas que tanto te gustan. Ahora soy yo quien te va a dar instrucciones precisas, aunque sean las últimas: quiero quedarme aquí, con Adalbert, bajo el escudo de los Gaussac…, ya he hablado con Adalais, y el Bretón te ayudará. Aunque no tenga aquí mi hábito, Jacques ha guardado mi capa todo este tiempo, no permití que la abandonara en Susterris como un trapo mojado… Quiero que me entierres envuelto en ella, tal como siempre ha sido. —Una repentina tos sacudió al anciano que se llevó el frasco de Orset a los labios, provocando un hondo suspiro de Guillem—. También quiero que entre tú y el Bretón me oficiéis un sencillo oficio de difuntos y acabéis con el *Non nobis…*

—Siempre mandando, Dalmau, no pue…

—¡Silencio, por una vez en tu vida! Ya te he dicho que no quiero discutir. Y ahora que he terminado con las cuestiones prácticas, pasaré a las personales y espero que estés atento. —Dalmau intentó incorporarse y el joven sujetó su cabeza con el brazo—. Así estoy mejor, veo la hermosa obra de Adalbert. Escúchame, Guillem, no te atrevas a convertir mi muerte en otra excusa para salir corriendo, recuerdo perfectamente tu comportamiento tras la muerte de Bernard Guils… ¡Te pasaste cinco años en Tierra Santa, sin querer volver a tus obligacio-

285

nes, y hasta tuve que venir a buscarte! Eras joven, y lo entendí a medias, pero ahora esa excusa no te vale para nada. Quiero que me dejes ir, que permitas que siga mi camino, que entiendas de una vez que la muerte no nos separa, Guillem, sólo nos une en la memoria y refuerza nuestros vínculos.

Guillem temblaba, un dolor conocido le atravesaba, el mismo que había sentido tras la muerte de Guils, su maestro. Un sollozo bloqueaba su garganta y le impedía contestar, limitándose a asentir con la cabeza. Dalmau cerró los ojos, cansado ante su discurso.

—Y ahora quiero que me lo jures, que jures que harás todo lo que te he pedido.

—No tengo una Biblia a mano, Dalmau… —logró balbucir el joven en un intento de ironía que quebró su voz.

—¡Siempre con tontas excusas, chico!… Ese libro que te ha dado Orset me servirá, parte de mi familia lo consideraba sagrado. Puede que me esté muriendo, pero aún no estoy ciego.

Guillem cogió *La llave de oro* y puso la palma de su mano encima de ella, con los ojos arrasados en lágrimas, vacilando todavía, como si la demora del juramento guardara la vida de Dalmau. La mano del anciano se posó sobre la suya, presionando suavemente.

—Hazlo Guillem, jura que cumplirás mis deseos, deja que este viejo emprenda el viaje en paz.

—Está bien, Dalmau, juro que cumpliré tus deseos.

Una sonrisa se extendió sobre las demacradas facciones de Dalmau y borró el cansancio de los últimos días. Su mano se elevó hasta acariciar la mejilla del joven, y luego la dejó caer con lentitud con un hondo suspiro. Un grito de dolor resonó en las paredes rocosas de la cueva, un grito que movía las llamas de las teas y las hacía bailar en oscilaciones que se perdían en el sonido del agua.

ESTE LIBRO UTILIZA EL TIPO ALDUS, QUE TOMA SU NOMBRE

DEL VANGUARDISTA IMPRESOR DEL RENACIMIENTO

ITALIANO, ALDUS MANUTIUS. HERMANN ZAPF

DISEÑÓ EL TIPO ALDUS PARA LA IMPRENTA

STEMPEL EN 1954, COMO UNA RÉPLICA

MÁS LIGERA Y ELEGANTE DEL

POPULAR TIPO

PALATINO

* * *

* *

*

LA LLAVE DE ORO SE ACABÓ DE IMPRIMIR

EN UN DÍA DE INVIERNO DE 2006, EN LOS

TALLERES DE BROSMAC, CARRETERA

VILLAVICIOSA – MÓSTOLES, KM 1,

VILLAVICIOSA DE ODÓN

(MADRID)

* * *

* *

*